utb 2351

AF792091

Eine Arbeitsgemeinschaft der Verlage

Böhlau Verlag · Wien · Köln · Weimar
Verlag Barbara Budrich · Opladen · Toronto
facultas · Wien
Wilhelm Fink · Paderborn
Narr Francke Attempto Verlag / expert verlag · Tübingen
Haupt Verlag · Bern
Verlag Julius Klinkhardt · Bad Heilbrunn
Mohr Siebeck · Tübingen
Ernst Reinhardt Verlag · München
Ferdinand Schöningh · Paderborn
transcript Verlag · Bielefeld
Eugen Ulmer Verlag · Stuttgart
UVK Verlag · München
Vandenhoeck & Ruprecht · Göttingen
Waxmann · Münster · New York
wbv Publikation · Bielefeld
Wochenschau Verlag · Frankfurt am Main

Johann August Schülein, Simon Reitze

Wissenschaftstheorie für Einsteiger

5. Auflage

facultas

Johann August Schülein, em. o. Univ.-Prof. Dr., lehrt am Institut für Soziologie und Empirische Sozialforschung der Wirtschaftsuniversität Wien.
Simon Reitze, Dr., ist Berater, Philosoph, Autor und Künstler in Solothurn/Schweiz.

Bibliografische Information der Deutschen Nationalbibliothek

Die Deutsche Nationalbibliothek verzeichnet diese Publikation in der Deutschen Nationalbibliografie; detaillierte bibliografische Daten sind im Internet unter http://d-nb.de abrufbar.

5. Auflage 2021
© 2002 Facultas Verlags- und Buchhandels AG
facultas, Stolberggasse 26, 1050 Wien, Österreich
Alle Rechte vorbehalten

Umschlag: Atelier Reichert, Stuttgart
Grafisches Konzept & Satz: grafzyx.com, Wien
Druck und Bindung: Friedrich Pustet, Regensburg
Printed in Germany

utb-Nummer 2351
ISBN 978-3-8252-5675-3 (Print-Ausgabe)
ISBN 978-3-8385-5675-8 (Online-Leserecht)
Online-Angebote oder elektronische Ausgabe sind erhältlich unter www.utb-shop.de.

Vorwort zur fünften Auflage

Während die 5. Auflage dieses Buches vorbereitet wird, grassiert weltweit die Covid-19-Pandemie. Sie hat auch dazu geführt, dass Wissenschaft auf einmal ganz plötzlich und ganz anders ins Scheinwerferlicht geraten ist. Was sich dabei zeigt, ist, quasi im Zeitraffer, wie sich angewandte (natur-)wissenschaftliche Forschung bewegt: Ausgehend von dem, was (über Viren, besonders Coronaviren) schon bekannt ist, wird theoriegeleitet experimentiert, die Ergebnisse werden kritisch evaluiert, die erfolgreichen Pfade werden weiter begangen, bis daraus massenproduktionsreife Impfstoffe entstehen. Soweit folgt das Geschehen dem Lehrbuch. Was sich jedoch auch zeigt, ist, dass dem Forschungsprozess die öffentliche Aufmerksamkeit nicht nur guttut. Die Politik sucht sich jeweils passende Argumente aus, verwendet sie gelegentlich verkürzt und kritisiert, was ihr nicht passt. Die Medien wollen ständig Neues hören, erwarten schnelle Erfolge (und gern auch Misserfolge). Unter diesem Druck wirken die Befragten gelegentlich irritierend und irritiert, wenn sie so auftreten, wie dies in der Wissenschaft üblich ist (und wenn sie sich wissenschaftsfremden Diskursen anpassen auch). Angezogen von der Aufmerksamkeit fühlen sich zudem auch Akteurinnen, die wenig bis keine Erfahrung mit dem Thema haben, bemüßigt, sich zu Wort zu melden. Dazu stöbert das Geschehen jede Menge Exzentriker auf, die sich gern befragen lassen, um ihre mehr oder weniger bizarren Ansichten zu äußern.

Unübersehbar ist, dass seriöse Wissenschaft von Logik und Dynamik sowohl der Politik als auch der öffentlichen Kommunikation überfordert ist. Beide können und wollen das, was innerwissenschaftlich üblich ist, nicht hören und erleben lange Begründungen, vorsichtige Konjunktive und komplizierte Aussagen als langweilig bis unnütz. Und dass die Wissenschaft sich weigert, sich vorschnell festzulegen, dass sie sagt, was sie nicht weiß und Irrtümer korrigiert, verstehen weder Politik noch Medien. Was sich außerdem in der Covid-19-Krise wahrnehmen lässt: Die seltsame Mischung aus Abhängigkeit von Resultaten der Wissenschaft und zum Teil extremer Wissenschaftsskepsis. Dass in Krisenzeiten sich Misstrauen und Panik breitmachen, ist lange bekannt. Aber vermutlich hätte kaum jemand mit einem solchen Ausmaß von militanter, bis ins Paranoide gehender Ablehnung und Verdächtigung der wissenschaftlichen Bemühungen gerechnet. Das verweist auf eine weitere Dimension im Verhältnis von Wissenschaft und Öffentlichkeit – eine schlecht verarbeitete (schwer verarbeitbare?) Angst vor Unbekanntem, die die Wissenschaft projektiv zum bösen Objekt werden lässt.

Das Verhältnis von Öffentlichkeit, Politik und Wissenschaft, aber auch das subjektive Erleben von Wissenschaft sind daher wichtige Themen, die aber leider in dieser Neuauflage einer Einführung in die Wissenschaftstheorie nur andeutungsweise angesprochen werden können. Sie sprengen nämlich den Rahmen dessen, was in diesem Buch versucht wird: Nachzuvollziehen, wie sich Erkenntnis entwickelt hat, wie sich Erkenntnistheorien entwickelt haben, wie Wissenschaft als besondere Form von Erkenntnis funktioniert und wie Wissenschaften in Abhängigkeit von ihrem Thema operieren. Daran hat sich auch durch Covid-19 nichts geändert.

Johann August Schülein — Wien, Januar 2021

Vorwort zur dritten Auflage

Dieses Buch soll einen Zugang zu Problemen, Themen und Angeboten der Erkenntnis- und Wissenschaftstheorie für Leser bieten, die sich nicht professionell darauf einlassen können oder wollen, aber sich für einen kompakten und differenzierten Überblick interessieren. Dieser Versuch ist ein Drahtseilakt – man ist ständig in Gefahr, entweder zu viel vorauszusetzen und zu kompliziert zu schreiben (und damit die Leser zu frustrieren) oder zu viel zu vereinfachen (und damit der Sache zu schaden und die Experten in Rage zu bringen). Eine perfekte Lösung gibt es vermutlich nicht. Auch deshalb ist eine Neuauflage für Autoren eine zwiespältige Sache. Einerseits freut man sich, wenn das Buch nachgefragt und gelesen wird. Andererseits ist damit die Möglichkeit (bzw. die Aufforderung) verbunden, den Text zu verbessern. Beim erneuten Lesen fallen unweigerlich viele Dinge auf, die anders, besser gemacht werden müssten, man stößt auf Lücken und Unebenheiten und gerät dadurch unter „Renovierungsdruck“ (es wäre ein schlechtes Zeichen, wenn es nicht so wäre!). Das läuft leicht darauf hinaus, das Buch ganz neu schreiben zu wollen (wofür wiederum meist die Zeit und auch die Kraft fehlen). Der Kompromiss auch in diesem Fall: Verbesserungen im Detail und Beibehaltung der Grundstruktur. Sie haben also eine korrigierte, aber im Wesentlichen unveränderte Fassung des Textes vor sich. Wir hoffen, dass er seine Funktion jetzt noch etwas besser erfüllt – Vorschläge für weitere Verbesserungen sind willkommen!

Johann August Schülein, Simon Reitze — Wien, Dezember 2011

Vorwort zur zweiten Auflage

Aller Anfang ist schwer. Auch die erste Auflage dieses Buches enthielt eine Reihe von Fehlern und Unzulänglichkeiten, die wir – nicht zuletzt mit Hilfe von Lesern, die uns geschrieben haben (vielen Dank!) – in der zweiten korrigiert haben. Ein völliges Umschreiben war nicht nötig, da sich Erkenntnis- und Wissenschaftstheorien nicht so rasant entwickeln. Allerdings entwickeln sich die im Buch angesprochenen Produktions- und Verwendungsbedingungen von Wissen so dynamisch, dass es immer wichtiger wird, diese Rahmenbedingungen systematisch zu berücksichtigen. Und dazu wiederum sind auch Kenntnisse über Logik und Dynamik des Erkenntnisprozesses nötig, die wir jetzt hoffentlich noch besser zugänglich machen konnten.

Johann August Schülein, Simon Reitze — Wien, Dezember 2004

Vorwort zur ersten Auflage

Man weiß, wie ein Frosch quakt, wieso die Sonne scheint, was auf der Rückseite des Mondes los ist. Man schaltet den Computer an, fliegt nach Honolulu, lässt sich ein künstliches Gelenk einsetzen. Keine Frage: Die moderne Wissenschaft hat unser Wissen und Können enorm ausgeweitet. Dies ist ihr gelungen, weil sie mit ausgearbeiteten Methoden und Theorien die Welt erschlossen hat. – Man darf aber nicht vergessen, dass sie sich auch schon enorm geirrt hat und dass es viele Dinge gibt, die nicht gut verstanden, geschweige denn beherrscht werden – und dass vieles, was Wissenschaft hervorgebracht hat, sich als zwiespältig erwiesen hat.

Erkenntnis ist ein schwieriges, folgenreiches und in gewisser Weise riskantes Unterfangen. Um Glanz und Grenzen der Wissenschaft besser zu verstehen, ist es sinnvoll, sich ein Bild von ihrer Funktionsweise zu machen. Dazu gehört auch ein genaues Verständnis, wie Wissenschaft zu ihrem Wissen kommt. Dies verweist einerseits auf die allgemeinere Frage, wie Erkenntnis überhaupt funktioniert, andererseits auf die Frage der besonderen Bedingungen von Wissenschaft. – Beide Fragen sind Gegenstand unzähliger Überlegungen und Untersuchungen. Seit versucht wird, objektive Erkenntnis über diese Welt zu gewinnen, wird auch versucht, zu begründen, wie dies möglich ist und wie dies zu geschehen hat… Antworten auf diese Fragen lassen sich am sinnvollsten geben, indem man in der Geschichte ein ordentliches Stück zurückgeht und beim zentralen Thema einsteigt: bei der Erkenntnis. Die Fähigkeit dazu ist eine jener Leistungen, mit der sich der Mensch gegenüber anderen Lebewesen abzuheben begann. Ihre Resultate sind Mythos, Religion, Philosophie und schließlich Wissenschaft – jeweils mit nicht zu unterschätzenden Kommentaren, die das, was als Erkenntnis ausgegeben wird, als solche legitimieren.

In diesem Buch werden die wichtigsten Konzepte, die dabei entwickelt wurden, und die wichtigsten Dimensionen des Themas, die sich daraus ergeben haben, in ihrer Entwicklung dargestellt. Da es sich um eine Einführung handelt, werden nur die Hauptlinien der verschlungenen Pfade von Erkenntnis- und Wissenschaftstheorie dargestellt – die noch viel verschlungeneren Einzelheiten der Diskussionen werden ausgeklammert. Wir haben versucht, das Thema einerseits durch einige biografische Notizen zu wichtigen Theoretikern, andererseits durch die Erläuterung zentraler Begriffe und grafische Darstellungen von theoretischen Modellen zu illustrieren. Das Glossar am Ende des Buches gibt die wichtigsten Begriffe, die unterwegs besprochen werden, noch einmal in konzentrierter Form wieder.

Wir hoffen, dass es uns gelungen ist, das schwierige Thema weder zu sehr zu vereinfachen noch zu kompliziert darzustellen. Wer es genauer wissen will, findet im Literaturverzeichnis Texte zur Vertiefung und Verbreiterung. Über Kommentare, Anregungen und Kritik würden wir uns freuen (johann.schuelein@wu-wien.ac.at).

Johann August Schülein, Simon Reitze Wien, August 2002

Inhaltsverzeichnis

1 Wieso Erkenntnis- und Wissenschaftstheorie?

Die Antwort ist eigentlich einfach (und daher kompliziert): Wenn eine Erklärung den Anspruch stellt, mehr zu sein als eine bloße Meinung (die man hat, aber nicht weiter begründet, weil sie nicht mehr ist als eine persönliche Präferenz), dann muss sie diesen Anspruch rechtfertigen und ihm gerecht werden. Sie muss also sagen können, warum sie wie argumentiert. Gleichzeitig will eine theoretische Erklärung ihren Gegenstand vollständig erfassen, kann also keine Lücken, keine Unstimmigkeiten enthalten. Theorien stehen daher unter einem selbsterzeugten, doppelten Druck – unter Leistungsdruck, weil sie ihren Gegenstand vollständig erklären wollen/müssen, und unter Legitimationsdruck, weil sie darüber Auskunft geben müssen, was sie warum tun.

Der Leistungsdruck hat zur Folge, dass Theorien ihr Erklärungsarsenal maximal ausrüsten, und der Legitimationsdruck, dass die Fähigkeit zur Begründung so gut wie möglich entwickelt wird. Dies kann wiederum nur in Form von Theorie geschehen, da eine bloße Meinung nicht genügt. Theorie verlangt also nach einer metatheoretischen Absicherung; einer Theorie, die die Theorie ihrerseits theoretisch begründet. Dies leisten Erkenntnis- und Wissenschaftstheorie. Erkenntnis- und Wissenschaftstheorie sind also der zwangsläufige Effekt theoretischer Ansprüche. Wo versucht wird, Erkenntnisse in

Theorien zu formulieren, wirkt dieser Anspruch zurück auf die Theorie selbst. Wenn also erst einmal dieser Anspruch formuliert ist, gibt es sozusagen keinen Rückzug auf vortheoretische Begründungsformen. Wenn theoretisch argumentiert wird, dann muss dies durchgängig geschehen.

Leben – Handeln – Wissen

Aber woher kommt überhaupt die Notwendigkeit, Erkenntnisse theoretisch zu formulieren? Um den Hintergrund zu verstehen, ist es sinnvoll, einen Blick darauf zu werfen, warum überhaupt Erkenntnis nötig ist und welche Folgen mit dieser Notwendigkeit verbunden sind.

„Erkenntnis“ kommt von „kennen“. Das Lexikon definiert Erkenntnis als „begründetes Wissen“ (die Fachliteratur hat es bei Weitem nicht so leicht – warum, wird noch näher diskutiert). Dem kann man entnehmen, dass es sowohl Nicht-Wissen als auch unterschiedliche Formen von Wissen geben kann. Auch das wird noch genauer behandelt. Zunächst stellt sich aber die Frage, wozu Wissen überhaupt benötigt wird. Die Antwort kann mit einem Blick auf Steuerungsprobleme beginnen. Wenn etwas passiert, gibt es dafür Gründe, und wenn diese Gründe nicht zufälliger Natur sind, dann steht dahinter eine systematische Logik. Auch Zufälle haben Gründe und sind daher logisch rekonstruierbare, aber nicht kalkulierbare Ereignisse. Anders ist dies bei geordneten Abläufen. Sie sind Teil eines Gesamtprogramms, dem eine erfassbare logische Ordnung zugrunde liegt. Sie steuert den Ablauf realer Ereignisse.

Unbelebte Realität
Überall da, wo es sich um unbelebte Realität handelt, vollzieht sich diese Steuerung auf der Basis von vorgegebenen, feststehenden Kalkülen, die unter bestimmten Umständen wirksam werden. Wasser verdunstet, wenn eine bestimmte Temperatur erreicht ist (und zwar immer und überall). Die dazu benötigte

Energie ist ebenfalls immer und überall gleich. Man kann sich also darauf verlassen, dass unter bestimmten Rahmenbedingungen dieser Vorgang zuverlässig so und nicht anders abläuft. Die Ereignisse sind also fest verbunden, so fest, dass es keine Alternativen gibt. Es gibt also keine Steuerungsprobleme, weil solche Ereignisse immer schon vorprogrammiert sind und das Programm im Ablauf der Ereignisse festgelegt ist. Etwas allgemeiner ausgedrückt: Geschlossene und fixierte Systeme sind nicht steuerungsbedürftig (weil es keine Entscheidungen zu treffen gibt) und steuerungsresistent (aus dem gleichen Grund).

Mit dem Auftreten von Alternativen und Entwicklungsspielräumen ändert sich die Situation. Sobald Ereignisse so, aber auch anders stattfinden können, ergibt sich das Problem der Entscheidung, welche der Möglichkeiten realisiert wird und welche nicht. Es fallen also Entscheidungen und wo Entscheidungen fallen, muss es Ursachen und Verfahren geben. Die Ursachen von Entscheidungen (ob es regnet oder schneit) sind mit den Entscheidungen selbst nicht identisch; ebenso sind die Wege, auf denen Entscheidungen gebahnt und umgesetzt werden, von ihnen verschieden (ein Gesetz ist etwas anderes als die Straftat, die es behandelt). Hier trennt sich also das Thema der Steuerung von den Ereignissen selbst und wird zu einem eigenständigen, auf besondere Weise regulierten Geschehen. Solange es sich um Vorgänge handelt, die nach Art eines „Kräfteparallelogramms" reguliert sind, besteht Steuerung aus einem generellen Kalkül, welches in der jeweiligen Konstellation Anwendung findet. Ob es also regnet oder nicht, hängt davon ab, wie genau das Zusammenspiel von Temperatur, Luftfeuchtigkeit, Luftdruck, Wind etc. aussieht. Insofern kann man davon sprechen, dass hier die Steuerung des Geschehens zwar eine unabhängig von allen Einzelheiten funktionierende Logik – eine eigene Art der Realität – darstellt, dass sie aber in ihren Spielräumen begrenzt ist. Das Kalkül enthält keine Möglichkeit für Willkür und Abweichung: Es regnet keine Goldstücke, sondern Wasser und die Wolken haben nicht die Wahl, ob sie es regnen lassen oder nicht. Es handelt sich also um eine feststehende Gleichung mit feststehenden Faktoren.

Handlungsfähige Akteure
Eine völlig neue Situation entsteht, wenn *handlungsfähige Akteure* am Geschehen beteiligt sind, denn die Existenz handlungsfähiger Akteure führt zu einer doppelten Ausweitung der Steuerungsproblematik, die die Möglichkeit und Notwendigkeit von Wissen erläutert. Lebewesen stehen, anders als unbelebte Natur, vor einem prinzipiell neuen Problem und einer prinzipiell neuen Möglichkeit: Sie müssen dafür sorgen, dass sie am Leben bleiben, und sie können zu diesem Zweck gezielt handeln, also aktive Eigenleistungen dafür entwerfen und durchführen. Das setzt voraus, dass es einen Möglichkeitshorizont gibt, aus dem heraus sie selbst Handlungen entwickeln. Diese Aktivität kann nur funktionieren, wenn die Lebewesen mit der Fähigkeit ausgestattet sind, diese generative Leistung auch zu steuern. Dazu muss es einerseits Zielvorstellungen – also Normen – geben, ohne die keine sinnvolle Auswahl bzw. Erzeugung von Handlungen möglich ist, andererseits Entscheidungskriterien, also Gründe, warum diese und nicht eine andere Handlung vollzogen wird. Da nun diese Generierung von Handlungen nicht beliebig erfolgen kann, sondern im Zusammenhang mit dem (Über-)Lebensbedarf steht, müssen sie zumindest im Großen und Ganzen auf die Welt abgestimmt sein, in der die Lebewesen existieren.

Die mit Handlungsfähigkeit verbundene Ausweitung von Möglichkeiten muss also – damit sie nicht zu Unangemessenheit und Beliebigkeit führt – kombiniert werden mit Eigenleistungen, die ihrerseits nicht in der Luft hängen, sondern wirklichkeitsbezogen sind. Handlungsfähige Akteure können also ihre Steuerungsprobleme nur lösen, wenn sie über hinreichende Entscheidungsfähigkeit und über hinreichendes *Wissen* über ihre Welt verfügen. Ohne interne Vorstellungen über Sein und Sollen kann Leben nicht funktionieren. Lebewesen müssen sich selbst steuern können und brauchen dafür kognitive Leistungen. – Bekanntlich hat die Evolution diese Entwicklung von kognitiven Leistungen in Stufen vollzogen.

Auf der ersten Stufe entwickelte sich ein Modell der Abstimmung von Akteuren und Umwelt durch die Ausrüstung der Lebewesen mit fertigen Entscheidungs- und Verhaltensmustern. *Einfache Lebewesen* sind ausgestattet mit *feststehenden Aktionsprogrammen*, die nicht erst gelernt werden müssen, sondern durch körperliche Reifung entstehen, und die durch angeborene Auslösemechanismen in Gang gesetzt werden. Es handelt sich also um genetisch codierte Formen der Steuerung. Ihr Vorteil: Die einzelnen Lebewesen müssen nicht einzeln instruiert werden und sie brauchen keinen aufwendigen Apparat der reflexiven Wirklichkeitsverarbeitung. Stattdessen „genügt" es, sie mit entsprechend hoch gerüsteten Instinkten und Methoden der sensorischen Informationsverarbeitung auszustatten. Diese körperliche Ausstattung wird über das Zusammenspiel von Mutation und Selektion – die Erzeugung von Variationen, von denen die am besten passenden überleben – optimiert. „Gelernt" wird also nicht von den einzelnen Individuen, sondern auf der Ebene des Genoms der Population – die einzelnen Individuen der Population werden mit den Ergebnissen dieses Lernprozesses qua Vererbung ausgerüstet. Auf diese Weise „erspart" sich die Natur hier die aufwendige und kostenintensive Ausstattung der einzelnen Individuen mit kognitivem Reflexionsvermögen und erreicht zudem eine präzise Steuerung des Verhaltens.

Als die Natur jedoch anfing, Lebewesen hervorzubringen, die nicht mehr durch die optimale Anpassung an ein spezifisches ökologisches Milieu überleben, sondern dadurch, dass sie sich auf unterschiedliche Lebensbedingungen bzw. auf Unterschiede innerhalb ihrer Lebensbedingungen *aktiv einstellen* können, musste sie eine radikale Wende in der Art der Steuerung vornehmen. Da die Strategie der genetischen Hochspezialisierung immer eine Festlegung auf spezifische Bedingungen bedeutet, kann sie für diese Lebewesen nicht oder nur begrenzt verwendet werden. Die neue Strategie, derer sich die

Natur bediente, bestand darin, nunmehr die Handlungsfähigkeit der Individuen zu stärken. Diese Strategie setzte allerdings entsprechende Bedingungen voraus. Vor allem mussten die Individuen selbst mit den erforderlichen Fähigkeiten zur Reflexion ausgestattet werden. An die Stelle eines genetisch verankerten, fest codierten Systems von transindividuellen Entscheidungskalkülen trat daher die *Fähigkeit zur individuellen, autonomen Auseinandersetzung mit der Welt*. Dies hatte direkt wie indirekt revolutionäre Konsequenzen.

Den Lebewesen öffnete sich ein neuer Zugang zur Welt; es entstand aber auch eine völlig neue Welt. Individuelles Handeln ist jedoch eine Kompetenz, die *entwickelt* werden muss. Daher mussten Bedingungen entstehen, welche ihre Entstehung und Einübung erlauben. Die Natur „erfand" dazu die Eltern-Kind-Beziehung neu – als eigendynamisches soziales Milieu, in dem angeboten, gelernt und ausprobiert werden kann. Individuelles Handeln ist zudem eine Kompetenz, die besser oder schlechter, konventionell oder innovativ genutzt werden kann. Damit ändert sich auch die Interaktion zwischen Individuen. An die Stelle von feststehenden Choreografien, bei denen das, was die Beteiligten tun, vorprogrammiert ist und nur abgerufen wird, tritt ein offener Prozess, im Rahmen dessen sich Akteure wechselseitig beeinflussen und gemeinsam Muster entwickeln. Diese Muster können sich verselbständigen, indem sie zum Orientierungspunkt oder zur Vorgabe für weitere Interaktionen werden. Dies öffnet den Möglichkeitshorizont von Interaktion und ermöglicht unerwartbare, unvorhersehbare Formen des Zusammenspiels. Damit verselbständigt sich das soziale Milieu und wird zu einer *eigenen Form von Realität*, die ebenfalls dazu beiträgt, dass die ursprünglichen Formen des Handelns überlagert bzw. abgelöst werden von komplexen, offenen, aber auch potentiell konfliktträchtigen Formen.

Kognition

Die evolutive Wende bedingt also eine Umstellung der Steuerung durch fixierte Verhaltensprogramme auf *Steuerung durch aktive individuelle und soziale Leistungen*. Psyche und Sozialstruktur ersetzen genetische Codierung; *individuelle und soziale Kognition* wird zu einer Schlüsselfunktion der Entwicklung. – Die ersten Schritte in diese Richtung waren noch eher bescheiden und bestanden aus Hybridstrukturen, Mischformen, bei denen (anfangs minimale) Entscheidungsspielräume in fest verbundene instinktive Abläufe eingebunden wurden; dadurch waren auch das Lernpotenzial und damit die kognitiven Möglichkeiten entsprechend begrenzt (bzw. sind es nach wie vor, wo dieses Hybridprogramm von der Natur noch genutzt wird – was bei allen Tieren mehr oder weniger der Fall ist). Im Laufe der Evolution zeigte sich jedoch, dass dieses neue Modell der Steuerung durch individuelle und soziale Leistung ein Erfolgsmodell war, welches sich im weiteren Verlauf der Evolution immer weiter entwickelte: Die Entscheidungsspielräume (und damit die Individualität der Lebewesen) nahmen ebenso zu wie die Eigenständigkeit der Sozialstruktur. Daraus entwickelte sich ein selbsteskalativer Prozess, was eine enorme Beschleunigung der Evolution zur Folge hatte.

Besonders beschleunigte sich dies bei den Säugetieren. Sie hatten die besten körperlichen Voraussetzungen. Der vorläufige Endpunkt dieser Entwicklung ist der homo sapiens sapiens. Er (bzw. wir) hat (haben) kaum mehr Instinkte, die direkt mit der Umwelt gekoppelt sind. Sie sind weitgehend ersetzt durch die Fähigkeit *zur kognitiven Verarbeitung der Welt* und durch *emotionalen Wirklichkeitskontakt*, wobei beide – Kognition wie Emotion – genetisch vorprogrammiert, aber entwicklungsfähig und -bedürftig sind. Dies verbindet die individuelle Entwicklung mit den jeweiligen sozialen Verhältnissen: Menschen nehmen sozusagen schon mit der Muttermilch die jeweiligen gesellschaftlichen und kulturellen Bedingungen auf. Daher ist es möglich, dass aus dem gleichen Genom Christen, Juden, Moslems, Steinzeitmenschen und Bewohner von Industrieländern entstehen. Gleichzeitig hat sich die soziale Wirklichkeit des homo sapiens sapiens so weit ausdifferenziert, dass sie kein enges, limitiertes Feld mehr ist (wie dies bei allen Säugetieren bis hin zu den Primaten der Fall ist), sondern ein ausgedehnter, offener Kontext, der das Leben der Menschen fasst, formt, bestimmt. Dies hängt nicht zuletzt mit der spezifisch humanen Kommunikationsform – der *Sprache* – zusammen.

Sprache
Nichtsprachliche Kommunikation (z. B. über chemische Informationsträger) ist semantisch eindeutig und besitzt eine enge, fixierte „Grammatik". Dadurch hat sie große Vorteile: Exaktheit, unmittelbare Verständigung, enge Bindung an Handlungsrelevanz; sie hat aber auch große Nachteile: mangelnde Flexibilität, keine aktive Benutzbarkeit, begrenzte Thematisierbarkeit von Wirklichkeit. Genau diese Begrenzungen überwindet Sprache. Sie besteht nicht aus materiell gebundenen Elementen (wie beispielsweise die Kommunikation mittels chemischer Geruchsstoffe), sondern aus Lauten, die konventionell definiert werden können (so dass beliebig viele Gegenstände, Tätigkeiten usw. benannt werden können). Gleichzeitig hat Sprache eine offene Grammatik, die es ermöglicht, beliebig viele und verschiedene Sätze zu erzeugen – man kann über alles Mögliche und Unmögliche sprechen. Damit weitet sich nicht nur der Thematisierungshorizont erheblich aus. Sprache bietet zudem die Möglichkeit, alle Sprecher an Entwicklungen zu beteiligen und zugleich diese Entwicklungen zu archivieren.

Dieses spezifische Leistungsprofil führt zu einer erheblichen *Dynamisierung der Entwicklung von Identität und Sozialstruktur*. Auf der einen Seite können Individuen von Anfang an teilhaben am Kenntnisstand der jeweiligen Gesellschaft, der sprachlich vermittelt wird – sie müssen also nicht stets von Neuem beginnen und alle Erfahrungen selbst sammeln und verarbeiten. Auf der anderen Seite können Gesellschaften die Leistungen von einzelnen Individuen und ganzen Generationen festhalten und tradieren. Mithilfe des Mediums „Sprache" lässt sich dabei alles konservieren, auch wenn es situativ nicht bzw. noch nicht „nützlich" ist – und auch, wenn es „störend" ist.

Gleichzeitig erweitert sich dadurch das gesellschaftliche Steuerungs- und Differenzierungspotenzial erheblich aus: Gesellschaften können sehr viel mehr und sehr viel mehr verschiedene Situationen erzeugen, kontrollieren und vernetzen. Kurz: Sowohl das individuelle als auch das soziale Potenzial an kognitiven Möglichkeiten weitet sich aus, beides verstärkt sich gegenseitig und führt zu einer systematischen Ausweitung, aber auch Temposteigerung der Entwicklung von individueller Identität und Sozialstruktur.

Diese Entwicklung setzt voraus und verursacht ein höheres Differenzierungsniveau individueller Handlungen und der sozialen Struktur. Beides – individuelle wie soziale Kompetenz – kann sich in dem nun erforderlichen Ausmaß nicht mehr nur aus sich selbst heraus entwickeln, sondern braucht Vernetzung und Absicherung. Dazu bedarf es eines leistungsfähigen Kommunikationssystems. Dies ist die Sprache. Sie bewahrt und übermittelt kognitive Leistungen – Formen und Themen des Denkens –, sie trägt und formuliert auch Emotionen, die spezifisch humane „Nachfolgeorganisation" von Instinkten. Emotionen sind gewissermaßen eine basale Hintergrundsteuerung von Handeln. Sie sind das Gegenstück zur Kognition, also der in Richtung Realitätskontakt entwickelten Psyche, weil sie den Kontakt zur eigenen Befindlichkeit und zu den wichtigen, dominanten Themen des psychischen Geschehens halten und deren Dynamik und Bedarf zum Ausdruck bringen. Insofern sind Kognitionen und Emotionen zwei Seiten eines psychischen Prozesses. Sprachgebrauch hängt von diesem psychischen Prozess ab. Sprache kann dabei (auch bzw. sogar ausschließlich) für kognitive wie emotionale Zwecke genutzt werden. Man kann also zwischen „Denk-" und „Gefühlsgehalt" von Gedanken, Äußerungen und Handlungen unterscheiden. Was daraus vor allem folgt, ist, dass Sprache objektiv sein kann (also über die Welt, wie sie ist, berichten), aber nicht unbedingt an Objektivität bzw. Wahrheit gebunden ist – sie kann auch Erleben und Empfindungen und die damit verbundene subjektive Weltsicht ausdrücken. Sprache drückt opportunistisch aus, was sich psychisch abspielt – bewusst und unbewusst. Es gibt zwar Sprachformen, die mit „Wahrheitsanspruch" verbunden sind, aber die Form allein kann nicht garantieren, dass die Dinge auch wirklich so sind wie dargestellt. Kognitionen sind aus dem gleichen Grund nicht selbstverständlich autonom, sondern (mehr oder weniger) abhängig von inneren, aber auch äußeren Bedingungen.

Typen von Wissen und seiner Verwendung

Insofern erweisen sich die Möglichkeiten, mit denen uns die Natur ausgerüstet hat, als zwiespältige Gaben. Wir sind frei von festen Bindungen an ökologische Nischen und Verhaltensprogramme, aber wir sind dafür ohne feste Orientierung, instabil und irritierbar. Daher gibt es die Möglichkeit und Notwendigkeit, die Welt wahrzunehmen und zu interpretieren. Allerdings funktioniert sie nicht immer auf die gleiche Weise. Das hängt mit einer speziellen Problemlage zusammen: Aufmerksamkeit ist immer knapp und die Welt ist unendlich kompliziert. Wir können also Welt nie vollständig erfassen und haben situativ nie genügend Wahrnehmungs- und Interpretationsmöglichkeiten, um alles, was der Fall ist, zu erfassen.

Alltagsbewusstsein/Reflexion
In einem zu diesem Thema entwickelten theoretischen Modell werden zwei Funktionsformen von Bewusstsein unterschieden. Im ersten Modus – genannt *„Alltagsbewusstsein"* – ist unsere Weltsicht bestimmt durch die Aufgabe der Aufrechterhaltung von Handlungsfähigkeit und wird dabei gesteuert durch die Prinzipien der Egozentrik und der Verwendung von Routinen. *Egozentrik* heißt in diesem Zusammenhang, dass unser Bewusstsein selbstverständlich von unserer momentanen Befindlichkeit ausgeht und auf den Status Quo der eigenen Identität ausgerichtet ist. Wir sehen die Welt perspektivisch so, wie sie sich für uns darstellt. Das Problem der Knappheit von Auf-

merksamkeit wird dabei auf bestimmte Weise gelöst: Durch die Beschränkung auf Themen, die uns hier und jetzt beschäftigen, und die Beschränkung auf Sichtweisen, die uns unsere Situation nahe legt, engt sich die Welt ein auf einige wenige Aspekte, die mit einfachen Mitteln bearbeitet werden.

Dazu kommt ein zweiter Entlastungsmechanismus: Das Alltagsbewusstsein entwickelt und arbeitet mit *Routinen*. Routinen sind Interpretationsschemen, die situative Bedingungen mit Intentionen und Handlungsmustern verknüpfen. Routinen sind eine Art von selbst entwickelten, künstlichen Instinkten. Sie basieren auf Erfahrung und Bewährung und erlauben halbautomatisches Handeln. Solange sie funktionieren, kann daher mit geringem Aufmerksamkeitseinsatz gehandelt werden: Man braucht sich dem Handeln nicht bewusst und mit voller Konzentration zuzuwenden, sondern kann sich gleichzeitig mit anderen Themen beschäftigen, also z.B. Auto fahren und gleichzeitig über Probleme nachdenken. Routinen sind bewährte Muster, Aufwandsersparnis und damit die Möglichkeit, sich auf Problematisches zu konzentrieren. Im Unterschied zu Instinkten kann jedoch das Alltagsbewusstsein vom Modus des Routinehandelns auf *Reflexion* umstellen, wenn Schwierigkeiten bzw. interessante Themen auftreten. In dem Moment, in dem das Auto nicht mehr fährt, wendet sich die volle Aufmerksamkeit dieser Tätigkeit zu; die anderen Probleme, die man gerade bedacht hat, verschwinden aus dem Bewusstsein. Jetzt wird das, was vorher selbstverständlich und nebenher ausgeführt wurde, zum Gegenstand intentionaler Auseinandersetzungen: Man denkt an mögliche Ursachen und mögliche Lösungen. In ganz anderem Sinn gilt dies auch für Zuneigung: Man wendet die volle Aufmerksamkeit auf den Gegenstand des Interesses und behandelt ihn „liebevoll", d.h. intensiv und genau. –

Was daran bedeutsam ist: Das Alltagsbewusstsein ist ein *Doppelprozessor*. Es kann sowohl mit Vereinfachungen (Egozentrik, Routinen) als auch mit Differenzierungen (Reflexion) in der Auseinandersetzung mit der Welt operieren. Es kann also unterschiedliche Typen von Wissen erzeugen und benutzen, was das Spektrum an Handlungsmöglichkeiten erheblich ausweitet. – Reflexion – intentionale Zuwendung mit dem Ziel objektiver Erkenntnis – ist also eine Möglichkeit, die Begrenzungen des normalen Funktionierens von Alltagsbewusstsein aufzuheben. Diese Aufhebung hat jedoch ihrerseits Grenzen, solange Handlungszwang besteht. Daher kann im Rahmen des laufenden Prozesses selbst nur begrenzt auf den Modus der Reflexion umgeschaltet werden, weil der weiterlaufende Handlungszwang die verfügbaren Möglichkeiten verknappt. Eine Möglichkeit, diese Beschränkungen aufzuheben, besteht in der Entwicklung von Sondersituationen, die davon frei sind. Wenn akut nichts zu tun und zu entscheiden ist, kann man sich die Zeit nehmen, sich Themen unbeschränkt zu widmen. Die Reichweite von Reflexion wird also erheblich gesteigert, wenn Entlastung vom Handlungszwang möglich ist. Auf diese Weise können Individuen ihren Wissens- und Interpretationshorizont ausweiten.

Institutionalisierung von Wissensproduktion

Es liegt auf der Hand, dass auch hier wieder das Zusammenspiel von Individualisierung und Sozialstruktur die Möglichkeiten der Produktion und Verarbeitung von Wissen verbessert: Je mehr die Sozialstruktur Freiräume für Reflexion anbieten kann, desto stärker können sich individuelle Reflexionskapazitäten entwickeln und umgekehrt. Wo also systematisch Platz geschaffen wird für Reflexion – Bereiche, in denen nichts anderes betrieben wird von Individuen, die darauf spezialisiert sind – weiten sich Themenhorizont und Thematisierungsmethoden aus. Mit anderen Worten: Durch *soziale Institutionalisierung* kann Reflexion auf ein qualitativ neues Niveau gehoben werden. Reflexion löst sich damit von den Restriktionen von Situationen und Personen und wird auf Dauer gestellt.

Diese Lösung der Reflexion von Situationen und Personen hat weitreichende Folgen. Im Rahmen des Alltagsbewusstseins bleibt Reflexion immer improvisiert, bleiben die Handlungszwänge, die Egozentrik der Perspektiven und die Notwendigkeit, mit Routinen zu arbeiten, zwangsläufig Grenzen, die nicht überschritten werden können. Dies ändert sich durch Institutionalisierung. Institutionalisierte Reflexion ist zwar nicht unbedingt frei von Begrenzungen und Verzerrungen, aber sie ist nicht mehr auf situative und individuelle Verarbeitungskapazitäten beschränkt. Sie kann daher Reflexion in eine systematische Form bringen und sich dabei auch mit der Pflege dieser Form beschäftigen. Damit entstehen Theorien – systematisch begründete Interpretationen – auf der Basis von methodisch kontrollierter Wissenserzeugung.

„Methode" kommt von méthodos, dem griechischen Ausdruck für: Der Weg zu etwas. „Methodisch kontrolliert" heißt im Zusammenhang mit Erkenntnis: planmäßige und angemessene Verfahren zur Gewinnung von verlässlichen Informationen, die Gegenstand und Prüfstein von Theorien sind. Eine Theorie ist dabei die Form, in der Reflexion organisiert werden kann, wenn sie sich von den Zwängen der Praxis löst – und gerade dadurch wird sie zu einem Motor der Professionalisierung, Differenzierung und Neuentwicklung von Praxis. Diese von der Praxis gelöste Form zentriert sich auf sich selbst, entwickelt eigene Strukturen und Kriterien und entfernt sich so vom alltäglichen Denken, Reden und Tun. Theorien unterscheiden sich von den Vorstellungen des Alltagsbewusstseins daher nicht nur in ihrer Reichweite. Sie verwenden eine eigene Sprache, die sich von der natürlichen Sprache dadurch unterscheidet, dass sie keine offene Semantik und Grammatik besitzt, sondern nur bestimmte Bedeutungen und Verknüpfungen erlaubt. Ihr Gegenstand und der Umgang mit ihm ist also immer – verglichen mit umgangssprachlichen Möglichkeiten – eingeengt und reduziert, dafür präziser. Insofern sind Theorien die Idealform (institutionalisierter) Reflexion.

Institutionalisierung von Reflexion ist jedoch auch ein sozialer Prozess, der von externen Faktoren und innerer Dynamik bestimmt wird. Sie findet also nicht immer und überall auf die gleiche Weise statt, sondern hängt ab von den jeweiligen gesellschaftlichen Rahmenbedingungen, die bestimmen, in welcher Weise und unter welchen Vorzeichen Reflexion organisiert wird. Insofern spiegelt sich in der Art der Institutionalisierung von Reflexion das, was Gesellschaften denken können, wollen oder müssen – mit allen Möglichkeiten und Einschränkungen. Sie wirkt sich ebenso aus auf Themenauswahl, Fragestellungen, Methoden, aber auch auf die Auswahl und Sozialisation derjenigen, die mit Reflexion beauftragt sind. Dazu kommen die Auswirkungen der Eigendynamik der Institution, also interne Effekte von Interaktionsordnung, Habitus, Machtverhältnissen usw. Dies alles trägt zur Steuerung von Reflexion bei.

Wissenschaft ist, so gesehen, ein Sonderfall von institutionalisierter Reflexion. Ein Sonderfall, der erst unter bestimmten Bedingungen entstanden ist und – wie alle Formen institutionalisierter Reflexion – bestimmte Leistungen mit bestimmten Risiken verknüpft. Bei manchem Typ von Realität hat dies keine Auswirkungen auf den logischen Gehalt der Theorien, sondern (nur) auf deren Gebrauch; bei anderen Realitäts-Typen besteht ein intensiver Austausch zwischen Theorie und Gegenstand. Hier werden noch auf ganz andere Weise die gesellschaftlichen Verhältnisse zum Ausdruck gebracht und es wird anders auf sie eingewirkt. Dies wird noch näher diskutiert.

Objektive Erkenntnis, Theorie und Wissenschaft

Mit Theorie ist der *Anspruch auf objektive Erkenntnis* verbunden. Auch das egozentrische Alltagsbewusstsein behauptet seine Ansprüche als legitim und seine Vorstellungen als richtig, aber es begnügt sich mit dieser Behauptung. Theorie muss dagegen ihre Ansprüche begründen können. Daher geht mit der Entwicklung von institutionalisierter Reflexion und ihrer Form, der Theorie, ein entsprechender Begründungsbedarf einher. Theorie muss sich als logisch begründet präsentieren, sich ihrerseits theoretisch begründen. Deshalb ist der Anspruch auf

Theorie immer verknüpft mit einer (expliziten oder impliziten) Begründung dieses Anspruchs in Form einer ebenfalls theoretischen Metatheorie, einer Theorie darüber, wie Theorie konstituiert und legitimiert wird. *Die Verwendung von Theorie bringt also die Notwendigkeit einer erkenntnistheoretischen Begründung mit sich.* Für diese Erkenntnistheorie gilt jedoch dasselbe wie für jede Reflexion: Auch sie wird durch die institutionellen Bedingungen geprägt. Dies gilt im Prinzip für alle Theorien, aber für einen bestimmten Typ besonders. Je stärker die institutionelle Prägung ist, desto mehr gilt: Welche Theorien und welche Begründungen also für legitim, richtig usw. gehalten werden, hängt ab von den jeweiligen Bedingungen; und in der Art und Weise, wie Theorie begründet wird, spiegeln sich gesellschaftliche Möglichkeiten und Restriktionen. –

Man kann die bisherigen Überlegungen so zusammenfassen:

- Menschen wie Gesellschaften sind „wissensbasierte Systeme". Sie verfügen nicht über feststehende Programme zur Behandlung ihrer Steuerungs- und Entscheidungsprobleme, sondern müssen ihre Welt kognitiv bearbeiten, indem sie aus Information durch Interpretation Wissen erzeugen.
- Im alltäglichen Handeln verfügen Menschen über zwei verschiedene Modalitäten des Umgangs mit Wissen. Das Alltagsbewusstsein ist auf die Aufrechterhaltung von Handlungsfähigkeit zentriert und sammelt Wissen egozentrisch und selektiv – bezogen auf die eigene Identität. Dabei entwickelt und verwendet es Routinen, die als flexibler „Instinktersatz" fungieren und das Handeln steuern, solange keine Probleme auftreten. Wenn dies der Fall ist, schaltet das Alltagsbewusstsein auf den Modus der Reflexion um, in dem neues Wissen über die Welt entwickelt wird.
- Die Leistungsfähigkeit von Reflexion ist im Rahmen des Alltagsbewusstseins begrenzt. Sie kann gesteigert werden durch die Herstellung von Sondersituationen, in denen Handlungszwänge außer Kraft gesetzt sind. Dies kann individuell geschehen. Exponentiell gesteigert wird die Reichweite von

Reflexion jedoch vor allem durch soziale Institutionalisierung, durch dauerhafte, arbeitsteilig spezialisierte und organisierte Einrichtungen, die sich nur der Reflexion widmen.

- Mit sozialer Institutionalisierung ändert sich Reflexion: Improvisation wird ersetzt durch systematische Untersuchung und Auswertung. Befunde werden methodisch kontrolliert erhoben und in Form von Theorien, d. h. mit objektivem Erkenntnisanspruch zum Ausdruck gebracht. Reflexion stellt immer den Anspruch auf Objektivität, aber im Alltag bestimmt sie selbst, was sie für objektiv hält (was die „Fehlerquote" naturgemäß erhöht). Insofern kann im Alltag alles Mögliche als „Theorie" bezeichnet werden. Durch Institutionalisierung wird dieser Anspruch insofern erhöht, als er auf bestimmte Weise begründet werden muss. Mit dem Anspruch ist daher die Notwendigkeit der Legitimation von Behauptungen verbunden. Wenn eine Theorie aufgestellt wird, entwickelt sich daher parallel eine Theorie der Erkenntnis, eine Metatheorie, die den Anspruch der Theorie klärt und begründet.

Kausalität

Theorie setzt wie jede Form der Erkenntnis voraus, dass es eine Wirklichkeit gibt, die eine erkennbare Logik – d. h. Ordnung und Regeln besitzt. Die einfachste denkbare Form von Logik ist Kausalität, d. h. Denken in Ursache und Wirkung. Damit ist sowohl eine Differenzierung der Welt in Verschiedenes als auch eine Bestimmung von Beweggründen und Beziehungen zwischen den verschiedenen Dingen, Sachverhalten, Abläufen mitkonzipiert. Erkenntnis- und Wissenschaftstheorien enthalten stets auch kausale Logik (also Ursache/Wirkungs-Konzepte), aber auf verschiedene Weise und mit unterschiedlicher Interpretation. Die Entwicklung hat jedoch auch gezeigt, dass Kausalität als Konzept nicht ausreicht, um die Logik der Welt zu erfassen. Daher haben sich eine ganze Reihe von weiterreichenden Konzepten (insbesondere im Sinne der Dialektik, Funktionalität, des Systemdenkens, der formalen Logik) entwickelt.

- Methodische Kontrolle und theoretische Formulierung bedeuten eine Einengung und Disziplinierung von Interpretationen, während sich ihre Präzision erhöht. Vor der methodischen Behandlung und theoretischen Formulierungen sind Aussagen Hypothesen – Annahmen, wie etwas sein könnte. Erst nach der Begründung können Hypothesen zu Theorien werden. Sie können auch verworfen werden, wenn sie sich als falsch erweisen. Oder sie werden weiterbearbeitet, wenn sie weder bestätigt noch verworfen werden können (das ist das dauerhafte Schicksal bestimmter Theorietypen, siehe Kapitel 8). In dem Fall können sie sowohl abgelehnt als auch weiterhin als Theorien verwendet werden. Anspruch und Verfahren sagen jedoch noch nichts über die tatsächliche Qualität und Reichweite von Theorien aus. Vor allem auch deshalb, weil sie in vieler Hinsicht von den jeweiligen Rahmenbedingungen abhängig sind und bleiben. Theorien brauchen interne und externe Autonomie. Sonst besteht das Risiko der bewussten und unbewussten Instrumentalisierung und Verfälschung: Sie werden dazu benutzt, Ideologien zu propagieren, Unerwünschtes zu verleugnen, Wut oder Ängste zum Ausdruck zu bringen usw. Damit ändert sich ihre Funktion: Statt den Horizont des verfügbaren Wissens zu erweitern, werden sie vorrangig zum Ausdruck der Verhältnisse, aus denen sie hervorgehen und die sie stützen sollen.
- Wissenschaft ist eine Sonderform von institutionalisierter Reflexion, die aus bestimmten historischen Umständen hervorgegangen und in ihrer Entwicklung eng mit der Dynamik moderner Gesellschaften verbunden ist. Für sie gilt immer, dass sie in ihrer Entwicklung und Funktionsweise von bestimmten Rahmenbedingungen abhängig bzw. darauf bezogen ist.

Folgt man diesen Überlegungen, so wird der Unterschied zwischen Erkenntnistheorie und Wissenschaftstheorie deutlich: Während *Erkenntnistheorie* sich mit der generellen Frage beschäftigt, wie Erkenntnis möglich ist und funktioniert, widmet sich *Wissenschaftstheorie* der speziellen Problemlage der Sonderform Wissenschaft. Für beide Fragestellungen haben dabei eine Reihe von modernen Wissenschaften – Wissenssoziologie, Wissenspsychologie, Wissenschaftsgeschichte, formale Logik – eine Fülle von Einsichten und Interpretationen beigesteuert und dadurch das Verständnis der Problemlagen erheblich verbessert. Eine definitive Klärung gibt es jedoch – aus Gründen, die noch diskutiert werden – (bisher) nicht.

Vor dem Hintergrund dieser Überlegungen wird deutlich, was Erkenntnis- und Wissenschaftstheorie leisten müssen. *Erkenntnistheorie* muss die *Logik von Erkenntnis* klären, *Wissenschaftstheorie* die Funktionsweise einer *besonderen Form von institutionalisierter Erkenntnis* erfassen und begreifen.

Bildlich könnte man das so darstellen:

Erkenntnistheorie

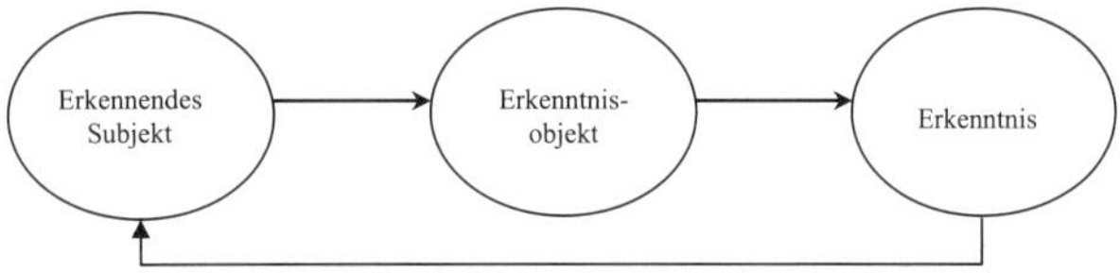

Wissenschaftstheorie

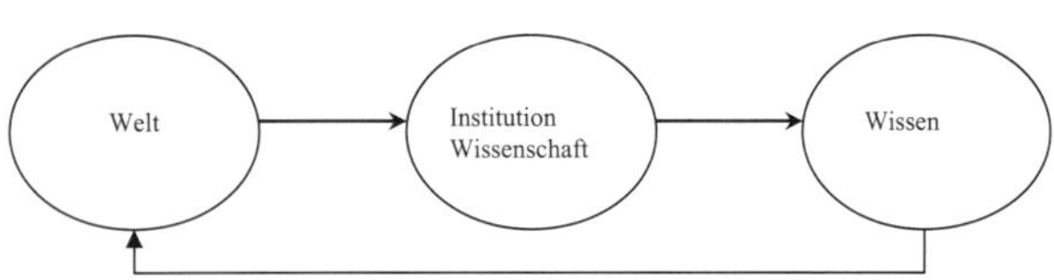

Die Zeichen sind so zu verstehen:

—— = Verbindung
——→ = Einfluss, Bedingung
═══ = identisch
═╪═ = verschieden

Angesprochen werden also fünf zusammenhängende Dimensionen von Erkenntnis:

- Die *Konstitution von Erkenntnis* durch die logische und empirische Welt und ihre Bestandteile/Bedingungen.
- Die Leistung der logischen und empirischen *Produzenten und Träger von Erkenntnis* (logisch: erkennendes Subjekt, d.h. humane Akteure, Institutionen, Systeme).
- Die methodisch und theoretisch geleitete *Konstitution des Gegenstands* von Erkenntnis (Objekt der Reflexion), die Definition eines Themas aus der Welt.
- Das methodisch und theoretisch geleitete *Prozessieren mit dem Gegenstand* bis zur *Erzeugung von* (logisch:) *Erkenntnis* und (empirisch:) *Wissen* (Reflektiertes Objekt).
- Die *Auswirkungen* von Erkenntnis und Wissen auf die Welt und den Träger der Erkenntnisproduktion.

Diese Dimensionen von Erkenntnis hängen zusammen. Die Logik und die Form von Erkenntnis sind nicht das Gleiche, aber beides ist Teil eines Gesamtprozesses „Erkenntnis".

Schematisch zusammengefasst:

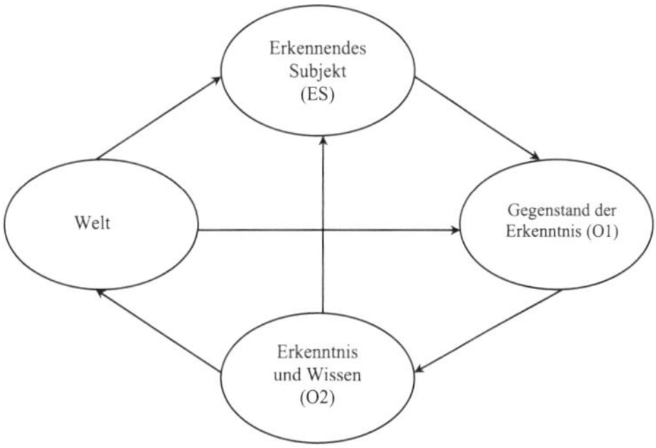

Die hier schematisch dargestellten Beziehungen und Dimensionen sind grob vereinfacht und analytisch aufgelöst. Die volle Reichweite der Probleme lässt sich nicht auf Skizzen dieser

Art reduzieren. Wir benutzen sie in der Folge deshalb auch nur illustrativ.

Genauer gesagt: Sie lässt sich *überhaupt* nicht in einem einzigen Konzept und nur auf eine Weise darstellen. Die Aufgabe von Erkenntnis- und Wissenschaftstheorie hat sich als „mission impossible“ herausgestellt. Wir versuchen daher auch nicht, eine alles umfassende Theorie anzubieten, sondern einen Überblick über Probleme des Erkennens und der Wissenschaft anhand ihrer Entwicklung. Ihre Geschichte spiegelt eine Abfolge von bemerkenswerten Einsichten und Fortschritten, aber auch von der Unmöglichkeit, alles zu erfassen und zu integrieren, was sich als relevant darstellt. Dabei zeigt sich auch, dass das Verständnis, was Wissen ist, wie es begründet und wie es verwendet wird, erheblich bestimmt wird von Prämissen, die wissenschaftspolitisch und indirekt auch gesellschaftspolitisch imprägniert sind. Erkenntnis- und Wissenschaftstheorien sind daher Teil und Ausdruck von gesellschaftlichen Verhältnissen – auch das kann man aus ihrer Geschichte lernen. –

In der Überschrift steht: Wieso Erkenntnis- und Wissenschaftstheorie? Die bisherigen Überlegungen betrafen die Frage, wieso es sie gibt. Die nächsten Kapitel bieten einen großen Überblick über die Entwicklung von Erkenntnistheorien bis zur modernen Wissenschaftstheorie. Dabei ist die Auswahl eurozentrisch und germanozentrisch. Wir hoffen, damit dennoch einen Großteil der relevanten Probleme zu erfassen. Untersucht wird dabei, was warum wie gesehen wurde (wobei die entwickelte Skizze als Bezugs- und Kontrastpunkt für eine Grobmarkierung der Besonderheiten des jeweiligen Paradigmas dient). –

Am Ende taucht die Frage „wieso?“ erneut auf – dann aber als Frage danach, was man damit anfangen kann.

2 Die Anfänge von Erkenntnistheorie

Mythos

Die frühesten und einfachsten Formen von Welterklärungen haben die Form des *Mythos*, einer vortheoretischen Form der Erklärung in Gestalt einer Erzählung, in der zwischen Realem und Gedachtem nicht systematisch unterschieden wird. *Archaische Gesellschaften* (sie werden auch als „einfach", „tribal", „segmentär" bezeichnet) bestehen im Allgemeinen aus einer kleinen Gruppe von Menschen, die gemeinsam mit einfachen Mitteln ihren Lebensunterhalt in unmittelbarer Auseinandersetzung mit der Natur erwirbt – durch Sammeln und Jagen, teilweise durch gezielten Anbau von Nutzpflanzen. In diesen Gesellschaften gibt es keine ausgeprägten sozialen Differenzierungen, weder in Form von Arbeitsteilung noch in Form von Schichten und Klassen (jedoch zählen natürlich die biologischen Differenzen wie Alter und Geschlecht). Unter diesen Umständen entstehen jeweils besondere Formen von umfassenden „Erzählungen", in denen die wichtigen Themen, mit denen die jeweilige Gesellschaft beschäftigt ist (eigene Herkunft, Sozialordnung, Ordnung der Natur), in einen großen Zusammenhang gebracht werden, der für alle(s) und jede(n) Platz und Sinn bietet. Es handelt sich also um eine Zusammenschau und Verbindung, deren Hauptbedeutung in ihrer integrativen Leistung liegt. Dabei spielen die Unterschiede, die für moderne Gesellschaften von allergrößter Bedeutung sind – real oder imaginär, logisch oder unlogisch – keine große Rolle. Empirische Kenntnisse über natürliche Sachverhalte sind unmittelbar mit animistischen Vorstellungen verbunden: Geister und Götter beseelen und bewegen die Welt. Der Mythos ist daher nicht nur umfassend, er verbindet auch unterschieds-, also kritiklos. Daher gibt es hier auch keine theoretische Begründung – die Gültigkeit von Überzeugungen reicht.

Für diese umfassende Erzählung gibt es keine allein zuständigen „Experten“. Sie ist eine *gemeinsame* Leistung, zu der Einzelne beitragen, die aber von der Gesellschaft als Ganzer bewahrt und entwickelt, d.h. weitererzählt wird. Dies ist wörtlich zu verstehen, weil diese Gesellschaften nicht über eine Schriftsprache verfügen. Diese Erzählung besitzt exklusive Gültigkeit, so dass innerhalb einer Gesellschaft keine Alternativen gedacht werden können. Dafür ist jede Erzählung eine Kosmologie für sich und mit keiner anderen kompatibel. – Es liegt auf der Hand, dass für eine selbstverständlich von allen Gesellschaftsmitgliedern akzeptierte, alles erklärende Interpretation der Welt keine weitere Begründung nötig ist. Sie gilt, weil es sie gibt; und es gibt sie, weil sie gilt. „Erkenntnistheoretische“ Begründungen erübrigen sich daher nicht nur, sie würden auch zu einem Mythos nicht passen – nicht nur wegen ihrer universellen Gültigkeit, sondern auch wegen ihrer Form: Ihre Logik entspricht der weiter oben skizzierten Funktionsweise des Alltagsbewusstseins, wobei der Modus der Reflexion durch die Geschlossenheit des Weltbildes begrenzt wird.

Der Mythos ist das ausschließlich vorherrschende Weltbild archaischer Gesellschaften. Ausgestorben ist es jedoch auch in modernen Gesellschaften nicht. Mit Blick auf die enorme Vielfalt an exzentrischen Weltbildern von esoterischen Gruppen aller Art muss man sagen, dass es nach wie vor weit verbreitet ist. Im Kontext moderner Gesellschaften können solche Weltbilder jedoch keine universelle Gültigkeit mehr erreichen. Sie müssen sich mit den Gegebenheiten arrangieren, sonst führen sie zur Stigmatisierung, weil sie als „nicht normal“ gelten.

Animismus

In den Anfängen menschlichen Denkens wurde die Ursache noch in jedem Ding vermutet. Denn für das so genannte *animistische Denken* ist alles potenziell belebt und kann sich dementsprechend wie ein Lebewesen verhalten. Wenn es regnet, versteht das animistische Denken das als eine Handlung des Himmels, seiner „Seele" oder des Gottes, der in ihm ist. Auch der Baum ist beseelt, das Wild, die Jagdwaffe,... Das hat seine Vorteile, denn animistisches Denken zählt darauf, dass sich alles nicht nur wie ein Lebewesen verhält, sondern auch entsprechend beeinflussbar ist. Die Technik, die anzuwenden ist, um die Welt den eigenen Wünschen zu unterwerfen, heißt *Magie*. Dazu gehört auch das Opfer: Wenn ich dem Regengott genügend opfere, wird er günstig gestimmt.

Dieses animistische Kausalkonzept ist dem des *Kleinkinds* ähnlich. Es geht anfänglich davon aus, dass ein rollender Ball sich aus eigener Kraft bewegt. Wenn er angestoßen wird, erachtet dies das Kleinkind nur als eine Reizung der Eigentätigkeit des Balles. Die Ursache der Bewegung vermutet es in ihm selber; die Differenz „belebt/unbelebt" muss das Kind erst lernen. Vermutlich bildet der Mensch sein fundamentales Kausalschema anhand seiner Bezugspersonen. Die entscheidenden Ereignisse, die das Kleinkind in der anfänglichen, nachgeburtlichen Welt erlebt, sind die Handlungen seiner Bezugspersonen. An ihnen entsteht das subjektivische Schema: Alles, was sich bewegt, jedes Ereignis wird zuallererst als Handlung von jemand oder etwas verstanden. Alles lebt. –

Animistisches Denken ist ursprungslogisch: Die Zuweisung von Ereignissen zu einem Ursprung genügt ihm als Erklärung. Und es ist projektives, nicht reflexives Denken; es kennt daher noch keine Unterscheidung zwischen Welt und Vorstellung, daher auch keine Theorie (und damit keine Erkenntnistheorie).

Religion

Historisch abgelöst wurde das mythische System der Weltinterpretation von *theologischen Weltinterpretationen.* Sie treten auf, wenn sich makrosoziale Gesellschaften bilden, die eine große Zahl von Mitgliedern in einem ausgedehnten Raum umfassen. Diese Gesellschaften sind typischerweise *Agrargesellschaften,* d.h sie basieren letztlich auf Primärproduktion (Ackerbau, Viehzucht). Typischerweise handelt es sich zudem um Klassengesellschaften mit klaren Grenzen und erheblichen Abständen zwischen den sozialen Klassen. In Bezug auf die Interpretation der Welt und deren Legitimation ergibt sich dabei eine Art von Spaltung: Während die lokalen Gemeinschaften im Wesentlichen weiterhin mythische Vorstellungen in Form von Bräuchen und Praktiken benutzen und pflegen, entsteht im Kontext des Herrschaftssystems ein neues System der Weltinterpretation. Es unterscheidet sich vom Mythos vor allem durch zwei Aspekte: Zum einen wird es von einer Gruppe *professioneller Experten* entwickelt, gepflegt und praktiziert, zum anderen ist es eng verbunden mit der jeweiligen Herrscherschicht bzw. mit deren *Legitimation.* Da die Herrscher in solchen Gesellschaften sich meist als Abkömmlinge der Götter (oder selbst als Götter) verstehen, werden sie zum Mittelpunkt entsprechender Kulte und Weltinterpretationen. Dazu werden selektive „Argumente“ und „Informationen“ verwendet – also historische oder pseudohistorische und -empirische Verweise, die verdeutlichen, warum gerade diese Dynastie an der Macht ist, wie sie an die Macht gelangt ist usw. Naturgemäß hängt das Schicksal der jeweiligen Religion und ihrer Vertreter eng mit dem des Herrschaftssystems zusammen: Ein Herrschaftswechsel führte häufig auch zum Auswechseln der Priesterkaste. Insofern konnte dieser erste Typ von „Intellektuellen“ zwar von der Nähe zur Herrschaft profitieren, aber war auch entsprechend gefährdet. –

In dieser Entwicklung steckt ein weiter, struktureller Effekt eines höheren Organisationsgrades. Auch unabhängig von der Legitimation des Herrschaftssystems brauchen und erzeugen Großgesellschaften eine andere Art von Welterklärung. Da sie nicht mehr auf unmittelbarer Teilhabe an einer kollektiven Lebenspraxis basieren, sondern generalisierte Regeln und abstrakte Formen hervorbringen, *formalisiert* sich auch die Erklärung der Welt (für die in der Philosophie der Begriff „Metaphysik" verwendet wird). Es entsteht ein codiertes System von Vorstellungen, die (unabhängig von der Lebenssituation einzelner Gruppen) mit Dogmen, Riten, Ge- und Verboten etc. zu einer institutionalisierten Religion verbunden werden, also einem konsistenten sozialen und kognitiven System, welches die Funktion der metaphysischen Orientierung übernimmt. Religionen entwickeln eine Eigendynamik; sie können nicht zuletzt auch Gegenstand reflexiver Auseinandersetzung und

Religion
„Religion" ist eine unscharfe Zusammenfassung für eine Fülle von Vorstellungen, die in Form und Niveau erheblich variieren. Gemeinsam ist die Annahme einer transzendentalen Welt mit Gottheiten, denen die Stiftung und Steuerung dieser Welt zugeschrieben wird. Kausalität ist hier stets transzendent begründet: (Zumindest) letzte Ursache für alles sind Götter, ist ihr Wille. – Religion ist ein dynamisches Geschehen: Sie entwickelt sich und kann dabei auch systematische Begründungen hervorbringen. Mit der Entstehung von professionellen Experten und der Institutionalisierung als *Theologie* bewegt sich Religion in Richtung Theorie. Sie gibt die basale Kausalitätsidee nicht auf, aber sie versucht, sie zu begründen und fängt damit auch an, sich selbst zu begründen. Damit entsteht eine neue Form distanzierter Reflexion, auch wenn die inhaltlichen Bindungen des Glaubens beibehalten werden.

Begründung werden. Die Entwicklung von Formen und Traditionen der Reflexion durch entsprechende Experten führt zu ausdifferenzierten Methoden und Konzepten religiöser Begründungen. Damit entsteht Theologie – systematisch durchdachte und durchformulierte Religion. Diese Art von *„rationaler Metaphysik"* hat einen Legitimitätsanspruch und nutzt daher die Form einer Theorie, auch wenn die Inhalte und die Art der Logik mit objektiver Erkenntnis wenig zu tun haben. Entsprechend enthalten sie zwar auch eine Begründung von Erkenntnis – also eine Erkenntnistheorie –, aber diese beschränkt sich auf die Annahme einer Erleuchtung durch die Götter und/oder eine privilegierte Teilhabe an ihrem Willen bzw. Wissen. Die Begründung führt also in die Theorie zurück.

Religion, die von eigens dafür zuständigen Experten vertreten, zelebriert und gepflegt wird, war und ist in modifizierter Form das für die meisten Agrargesellschaften typische und auf vielfältige Weise variierte Modell von Welterklärung. Sie entwickelt(e) sich nicht überall zur Theologie. In vielen Fällen – vor allem dann, wenn sie intensiv von mythischen Elementen getränkt ist – ist sie im Gegenteil reflexionsaversiv und sträubt sich gegen (zu viel) theologische Begründung. Daher differiert das Entwicklungsniveau von religiösen Systemen in Agrargesellschaften erheblich. Gemeinsam bleibt ihnen, dass sie von Glaubensprinzipien geleitet werden. Aus diesem Grund ist ihnen zwar mit zunehmender Institutionalisierung die Ausarbeitung einer formalen Begründung möglich, nicht aber die Überschreitung der Grenzen, die jeder Glaube setzt.

Philosophie

Eine Revolution in der Entwicklung von Theorie und damit auch von Erkenntnistheorie ergibt sich durch die Entstehung von *„bürgerlichen Gesellschaften"*. Damit sind Gesellschaften gemeint, die sich von Agrargesellschaften vor allem dadurch unterscheiden, dass sie ihren Lebensunterhalt nicht vorrangig durch Primärproduktion erwerben, sondern mit Handwerk, Handel und Dienstleistungen. Das setzt voraus, dass die erforderlichen Nahrungsmittel zur Verfügung stehen oder beschafft werden können – dadurch, dass man andere (etwa Sklaven) dafür arbeiten lässt, dass man sie sich durch Handel beschafft oder durch eine Produktivitätssteigerung, die einen entsprechend großen Teil der Bevölkerung von der Notwendigkeit, in der Primärproduktion zu arbeiten, freisetzt. Eine weitere Bedingung ist, dass die Bevölkerung in größeren Aggregationen – Städten – zusammenlebt, ohne unter der Bevormundung einer herrschenden Klasse bzw. eines makrosozialen Herrschaftssystems zu stehen. Erst beides zusammen ergibt die besonderen Bedingungen, unter denen Theorie sich von Mythos und Religion emanzipieren kann. – Die erste historische Konstellation, in der diese Bedingungen zusammenkamen, war die griechische Kultur. Aus einer spezifischen Mischung von Vorgeschichte, geografischer Umstände und Eigendynamik der Situation entstand ein System von Stadtstaaten in einem Kontext (Mittelmeerraum), der die dafür erforderlichen Entwicklungsbedingungen bot. Im Kulturraum der griechischen Stadtstaaten entstand mit der *Philosophie* eine völlig neue Form der Reflexion – die Erste, die sich auf systematische Weise der Welt *theoretisch* zuwandte und daher auch die Erste, die systematisch Erkenntnistheorie betrieb.

Der Hintergrund ist ein neuer Bedarf an Erkenntnis und, davon nicht zu trennen, ein neuer Status von Erkenntnis. Bisher war Theorie mehr oder weniger vom Herrschaftssystem

Philosophie
Philosophie – Liebe zur Weisheit – ist von der Religion gelöste Reflexion. Sie öffnet den Horizont der Begründungen, in denen sie Formen und Inhalte zur Disposition stellt. Damit wird auch der Blick auf die Funktionsweise von Wirklichkeit erweitert: Logik kann genauer betrachtet und theoretisch weiterentwickelt werden.

initiiert, getragen und alimentiert worden. Im Rahmen dieser frühen Form von bürgerlicher Gesellschaft entsteht nun ein historisch neuer Typus von Intellektuellen, der keine solchen engen Bindungen besitzt. Der griechische Philosoph ist typischerweise ein „Dienstleister“ – ein Lehrer, der durch Unterricht seinen Unterhalt verdient – oder ein „Freiberufler“, dessen Arbeit genügend einbringt, um ihm die Beschäftigung mit Philosophie zu erlauben. Manche Lehrer wandern durch die Lande, andere sind als „Privatangestellte“ bei den Reichen und Mächtigen tätig; später, als Bildung ein öffentlich gefragtes Gut wird, gründen erfolgreiche Lehrer eigene Schulen, deren Ruf ihnen Zulauf an Kunden bringt. Philosophie ist also – anders als Theologie – ein Angebot, welches das *Aufklärungs- und Bildungsinteresse* des griechischen Bürgertums zum Ausdruck bringt und formatiert; sie bekommt zusätzliche Unterstützung durch den *sozialen Status*, den philosophische Bildung im Gesamtprozess der Selbststeuerung der griechischen Gesellschaft gewinnt. Davon kann Philosophie leben; dadurch hat sie erhebliche, historisch völlig neue Freiheitsspielräume.

Es ist geradezu sensationell, was dabei in knapp drei Jahrhunderten für eine Fülle von Gedanken entwickelt wurde und welche dynamischen Entwicklungsschritte der griechischen Philosophie in dieser kurzen Zeit gelangen. Gerade was Erkenntnistheorie betrifft, hat sie in nuce die zentralen Fragen mindestens der klassischen Erkenntnistheorie schon aufgeworfen und auf eine Weise beantwortet, die sich in Variationen später immer wieder finden. – Die Etappen dieser neuen, revolutionären Weltsicht können hier nicht im Einzelnen beschrieben werden. Nur einige einer ganzen Reihe von Namen und Systemen können hier genannt werden.

„Vorsokratiker“

Die *„Naturphilosophie“* hatte als Erste das Problem des Aufbaus und der Funktionsweise der realen Welt als Bezugspunkt und versuchte, einerseits ihre logische Struktur zu verstehen, andererseits zu erklären, wie wir zu diesem Verständnis überhaupt kommen können. Die Antworten auf beide Fragen fielen sehr verschieden aus. Erkennbar sind dabei Bemühungen, Erkenntnis als reales, empirisches, wenn nicht sogar als materielles Geschehen zu verstehen und dazu passende logische Modelle zu entwickeln. *Demokrit* (460–371 v. u. Z.) beispielsweise sieht Atome als Grundbestandteile aller realen Dinge und Eigenschaften; ihre Bewegung transportiert und überträgt Merkmale und Eigenschaften; die Seele – auch sie ein Werk des Zusammenspiels von Atomen – kann diese Informationen aggregieren und dadurch verlässliches Wissen über die Welt gewinnen. *Empedokles* (495–435) sieht die ganze Welt – auch die Menschen – aus (Mischungen von) vier Grundelementen zusammengesetzt (Erde, Luft, Wasser, Feuer). Erkenntnis wird möglich, weil und wo wir mit unseren inneren Elementkonstellationen das Ähnliche in der Außenwelt erfassen können. Gleiches erkennt Gleiches; die so gewonnenen Informationen werden vom Blut zur Seele gebracht und dort organisiert. Insofern liegt Erkenntnis bei Empedokles buchstäblich „im Blut“. – Anders dagegen *Parmenides* (ca. 515–ca. 445). Für ihn ist die wahrnehmbare Welt nicht das Sein, auf das Erkenntnis zielt. Dieses Sein kann nur durch Denken erfasst werden. Damit öffnet sich der Blick auf die Logik sowohl der Dinge als auch der Erkenntnis.

Sophisten

Gegen die unhinterfragten Prämissen der Vorsokratiker wenden sich die *Sophisten*. Sie treffen zunächst eine Unterscheidung, die später immer wieder auftaucht (und immer wieder kritisiert wird): die zwischen physis (der Natur) und nomos (dem Gesetz der Menschenwelt). Sie widmen sich vor allem der Welt der Menschen und kommen hier zu dem Ergebnis, dass es keine universellen Gesetze gibt und geben kann. Die Welt kann verschieden sein. Ideen und Vorstellungen allein sind daher noch keine Grundlage für generelle Theorien. Es kommt daher darauf an, wie Vorstellungen propagiert werden. Daher konzentrieren sich die Sophisten auf Rhetorik (als

Grundlage der Überzeugung). Ihre Erkenntnistheorie ist radikal *skeptisch* und *relativistisch*. *Gorgias* (ca. 483–374), einer der bekanntesten Sophisten, bringt diesen Standpunkt in drei ebenso knappen wie markanten Sätzen auf den Punkt: „Nichts ist. Wenn es aber etwas gäbe, wäre es für den Menschen unerkennbar. Und wäre es erkennbar, so wäre es jedenfalls nicht mitteilbar." Er zweifelt an allem: Es gibt also keine wirkliche Einheit/Identität der Welt; es gibt keine Möglichkeit, Zugang zu einer objektiven Logik der Welt zu gewinnen; es gibt keine Möglichkeit der Herstellung einer definitiven Intersubjektivität – konsequenter kann man nicht zweifeln.

Sokrates

Gegen beides, die vortheoretischen Setzungen der Vorsokratiker und die Skepsis der Sophisten, wendet sich *Sokrates*. Mit ihm beginnt die eigentliche Geschichte der Philosophie. Er konzentriert sich ebenfalls auf die Menschenwelt, aber sein Ziel ist, Wissen und Handeln in Übereinstimmung zu bringen und dadurch Handlungen normativ zu begründen. Richtiges Wissen führt zu richtigem Handeln. Dazu muss jedoch das

Sokrates

Sokrates (470–399) soll ein hässlicher Mann gewesen sein, aber körperlich durchtrainiert und ein furchtloser Soldat. Anstatt den erlernten Beruf eines Bildhauers auszuüben, philosophierte er lieber – ohne aber dafür Geld zu verlangen wie die Sophisten. Seine Frau Xanthippe hielt ihn deshalb für einen Herumtreiber und es wird überliefert, dass sie ihn, als er spät nach Hause kam, vom Fenster herab mit Schmutzwasser übergoss. Sokrates wanderte in Athen umher und verwickelte andere Fußgänger in tiefschürfende Gespräche. Sein eindringliches Fragen wurde jedoch von einflussreichen Mitbürgern nicht gebilligt: Er wurde schließlich als Jugendverderber angeklagt und zum Tode verurteilt. Daraufhin sah er es als eine Ehrensache an, den Schierlingsbecher zu trinken; – so wurde es von Platon protokolliert.

richtige Wissen, das jeder in sich trägt, befreit werden von Verzerrungen und Verschüttungen. Seine „Maieutik" (Hebammenkunst) bemüht sich daher darum, den Menschen zunächst das richtige Wissen (wieder) zugänglich zu machen. Dazu muss erst „falsches Wissen" demontiert werden, was er durch hartnäckiges Fragen zu erreichen versucht. Erst mit der Einsicht, dass man nichts sicher weiß („scio nescio" – ich weiß, dass ich nichts weiß), ist der Ausgangspunkt für die Entwicklung wahren Wissens und damit von Tugend erreicht. – Sokrates geht also davon aus, dass dieses „wahre Wissen" bereits vorhanden ist und nur „freigelegt" werden muss, was durch die Einsicht in die Unwahrheit dessen, was man für Wissen hält, geschieht. Man könnte daher sagen, dass für Sokrates nicht so sehr das Wissen selbst das Problem ist, sondern es zu finden. Daher steht die *Kritik von falschen Gewissheiten* im Zentrum seiner Bemühungen.

Platon

Sein bekanntester Schüler, *Platon*, löst sich von Sokrates' Zentrierung auf die Menschenwelt und entwickelt ein System des objektiv Guten und Wahren. Dazu unterteilt er die Wirklichkeit in bloß Empirisches (Vergängliches, Veränderliches) und das, was dahinter steht und es zusammenhält. Dies sind die *Ideen* – das wahrhaft Seiende, Unveränderliche. In dieser Welt der Ideen ist die Idee des Guten die oberste, die alles reguliert. In Bezug auf die empirische Welt gibt es keine Erkenntnis, sondern bloß (mehr oder weniger richtige) Meinungen. Dies zeigt Platon in seinem Höhlengleichnis, in dem er unsere Erkenntnissituation mit derjenigen von Gefangenen in einer Höhle vergleicht. Die Gefangenen sitzen wie Zuschauer in einer Art Schattentheater:

„Sieh nämlich Menschen wie in einer unterirdischen, höhlenartigen Wohnung, die einen gegen das Licht geöffneten Zugang längs der ganzen Höhle hat. In dieser seien sie von Kindheit an gefesselt an Hals und Schenkeln, so daß sie auf demselben Fleck bleiben und auch nur nach vorne hin sehen, den Kopf aber herumzudrehen der Fessel wegen nicht vermögend sind. Licht aber haben sie von einem Feuer, welches von oben und von ferne her hinter ihnen brennt. Zwischen dem Feuer und den Gefangenen geht obenher ein Weg, längs diesem sieh eine Mauer aufgeführt wie die Schranken, welche die Gaukler vor den Zuschauern sich erbauen, über welche herüber sie ihre Kunststücke zeigen. ... Sieh nun längs dieser Mauer Menschen allerlei Geräte tragen, die über die Mauer herüberragen, und Bildsäulen und andere steinerne und hölzerne Bilder und von allerlei Arbeit; einige, wie natürlich, reden dabei, andere schweigen." (Das Höhlengleichnis befindet sich im siebten Buch von „Der Staat", 514af. – Platon lässt Sokrates im Gespräch seine eigene Position entwickeln und vertreten. Adamantos darf zustimmen.)

Die Gegenstände, die vor einem Feuer hinter dem Rücken der Gefangenen vorbeigetragen werden, werfen Schatten. Über diese diskutieren die Gefangenen, ebenso darüber, was sie hören, ohne wirklich zu wissen, was es ist.

Platon

Platon (427–347) hat mehrere Dialoge des Sokrates niedergeschrieben. Er war gemeinsam mit anderen Jünglingen aus gutem Haus acht Jahre lang sein Schüler. Sokrates' Anklage und Tod waren für Platon, zu diesem Zeitpunkt 28 Jahre alt, ein nachhaltiger Schock. Er verließ darauf Athen, reiste viel umher, wurde Berater des Tyrannen von Syrakus und gründete, zurück in Athen, eine eigene Schule, die so genannte Akademie. Sie war der erste institutionalisierte Ort philosophischer Forschung. Platons Theorien sind aus heutiger Sicht oft bizarr: Seelen fliegen im Gefolge der Götter am Himmelsgewölbe entlang und sehen so die Urbilder, die wahre Erkenntnis wiedererkennt. Platon „erfand" das Konzept der ewigen Liebe. Er war allerdings ein Frauenhasser und – wie es im antiken Athen Sitte ist – (platonischer) Freund von schönen Jünglingen. Sein Theoriegebäude stellt das Urbild des Idealismus dar und prägte als solches das gesamte weitere abendländische Geistesleben.

„Wenn sie nun miteinander reden könnten, glaubst du nicht, daß sie auch pflegen würden, dieses Vorhandene zu benennen, was sie sähen? – Notwendig. – Und wie, wenn ihr Kerker auch einen Widerhall hätte von drüben her, meinst du, wenn einer von den Vorübergehenden spräche, sie würden denken, etwas anderes rede als der eben vorübergehende Schatten? – Nein, beim Zeus, sagte er. – Auf keine Weise also können diese irgendetwas anderes für das Wahre halten als die Schatten jener Kunstwerke? – Ganz unmöglich." (A.a.O., 515b)

Erst wenn ein Gefangener befreit wäre, könnte er den Zustand der bloßen Meinung überwinden, das Empirische erkennen. Er würde dies aber der Mühsal wegen vermutlich gar nicht wollen:

„Wenn einer entfesselt wäre und gezwungen würde, sogleich aufzustehen, den Hals herumzudrehen, zu gehen und gegen das Licht zu sehn, und, indem er das täte, immer Schmerzen hätte und wegen des flimmernden Glanzes nicht recht vermöchte, jene Dinge zu erkennen, wovon er vorher die Schatten sah: was, meinst du wohl, würde er sagen, wenn ihm einer versicherte, damals habe er lauter Nichtiges gesehen, jetzt aber, dem Seienden näher und zu dem mehr Seienden gewendet, sähe er richtiger, und, ihm jedes Vorübergehende zeigend, ihn fragte und zu antworten zwänge, was es sei? Meinst du nicht, er werde ganz verwirrt sein und glauben, was er damals gesehen, sei doch wirklicher als was ihm jetzt gezeigt werde? – Bei weitem, antwortete er. – Und wenn man ihn gar in das Licht selbst zu sehen nötigte, würden ihm wohl die Augen schmerzen, und er würde fliehen und zu jenem zurückkehren, was er anzusehen imstande ist, fest überzeugt, dies sei in der Tat deutlicher als das zuletzt Gezeigte? – Allerdings." (A.a.O., 515cf.)

Und erst, wenn der Gefangene die Höhle verlässt, hat er eine Chance, nach und nach die Ideen hinter dem Empirischen zu erkennen:

„… wenn ihn einer mit Gewalt von dort durch den unwegsamen und steilen Aufgang schleppte und nicht losließe, bis er ihn an das Licht der Sonne gebracht hätte, wird er nicht viel Schmerz haben und sich gar ungern schleppen lassen? Und wenn er nun an das Licht kommt und die Augen voll Strahlen hat, wird er nicht das Geringste sehen können von dem, was ihm nun für das Wahre gegeben wird. – Freilich nicht, sagte er, wenigstens nicht sogleich. – Gewöhnung also, meine ich, wird er nötig haben, um das Obere zu sehen. Und zuerst würde er Schatten am leichtesten erkennen, hernach die Bilder der Menschen und der anderen Dinge im Wasser, und dann erst sie selbst. Und hierauf würde er was am Himmel ist und den Himmel selbst leichter bei Nacht betrachten und in das Mond- und Sternenlicht sehen als bei Tage in die Sonne und in ihr Licht. – Wie sollte er nicht!“ (A. a. O., 515df.)

Schließlich erkennt der ehemals Gefangene die höchste aller Ideen selber, die Idee des Guten und Wahren (dargestellt durch die Sonne):

„Zuletzt aber, denke ich, wird er auch die Sonne selbst, nicht Bilder von ihr im Wasser oder anderwärts, sondern sie als sie selbst an ihrer eigenen Stelle anzusehen und zu betrachten imstande sein. – Notwendig, sagte er. – Und dann wird er schon herausbringen von ihr, daß sie es ist, die alle Zeiten und Jahre schafft und alles ordnet in dem sichtbaren Raume und auch von dem, was sie dort sahen, gewissermaßen die Ursache ist. – Offenbar, sagte er, würde er nach jenem auch hierzu kommen.“ (A. a. O., 516b)

Von den ehemaligen Mitgefangenen hat sich der neu Erkennende stark entfernt. Er ist ein anderer Mensch geworden:

„Und wie, wenn er nun seiner ersten Wohnung gedenkt und der dortigen Weisheit und der damaligen Mitgefangenen, meinst du nicht, er werde sich selbst glücklich preisen über die Veränderung, jene aber beklagen? – Ganz gewiß. – Und wenn sie dort unter sich Ehre, Lob und Belohnungen für den bestimmt hatten, der das Vorüberziehende am schärfsten sah und am besten behielt, was zuerst zu kommen pflegte und was zuletzt und was zugleich, und daher also am besten vorhersagen konnte, was nun erscheinen werde: glaubst du, es werde ihn danach noch groß verlangen und er werde die bei jenen Geehrten und Machthabenden beneiden? Oder wird ihm das Homerische begegnen und er viel lieber wollen, das Feld als Tagelöhner bestellen einem dürftigen Mann' und lieber alles über sich ergehen lassen, als wieder solche Vorstellungen zu haben wie dort und so zu leben? – So, sagte er, denke ich, wird er sich alles eher gefallen lassen, als so zu leben." (A. a. O., 516cf.)

Ein erneuter Kontakt mit den ehemaligen Mitgefangenen könnte höchst problematisch werden:

„Und wenn er wieder in der Begutachtung jener Schatten wetteifern sollte mit denen, die immer dort gefangen gewesen, während es ihm noch vor den Augen flimmert, ehe er sie wieder dazu einrichtet, und das möchte keine kleine Zeit seines Aufenthalts dauern, würde man ihn nicht auslachen und von ihm sagen, er sei mit verdorbenen Augen von oben zurückgekommen und es lohne nicht, daß man auch nur versuche hinaufzukommen; sondern man müsse jeden, der sie lösen und hinaufbringen wollte, wenn man seiner nur habhaft werden und ihn umbringen könnte, auch wirklich umbringen? – So sprächen sie ganz gewiß, sagte er." (A. a. O., 516e)

Wahre Erkenntnis kann es nur in Bezug auf die transzendente Welt der Ideen geben. Der Zugang zum Begreifen der Ideen ist nicht über sinnliche Erfahrung möglich, weil sie täuschungsanfällig und irritierbar ist. Die Erkenntnis der Ideen basiert darauf, dass die Seele in einem früheren Stadium sie schon einmal erfasst hat. – Erkennen ist daher Wieder-Erinnerung (anamnesis). Dazu muss das Denken jedoch geschult werden; vor allem von dem Irrtum befreit werden, die bloße Wahrnehmung dessen, was ist, sei bereits Erkenntnis der Wahrheit. Wahre Erkenntnis ist eine davon unabhängige Form der Einsicht in die abstrakte Logik der Ideen. Wegen dieser Betonung der hinter dem Empirischen stehenden Ideen und der Ausrichtung von Erkenntnis an dieser nicht empirischen Wirklichkeit wird Platon als „Idealist" bezeichnet.

Aristoteles

Mit Platons Schüler und Nachfolger *Aristoteles* erreicht die Erkenntnistheorie der griechischen Philosophie ihren Höhepunkt und Abschluss. Was er entwickelt, fasst vieles zusammen, was vorher gedacht wurde, tut dies auf sensationell neue Weise und kommt damit auf ein Niveau, welches für nahezu 1000 Jahre(!) Bezugspunkt und Messlatte aller weiteren Abläufe wurde. Kant sagte über ihn, dass danach nichts mehr hinter ihm zurückbleiben, aber auch nichts über ihn hinausgehen konnte. – Von der Fülle seiner Gedanken und Anregungen kann hier nur ganz wenig angesprochen werden. – Aristoteles war „Platoniker" und blieb dies auch in dem Sinn, als er von einer Welt ausging, die sich nicht auf das empirisch Erfassbare beschränkt, sondern gleichzeitig eine nichtmaterielle Welt umfasst, die sich in der materiellen zeigt, sie bedingt und ordnet. Dies war im Grunde das Erbe von Mythologie und Religion, von Parmenides und vor allem Platon in Transzendentalphilosophie übersetzt (der Ausdruck stammt von Kant, der später als „transzendental" Themen bezeichnete, die die Möglichkeiten der sinnlichen Erfahrung überschreiten). Damit ergaben sich jedoch eine Fülle von Folgeproblemen – das Sein wurde sozusagen wesentlich komplizierter. Aristoteles löst daher auch den Begriff auf, unterscheidet unterschiedliche Seinselemente und -formen (wie: Mögliches und Wirkliches, Sein und Werden, Einheit und Vielheit, Veränderliches und Unveränderliches) und versucht, die hinter den Differenzen stehende allgemeine Logik zu erfassen. Wirklichkeit resultiert vor allem aus dem Zusammenspiel von „Material" (Substanz, Stoff) und formenden Prinzipien – alles Sein ist formatiertes Potenzial. Daher ist Sein wesentlich Bewegung. Hinter Bewegungen muss jedoch eine bewirkende Kraft stehen, die ihrerseits bedingt ist. „Alles, was bewegt wird, wird notwendig von einem anderen bewegt".

Kausalität ist also das treibende Prinzip des Spiels von Stoff und Form auf allen Ebenen. Damit stellt sich naturgemäß die Frage nach der Ursache aller Ursachen, der Ursubstanz, der Urform. Aristoteles' Antwort wirkt auf den ersten Blick konventionell: Die letzte Ursache ist Gott. Daraus ergibt sich als Definition von Gott, dass er reines Sein, reine Form, jener „unbewegte Beweger" sei, der alles bewegt und selbst nicht bewegt wird. Schon hier wird deutlich, dass es sich nicht um einen personalen Gott handelt, sondern um ein logisches und funktionales Prinzip, was sich noch deutlicher bei den weiteren Feststellungen zeigt: Was allem zugrunde liegt, muss überall sein (sonst gäbe es ja etwas Unabhängiges), kann zugleich nicht Bestandteil von irgendetwas sein (sonst gäbe es eine weitere Ursache), also auch keine Eigenschaften haben (aus dem gleichen Grund). Gleichzeitig muss aber dieses logische Prinzip in den Dingen sein und kann nur dort festgestellt werden. Das Seiende geht daher dem konkreten Sein voraus, weil es allgemeiner ist, aber zugleich steckt es immer im Konkreten, so dass dieses Konkrete seinerseits vor jedem Allgemeinen da sein muss. Aristoteles beendet also den „Prioritätsstreit" zwischen Empirie und Transzendenz durch ein dialektisches Sowohl-als-auch und bindet Theorie damit sowohl an Logik als auch an empirische Erfahrung. –

Gott wird also zum logischen Prinzip des Seins mit formalen Eigenschaften und strikt gebunden an Prämissen und Regeln – mit Religion hat ein solches Modell nichts mehr zu tun. – Diese formallogische Bestimmung erfüllt zwei Funktionen. Auf der einen Seite ist eine nicht weiter hintergehbare Grundlage der Wirklichkeit – eine *Ontologie des Seins* – bestimmt, die nicht in Religion mündet, sondern immanent bleibt (also keine externen Gründe mehr heranzieht). Dadurch erscheint das gesamte Sein als logisch – nicht metaphysisch – geordneter Kosmos. Das so angelegte Seinskonzept hat jedoch noch eine weitere Funktion: Um nun diese Ordnung zu erkennen, wird ein Nachvollzug in Gedanken erforderlich. Dies verlangt die Fähigkeit, diese Ordnung zu erfassen. Dazu muss sich der Geist angemessener

Mittel bedienen, also logikfähig sein und entsprechend korrekt vorgehen. Das setzt Sachverhalte voraus, die objektiv behandelt werden. Beides ist nicht identisch. So ist beispielsweise „Substanz“ ein Bestandteil der Wirklichkeit, die Kategorie „Substanz“ aber ein Mittel des Denkens. Als Mittel des Denkens ist die Kategorie ihrerseits ontologisch gegenüber dem Sein: Sie erfasst sie, ist aber keine Eigenschaft dieses Sachverhalts, sondern operiert unabhängig davon, nach eigenen Regeln. Damit hat Aristoteles mit der Ontologie des Seins eine eigene Welt der *Erkenntnis* begründet – sie ist eine Welt für sich.

Somit ist ihm das Kunststück geglückt, empirische und transzendente Realität, Sein und Denken von Anfang an zu verknüpfen. Von hier aus entwickelt Aristoteles ein System von Vorstellungen, mit dessen Hilfe dieses Sein weiter gegliedert wird, und zugleich ein Funktionsmodell des Denkens, welches mit diesen Vorstellungen arbeitet. Das „Warum“ von Sein und Denken interessiert ihn dabei weitaus weniger als das „Wie“. – Er unterteilt Denken in drei grundlegende Elemente: *Begriffe, Urteile* und *Schlüsse*. Begriffe sind Benennungen von Objekten und Eigenschaften. Sie werden im Begriff allgemein und in ihren wesentlichen Aspekten erfasst. Der ideale Begriff ist die *Definition,* die das Wesentliche ihres Gegenstands präzise, umfassend und eindeutig enthält. Dies geschieht mit Blick auf die Ordnung des Seins dadurch, dass die Gattung (genus proximum) und die Art (differentia specifica) angegeben wird, also die Gemeinsamkeit, die etwas mit anderen teilt, und die Besonderheit, die es von allem anderen unterscheidet. Definitionen lassen sich hierarchisch erweitern und spezifizieren. Eine Definition von „Emergency Room“ (ER) könnte daher heißen: Soap opera, die im Krankenhaus spielt. Dann ließe sich einerseits der Begriff Soap opera von anderen Sendungen im Fernsehen (und das Fernsehen von andern Medien usw.), andererseits ER von der „Schwarzwaldklinik“ unterscheiden.

Aristoteles klassifiziert mögliche Begriffe danach, worauf sie sich beziehen: auf Substanz (das, was im Wechsel der Vielfalt bleibt – bei ER vielleicht: die Darstellung menschlicher Dramen) oder Akzidenz (das, was nur in einem, in diesem konkreten Fall gegeben ist). Akzidenzien werden näher analysiert in Bezug auf empirische Eigenschaften wie: Quantität (wie viel Blut fließt), Qualität (wie gut gespielt), Relation (Verhältnis zu anderen Serien), Ort (Chicago), Zeit (spätes 20. Jahrhundert), Lage (Stellung im Programmschema), Sichverhalten (Anpassung an Soap-Muster), Tun (Vermittlung von Eindrücken von bzw. Phantasien über die Notfallmedizin) und Leiden (Ernennung zur Kultsendung). – Er diskutiert zudem Modalitäten: Ob etwas notwendig, wahrscheinlich oder möglich ist. Und er beschreibt – ebenfalls in einer Fülle von analytischen Kategorien – Sein in Bewegung: Werden und Vergehen, Dynamik und Veränderung. Auch hier entwickelt er kategoriale Unterscheidungen wie quantitative Bewegung (Zunahme von Sendungen wie ER) und qualitative Bewegung (Verschleiß des Plots).

Begriffe sagen noch nichts über das, was wirklich der Fall ist – sie benennen nur. Erst wenn sie verbunden werden, um damit eine Feststellung über die Wirklichkeit zu treffen, ist eine Entscheidung darüber notwendig, ob sie zutrifft oder nicht. Eine Aussage über einen Zusammenhang ist ein Urteil („ER ist eine erfolgreiche Soap Opera" ist also ein Urteil). In diesem Zusammenhang entwickelt Aristoteles Axiome, die gelten müssen, damit ein Urteil überhaupt gefällt werden kann. Urteile können sich nur auf Dinge beziehen, die eindeutig definiert sind (Satz von der Identität), sie müssen widerspruchsfrei (also entweder wahr oder falsch) sein und schließen eine dritte Möglichkeit aus. Das erlaubt Eindeutigkeit. Urteil ist jedoch nicht gleich Urteil: Aristoteles unterscheidet qualitative Urteile (bejahend/verneinend), quantitative (allgemeine, besondere und singuläre) und modale Formen (Tatsachenurteile, Notwendigkeits- und Möglichkeitsurteile). – Mit dem Urteil ist Wahrheit – Übereinstimmung mit der Wirklichkeit und logische Stimmigkeit – erreicht. Im nächsten Schritt, dem Schluss, werden nun die möglichen Konsequenzen behandelt. Die

Form des Schlusses ist der *Syllogismus*, die Übertragung einer in Urteilen gefundenen Wahrheit auf andere Sachverhalte. In seinen eigenen Worten: „Der Syllogismus ist eine Gedankenverbindung, in der, wenn etwas gesetzt ist, etwas anderes als das Gesetzte notwendig folgt, und zwar dadurch, daß das Gesetzte ist." (Aristoteles 1975 [1921], Analytica Priora A, 1; 24b 18) Pointierter gesagt: Der Syllogismus erlaubt Generalisierung, Kombination und Übertragung von Wahrheit und damit ein System von Wahrheiten – eine Theorie.

Entsprechend widmet sich Aristoteles ausführlich der Syllogistik, der Logik des Schließens. Auch hier entwickelt er eine ganze Reihe von kategorialen Bestimmungen, mit deren Hilfe er die Möglichkeiten und Formen des Schließens bestimmt.

Diese Funktionsbeschreibung des Geistes ist zweifellos eine der größten Leistungen in der Geschichte der Erkenntnistheorie.

Aristoteles

Aristoteles (384–322) war „schwach auf den Beinen und kleinäugig" und „stößt beim Sprechen ein wenig mit der Zunge an" (Weischedel 1975, 51). Zu alledem wurde er auch noch in der tiefen Provinz geboren. Zeit seines Lebens zeigte er sich aber als Mann von Welt, der Wert auf Kleidung und Komfort legte – dieses Savoir-vivre entwickelte sich vermutlich, weil sein Vater Leibarzt des mazedonischen Königs gewesen war. Mit 17 Jahren ging Aristoteles nach Athen und trat in Platons Akademie ein, die er erst 20 Jahre später, nach Platons Tod, wieder verließ. Er reiste und wurde Erzieher Alexanders des Großen. Wie sein Lehrer Platon gründete Aristoteles in Athen eine eigene Schule mit einer Bibliothek, die zum Vorbild derjenigen von Alexandria sowie anderer Bibliotheken wurde. Hier archivierte er seine umfassenden Vorlesungsmanuskripte. Die Athener gaben der neuen Schule einen bis heute verwendeten Namen: Sie nannten sie die peripatetische Schule, was „die Schule der Herumwandler" bedeutet, nicht zuletzt deshalb, weil Aristoteles und seine Schüler gerne im Laubengang auf- und abgewandelt waren. Auch

Aristoteles fiel schließlich in Athen Intrigen zum Opfer und er wurde der Gottlosigkeit angeklagt. Im Gegensatz zu Sokrates verließ er aber Athen und ist wenige Monate später auf seinem Landgut auf Euböa gestorben.

Die von Aristoteles entwickelte Syllogistik ist der erste Entwurf einer *Funktionslogik von Erkenntnis.* Im Begriff wird Wirklichkeit logisch operationalisiert, im Urteil erfolgt eine Überprüfung des Wahrheitsgehalts, im Schluss die Systematisierung und Generalisierung. Damit wird ein standardisiertes, überprüfbares Verfahren angeboten. Aristoteles ist damit der Begründer einer modernen – wissenschaftlichen – Erkenntnistheorie. Sein Werk, seine Kategorien und vor allem die Syllogistik wurden in der Folge zum Symbol, wenn nicht Synonym von objektiver Erkenntnis. Das führte jedoch gelegentlich (vor allem im Mittelalter) zu Missverständnissen und Missbrauch – zu leer laufender syllogischer Artistik und Dogmatisierung, Fetischisierung.

Aristoteles hat (nicht nur in Bezug auf Erkenntnistheorie) ein Werk hinterlassen, das einmalig ist. Sein außerordentlich differenziertes, gleichwohl immer auch nüchternes und pragmatisches Denken, seine Fähigkeit zur kategorialen Gliederung von komplexen Sachverhalten war eine Stilvorlage für alles, was nachfolgte. Es gibt kaum ein Thema, kaum eine Interpretationsstrategie, die er nicht durchdacht und in einen weiteren Kontext eingebettet hat. –

Mit den „großen Drei" (Sokrates, Platon, Aristoteles) ist die griechische Philosophie auf ihrem Höhepunkt, aber auch an ihrem Ende angekommen.

Man kann ohne Übertreibung sagen, dass sie der Reflexion einen völlig neuen Horizont eröffnet und ihrer Emanzipation von externen Beschränkungen den Weg gebahnt hat. Durch die Professionalisierung des Diskurses mit Hilfe von „Schulen" und „hauptamtlichen", in gewisser Weise unabhängigen „Lehrern" hatte sie die entsprechende soziale Form, im gesellschaftlichen Status philosophischer Bildung ihre soziale Basis.

Mit der Emanzipation theoretischer Erkenntnis hat sich auch die Erkenntnistheorie – die Begründung von Theorie – entwickelt. Auf ihrem Weg hat sie einen Großteil der später in ihrer klassischen Phase, aber auch in der gegenwärtigen Diskussion auftretenden Positionen bereits in groben Umrissen skizziert und die damit verbundenen Probleme bzw. Kritikpunkte diskutiert. Materialismus, Idealismus, Sensualismus, Skeptizismus und viele andere Strategien wurden bereits entwickelt, durchgespielt und kritisiert. Die Texte sind für heutige Lesegewohnheiten fremd, die Argumentationen in ihrer Form zeitgebunden, aber die Gedanken sind insofern in vieler Hinsicht modern bzw. zeitlos. –

Kausallogik

Ein Meilenstein im Verständnis ursprungslogischer Kausalität ist der Beitrag von *Aristoteles*. Er vertritt die grundlegende These, dass nichts ohne Ursache geschieht und hat Kategorien von Ursache-Wirkungs-Zusammenhängen unterschieden, die bis ins Mittelalter und darüber hinaus die philosophische Diskussion prägten. Aristoteles definierte vier Kategorien von Ursache: Causa efficiens (die Ursache, die am Werk war), causa finalis (das ursprüngliche Ziel, auf das das Geschehen zustrebte), causa formalis (die Form, die im Geschehen entstehen sollte), causa materialis (die materielle Ursache). Eine Ursache ist also immer unter diesen vier Aspekten zu bestimmen. Der „unbewegte Beweger" ist für Aristoteles der abstrakte Repräsentant jeglicher Kausalität, der am Anfang einer Kausalkette steht. Das Mittelalter sieht in ihm Gott. Diese Interpretation ist aber eine Vereinnahmung von Aristoteles' Begriff: Der „unbewegte Beweger" steht für das Kausalprinzip; ohne zu entscheiden, ob es sich um einen Akteur oder ein Ereignis handelt, markiert er ihre logische Position, auf der sie vereint sind: der Ort, an dem die Kausalkette beginnt, von wo aus das Eigentätige auf anderes einwirkt. Der unbewegte Beweger steht an der entscheidenden Stelle der Letztbegründung.

Syllogistik

Die Syllogistik ist ein Teilgebiet der Logik. Sie versucht die logisch gültigen Schlussformen zu bestimmen und zu systematisieren. Die erste und grundlegende Syllogistik stammt von Aristoteles. Nachdem Sachverhalte begrifflich erfasst (definiert) und in Urteilen auf ihren Wahrheitsgehalt überprüft wurden, werden sie im Syllogismus auf ihre Konsequenzen hin untersucht. Jeder Syllogismus besteht aus drei Sätzen (zwei Prämissen, eine Konklusion), die drei Begriffe enthalten (Oberbegriff, Unterbegriff, Mittelbegriff). Die einfachste Form:

- Alle Menschen sind sterblich. (Prämisse/Obersatz)
- Sokrates ist ein Mensch. (Prämisse/Untersatz)
- Sokrates ist sterblich. (Conclusio/Schlusssatz)

Sowohl die Prämissen als auch die Konklusion müssen Urteile der Form „Alle S sind P", „Kein S ist P", „Einige S sind P" und „Einige S sind keine P" sein. Die drei enthaltenen Begriffe sind „sterblich" (im Obersatz), „Sokrates" (im Untersatz) und „Mensch" (als Mittelbegriff). Entscheidend ist, dass der Mittelbegriff in *beiden* Prämissen vorkommt. Auf diese Weise werden die wahren Aussagen verknüpft (in diesem Fall: „sterblich" und „Sokrates"). Der Mittelbegriff ist also der Kern des Syllogismus.

Für Aristoteles sind nur *deduktive* Schlüsse voll gültig, d.h. Schlüsse vom Allgemeinen aufs Besondere. Andere Formen, die er nennt, sind z.B. *Induktion* (= Ableitung aus allen Einzelfällen), Wahrscheinlichkeitsschlüsse; er kennt aber auch *rhetorische* Schlüsse (die überreden wollen) oder *eristische* Schlüsse (Trugschlüsse). – Erst im 19. Jahrhundert mit dem Entstehen der Wissenschaftstheorie wurde die Syllogistik des Aristoteles wesentlich weiterentwickelt.

Der griechischen Philosophie sind entscheidende Schritte in der Entwicklung der Erkenntnis gelungen. Sie erreicht

- die Emanzipation der Theorie von Theologie

- die Entwicklung systematischer Formen von Reflexion sowie
- die Entwicklung unterschiedlicher erkenntnistheoretischer Konzepte.

Damit ist zum ersten Mal eine systematische Erkenntnistheorie entstanden. Wahrheit ist nicht mehr unmittelbar evident (und qua Erleuchtung und/oder mystische Teilhabe zu gewinnen). Sie muss vielmehr mittels entsprechender (Denk-)Methoden aus dem empirisch Gegebenen herausgearbeitet werden, wobei dieser Prozess reflektiert und kontrolliert wird.

Schematisch:

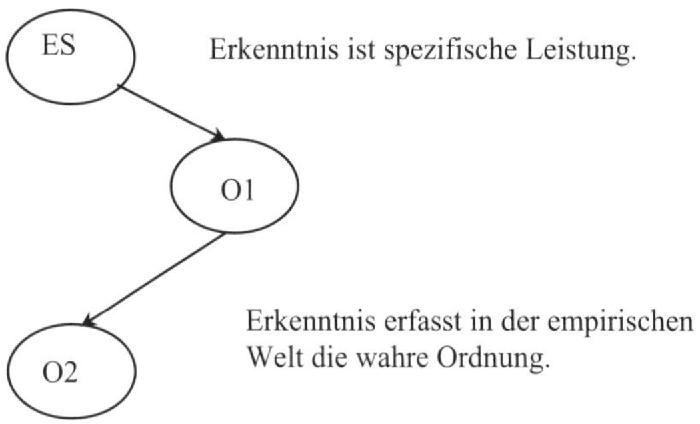

3 Der Neubeginn unter veränderten Bedingungen

Nach dem großartigen Start im Rahmen der griechischen Philosophie dauerte es vergleichsweise lang, bis das Thema Erkenntnistheorie wieder aufgegriffen wurde und noch länger, bis es wieder das schon einmal erlangte Niveau erreichte.

Der Grund dafür ist zunächst der Untergang der griechischen Kultur. Auf Dauer blieb das prekäre Gleichgewicht zwischen den und innerhalb der diversen Stadtstaaten nicht stabil; am Ende stand wieder ein einheitliches (mazedonisches) Reich mit der Standardstruktur solcher Makrogesellschaften, was der Philosophie einen Teil ihrer sozialen Basis entzog. Kurz danach wurde Griechenland vom Römischen Reich, der neuen, aufsteigenden Mittelmeer-Großmacht, erobert. Das Römische Reich war ebenfalls ein einmaliger Sonderfall gesellschaftlicher Entwicklung. Es hat in Europa und seinen angrenzenden Gebieten über eine erstaunliche Zeitspanne hinweg ein einheitliches Herrschaftsgebiet und damit einen einheitlichen Wirtschafts- und Kulturraum geschaffen, was vor allem auf einer enormen Entwicklung der technischen und sozialen Infrastruktur basierte. Das Römische Reich war ein Imperium und hatte in gewisser Weise auch die Struktur eines agrarischen Großreiches, es war aber auch eine Gesellschaft, in der die (privilegierte) Bevölkerung und das (vor allem Groß-)Bürgertum eine wichtige, tragende Rolle spielte. Unter diesen Bedingungen einer Mischkultur entstand eine ausgefeilte Logistik, die sich auf technische Großleistungen (Verkehrswesen, Versorgungssysteme), aber auch auf geschickte Sozialorganisation (Herrschafts-, Steuerungs- und Verteilungstechniken) stützte. Die zentralen Leistungen der römischen Kultur brachten also die Techniker und „Sozialingenieure" hervor. – Dagegen war der philosophische Ehrgeiz des Reiches geringer ausgeprägt. Man begnügte sich weitgehend damit, sich des reichen Angebots der griechischen Kultur zu bedienen (und beispielsweise griechische Sklaven als Lehrer zu beschäftigen); eigene Innovationen hat die römische Kultur auf diesem Gebiet nicht hervorgebracht.

Nach dem Untergang des Römischen Reiches gingen zumindest in Mitteleuropa für lange Zeit die philosophischen Lichter zur Gänze aus. Aus den Wirren des Zerfalls und der nachimperialen Phase ging schließlich das mitteleuropäische Feudalsystem hervor, eine Mixtur aus dem römischen Benefizialsystem (d.h. der Versorgung von verdienten Soldaten, Beamten usw. mit Pfründen) und dem germanischen Gefolgschaftssystem (bei dem die Über-/Unterordnung auf einer wechselseitigen persönlichen Verpflichtung beruht). Es handelte sich dabei strukturell um eine traditionelle Agrargesellschaft – ohne das technische und soziale Leistungsniveau der Römer, vorübergehend sogar fast ohne Handwerk und Handel sowie ohne intensive Außenkontakte. „Vom 9.–11. Jahrhundert befindet sich der Okzident recht eigentlich hinter Schloß und Riegel", formulierte Henri *Pirenne* (Pirenne 1982 [1932], 8). Was so entstand, war eine Gesellschaft, in der der Großteil der Bevölkerung in kleinen, weitgehend autarken Wirtschaftseinheiten lebte, die sich auf die Primärproduktion beschränkten. Es gab so gut wie keinen Handel, kaum Geldwirtschaft und keine Städte.

Scholastik

Dennoch hatte diese traditionelle Agrargesellschaft ein ungewöhnliches Strukturmerkmal, welches auf Dauer zu einer ebenso ungewöhnlichen Entwicklung beitrug: Sie besaß ein doppeltes Herrschaftssystem. Neben der „weltlichen" Feudalhierarchie etablierte sich die christliche Kirche als eigenes System, aber in permanenter Interaktion mit den „weltlichen" Einrichtungen. Vor dem Hintergrund dieser Doppelkultur entwickelte sich eine ungewöhnliche, intellektuelle Kultur – die Scholastik. Im Alltagsverständnis hat dieser Begriff keinen guten Ruf; man denkt an verschrobenes und verstaubtes Schulwissen. Dies trifft in gewisser Weise auf die Spät- und Zerfallszeit der Scholastik zu. Während der langen Zeit des Mittelalters war sie jedoch, was Intellektualität und Theorie betrifft, das einzige Licht in der Dunkelheit.

Ihre besondere Stellung verdankte sie nicht nur dem Eigenbedarf der Kirche, die sich, wie jede Religion, der Pflege ihrer Quellen und heiligen Schriften widmete. Dazu kam, dass die Kirche in einer weitgehend illiteraten Gesellschaft praktisch ein Schrift- und Bildungsmonopol besaß und dies zu eigenen Zwecken nutzte. Zu diesem Nutzen gehörte in einer Gesellschaft, in der Repräsentation eine große Bedeutung hatte, auch, dass man dieses Monopol nach innen wie nach außen darstellte. Die Einrichtungen, die diese Funktion hatten, waren die Universitäten. Sie waren kirchliche Einrichtungen und ihr Personal waren durchweg Kleriker (hatten also wenigstens die niederen Weihen), deren Tätigkeit nicht zuletzt in der Demonstration der geistigen Beherrschung der Welt bestand. Dazu entwickelten sich Formen, die das Denken formierten und disziplinierten, aber auch dynamisierten. Man kopierte Aristoteles und brachte ihn in Verbindung mit den mittelalterlichen Formen des Ausdrucks. Die scholastischen Disputationen waren daher so etwas wie Turniere von Rittern des Geistes – und als solche verstanden sich die Scholastiker auch.

Was sich dabei durch die Eigendynamik der Institution entwickelte, war ein intensiver Diskurs über vordergründig theologische Streitfragen, bei denen jedoch die bereits bekannten erkenntnistheoretischen Fragen unvermeidlich mitschwangen. Die Philosophie blieb im Mittelalter die „Magd der Theologie" (ancilla theologiae), aber de facto beherrschte sie mit ihren Fragestellungen sehr viele Diskurse. So ist der „Universalienstreit" – die Frage, ob Allgemeinbegriffe vor aller Realität (wie im Idealismus Platons) oder in vielen Einzelheiten existieren (so die *Realisten*) oder nur ex-post-Konstruktionen und Benennungen unseres Geistes sind (so die *Nominalisten*) – nichts anderes als eine breit angelegte und intensiv geführte erkenntnistheoretische Diskussion in theologischem Gewand. Und sie enthält im Kern bereits einige der zentralen erkenntnistheoretischen Grundpositionen, die später neu fundiert und ausgearbeitet wurden: Idealismus, Realismus und Konstruktivismus (in der Gestalt des Nominalismus). Man beschäftigte sich aber auch mit der Form und der Logik von Theorie. So kritisierte Wilhelm von Ockham (1285–1349), ein radikaler Nominalist, die Willkür von Theorien und stellte die Regel auf, sie sollten von möglichst wenigen und einfachen Grundannahmen ausgehen (statt immer mehr Zusatzbegriffe und Sachverhalte zu erfinden). Dieses zum kontrollierten Gebrauch von Theorien aufrufende Prinzip wurde als „Ockhamsches Rasiermesser" bezeichnet, weil es dazu gedacht war, den langen Bart der philosophischen Systeme abzuschneiden. – Auf diese Weise konservierte und pflegte die Theologie erkenntnistheoretisches Denken in einer Zeit, die eigentlich gar keine Erkenntnistheorie brauchte, und bot zugleich eine Art Sprungbrett für die bürgerliche Erkenntnistheorie der frühen Neuzeit. –

So gesehen ist der Beginn der erkenntnistheoretischen Diskussion im Rahmen der bürgerlichen Philosophie der frühen Neuzeit keineswegs ein Neubeginn – die griechische Philosophie und die Scholastik haben die Themen schon durch- und ausgearbeitet. Dennoch handelt es sich auch um einen neuen, revolutionären Anfang mit weitreichenden Folgen. Der Hintergrund: Bereits im Spätmittelalter zeichnete sich im Rahmen der Feudalgesellschaft der Beginn eines neuen Gesellschaftstyps ab. Europa öffnete sich wieder nach außen, Handel und Handwerk entwickelten sich. Dadurch entstanden Städte – auch hier wieder mit einem vergleichsweise hohen Maß an

Autonomie und den Möglichkeiten der Selbstorganisation. In der Folge entstand wiederum ein (selbstbewusstes) Bürgertum, das seine Lebensorganisation in die eigene Hand nahm und sich langsam, aber sicher von politischen und geistigen Bevormundungen emanzipierte. Was dann passierte, war sensationell: Es entstand *ein neues bürgerliches Bildungsideal* und eine Schicht von Bürgern, die sich dafür engagierten. *Bürgerliche Experten* begannen, sich der Wirklichkeit arbeitsteilig und professionell zuzuwenden.

Dabei entwickelte sich eine neue Form von Institutionalisierung. Der *Forscher* wurde zum neuen Träger und Leittyp der Reflexion – ein engagierter „Privatmann“, der sich aus Eigeninteresse und meist auch mit eigenen Mitteln aktiv der Welt zuwandte, um zu entdecken, was unbekannt war, und zu verstehen, was unverstanden war. Diese Forscher waren keine Kleriker bzw. Universitätsangehörige mehr. Die (mittelalterliche) Universität versank in der Bedeutungslosigkeit, während sich ein öffentlicher Diskurs etablierte, der sich zum Medium des Erkenntnisfortschritts entwickelte. Die „Akademie“ wurde dabei zu einem Ort, an dem über Erfahrungen, Probleme und Interpretationen sachlich räsoniert wurde. Aber auch in privaten Zirkeln, in öffentlichen Vereinigungen und in den Salons wurde Forschung jeder Couleur zu einer ernsthaften Beschäftigung. Die Forscher waren „Amateure“, aber sie benutzten zunehmend „professionelle“ Methoden – systematische Sammlung und Interpretation von empirischen Daten; Experimente usw. Das Ergebnis war ein explosionsartiges Wachstum des Wissens und der Erkenntnisfähigkeit. Damit erhöhten sich Reichweite und Tiefenschärfe der Reflexion. Noch war es möglich, Forschung als „Hobby“ neben dem Hauptberuf zu betreiben; noch war es auch möglich, sich einer Reihe verschiedener Themengebiete zu widmen. So war es keineswegs selten, dass Autoren über Moral, Politik, Physik und Chemie Abhandlungen schrieben. Dennoch: In dem Maße, in dem sich Wissen anhäufte, ging die Einheit der Reflexion langsam, aber sicher verloren – sie zerfiel in Themen und Fächer. Die Diskurse spezialisierten sich.

Damit stellte sich auch für die Erkenntnistheorie eine neue Aufgabe. Sie musste die neuen Formen der praktischen Erkenntnis und die dafür entwickelten Theorien ebenso verarbeiten wie das Auseinanderdriften und die Spezialisierung unterschiedlicher Themengebiete. Der erste und fundamentale Schritt war dabei zunächst ein systematisches Abrücken von der Scholastik. Religion und Erkenntnis(theorie) wurden getrennt. Unter Metaphysik wurde nun (nur) noch Erkenntnistheorie und Methodologie verstanden – die Art und Weise, wie begründete Erkenntnis möglich ist und praktiziert wird. Entsprechend wurde auch der Universalienstreit des Mittelalters in ein neues Denken übersetzt. Nun ging es um die Frage, auf welchem Pfad man zu richtiger Erkenntnis kommt. Im Prinzip wurden zwei Antworten gegeben:

- Ein Ansatz betont die geistige Leistung der Erkenntnis. Der *„Rationalismus"* greift die „idealistischen" und „realistischen" Denkweisen des Mittelalters auf und übersetzt sie in Fragen der Analyse bezüglich der Funktionsweise des Denkens.
- Der andere Ansatz – der *„Empirismus"* – betont die zentrale Funktion von realer Erfahrung. Er ist das Erbe des nominalistischen Denkens, wird durch den Fortschritt der Methoden angeregt und hebt die Bedeutung des sinnlichen Kontakts zur Welt hervor.

Der Unterschied liegt also darin, dass die „Rationalisten" den Verstand, die „Empiristen" die Erfahrung als Grundlage von Erkenntnis betrachten. Damit wird die Einheit der Erkenntnis gespalten und hierarchisiert, wobei jeweils der andere Teil als sekundär erscheint. Der Vorteil: Die Schulen können sich (ohne sich um das als „sekundär" Ausgegrenzte weiter kümmern zu müssen) stärker auf ihr Spezialthema konzentrieren. Der Nachteil: Spaltung bedeutet stets Unvereinbarkeit und in der Folge (unfruchtbare) Prioritätsstreitereien, Abgrenzungen usw.

Dennoch gibt es eine wichtige Gemeinsamkeit: Bisher hatte man die Leistungen von Personen, die sich mit Erkenntnis beschäftigen, nicht genauer betrachtet, sondern vorausgesetzt und/oder auf der Ebene der Logik behandelt. Jetzt rückt das *erkennende Subjekt* ins Zentrum der Reflexion: Die Rationalisten gehen von den Fähigkeiten des menschlichen Verstandes, die Empiristen von denen der Sinne aus. Diese Beförderung spiegelt sich im Sprachgebrauch: War in der klassischen Diskussion das Erkenntnissubjekt der Gegenstand der Erkenntnis, so steht nun das erkennende Subjekt dem Objekt der Erkenntnis (getrennt) gegenüber – eine weitreichende Gegenüberstellung und Reformulierung, die das erwachende Selbstbewusstsein der Bürger ebenso zum Ausdruck bringt wie ihr instrumentelles Verhältnis zur Welt.

Rationalismus

Als Rationalismus wird eine Perspektive bezeichnet, die davon ausgeht, dass Erkenntnis nicht allein aus den empirischen Gegebenheiten hervorgeht, sondern durch intellektuelle Leistungen hervorgebracht wird. Davon waren auch die mittelalterlichen Philosophen ausgegangen. Sie hatten sich heftig darüber gestritten, wie dies im Einzelnen geschieht, aber es war für sie selbstverständlich, dass Gott die Welt geschaffen hat und die Menschen an seiner Schöpfung (mehr oder weniger) auch geistig teilhaben lässt, indem er sie mit Erkenntnisfähigkeit – sowie eingebauten Unzulänglichkeiten – ausstattet. – Diese strikte Bindung konnte für die aufkeimende Neuzeit nicht genügen. Auch die Theoretiker, die am Vorrang des Verstandes vor den Sinnen festhielten, mussten einen neuen Anlauf zur Begründung einer rationalistischen Position nehmen.

Descartes

Descartes (1596–1650) tat dies in aller Konsequenz. Er entkoppelte Erkenntnistheorie von den bis dahin üblichen theo-

René Descartes

René Descartes, geboren 1596 als Spross einer adligen Familie im französischen Touraine, war von Kindesbeinen an körperlich schwächlich. Aus diesem Grund durfte er sich immer ausschlafen und musste erst dann zur Schule. Von dieser hielt er allerdings wenig – er wollte schon von Kindesbeinen nicht in der Schule, sondern vom Leben lernen. Sobald er also vom Schulzwang befreit wurde, versuchte er sich in verschiedensten Rollen. Er lebte oft inkognito oder unter Adressen, die selbst seinem nächsten Freund unbekannt waren, und erforschte so aus verschiedenen Verstecken heraus die Welt. Ein nicht unwichtiger Grund für sein „Geheimleben" war auch, dass seine Werke auf dem Index der verbotenen Bücher der katholischen Kirche, der reformierten Synode Hollands wie auch einiger Universitäten gestanden hatten. – Descartes studierte Mathematik, lebte in der barocken Vergnügungswelt von Paris und leistete im 30-jährigen Krieg in unterschiedlichen Heeren freiwillig Dienst als Offizier, wobei er auf den Sold verzichtete und sich eher als „militärischer Tourist" verstand (Weischedel 1975, 117). Im Laufe der Jahre bereiste er auf diese Weise fast ganz Europa. – Dann zog er sich vollständig von der Welt zurück. In Holland arbeitete er, mit der Außenwelt nur über den Briefverkehr mit einem einzigen Freund verbunden, fast 20 Jahre lang an seinen philosophischen Schriften. Im Grunde wollte er gar nichts veröffentlichen: „Wäre ich so klug gewesen, wie nach der Meinung der Wilden die Affen sind, so würde kein Mensch in der Welt wissen, daß ich Bücher schreibe. Die Wilden nämlich, so sagt man, bilden sich ein, daß die Affen sprechen könnten, wenn sie nur wollen; sie täten es aber absichtlich nicht, damit man sie nicht zum Arbeiten zwinge. Ich bin nicht so klug gewesen, das Schreiben zu lassen." (A. a. O., 118) Diese „Dummheit" brachte ihm eine Einladung der schwedischen Königin Christine ein, die anzunehmen er aber bald bereute – sie war nämlich im Gegensatz zu ihm eine Frühaufsteherin, die ihn nötigte, sich schon um fünf Uhr morgens mit ihr über Philosophie zu unterhalten. Auch sonst behagte ihm Schweden gar nicht: „Land der Bären, mitten unter Fels und Eis." (A. a. O.) Genau dort aber starb er im Alter von 54 Jahren.

logischen Prämissen und revolutionierte dadurch den Rationalismus.

Descartes geht von der unbestreitbaren Möglichkeit des Irrtums aus und zieht in Form eines Gedankenexperiments eine radikale Konsequenz: Was wäre, wenn man annimmt, dass alles Empirische nur Täuschung ist? Das einzige, was dann noch als sicher übrig bleibt, ist das Ich, welches diese Annahmen macht: „Ich habe mich überredet, daß es schlechterdings nichts in der Welt gibt: keinen Himmel, keine Erde, keine Geister, keine Körper, also doch wohl mich selbst nicht? Keineswegs: *ich* war sicherlich, wenn ich mich dazu überredet habe." (Descartes 1960 [1637], 100) Es kann also alles in Frage gestellt werden – nur das Ich des Fragenden nicht. „*Ich* bin, *ich* existiere, soviel ist gewiß." (A.a.O., 101) Und dieses Ich kann (da alles Empirische fraglich ist) kein materielles Wesen sein; es ist ein geistig aktives Ich. „Was bin ich …? Ein denkendes Ding! … Ein Ding, das zweifelt, einsieht, bejaht, verneint, will, nicht will". (A.a.O.) Diese „res cogitans", welche sich mit der materiellen Welt („res extensa") auseinandersetzt, ist also der einzig definitive Bezugspunkt von Erkenntnis.

Die Welt, mit der sich diese „res cogitans" beschäftigt, erschließt sich nur durch deren Aktivitäten. Damit sind nicht Wahrnehmungen und Vorstellungen gemeint: „Ich (würde), was das Wachs ist, nicht richtig beurteilen, wenn ich nicht der Meinung wäre, daß es … mehr Verschiedenheiten zuläßt, als ich jemals in der Einbildung umfaßt habe. Es bleibt mir also nichts übrig als zuzugeben, daß ich, was das Wachs *ist*, gar nicht die Einbildung habe, sondern nur im Denken erfassen kann." (A.a.O., 104) In Ideen wird die Welt erfasst. Andererseits muss etwas vorhanden sein, das erschließbar ist und gleichzeitig der Möglichkeit von Ideen vorausgeht. Da dies nicht die unsicheren empirischen Dinge sein können, sieht Descartes ihren Grund in einer transzendentalen Substanz, in Gott: „Unter dem Namen Gottes verstehe ich eine Substanz, die unendlich, unabhängig, von höchster Einheit und Macht ist, und von der ich selbst geschaffen worden bin, ebenso wie alles andere Existierende, falls es nämlich existiert." (A.a.O., 113)

Gott bleibt also letzte Ursache. Aber die Erkenntnis selbst vollzieht sich nach Regeln: „Es muß das Ziel der wissenschaftlichen Bestrebungen sein, den Geist so zu lenken, daß er über alle sich ihm darbietenden Gegenstände begründete und wahre Urteile fällt." (A.a.O., 21) Auf dieser Ebene bleibt der Verstand sozusagen sich selbst und seinen Möglichkeiten überlassen. Das heißt auch: Beschränkung auf das, was dem Verstand zugänglich ist. Diese Themen werden mit Hilfe von „Intuition" (damit meint Descartes „über jeden Zweifel erhabenes Begreifen eines reinen und aufmerksamen Geistes"; a.a.O., 26) und „Deduktion" (logische Ableitung aus Prinzipien und bereits vorhandenem Wissen) behandelt. Wissenschaft ist dabei methodisch kontrollierte Erkenntnis. Die methodische Erfassung von Regeln erfolgt durch die Mathematik, wobei den angewandten Wissenschaften die „Universalmathematik" zugrunde liegt. „Das Wort ‚Mathematik' ... (bedeutet) dasselbe wie ‚Wissen'." (A.a.O., 32) Zur Mathematik gehört alles, wo „nach Ordnung und Maß geforscht wird", wobei es nicht darauf ankommt, „ob man dieses Maß nun in den Zahlen oder in den Figuren oder Gestirnen oder den Tönen oder in irgendeinem anderen Gegenstande zu suchen hat." (A. a. O.) Die Universalmathematik ist also die Sprache der Universallogik der Wirklichkeit. Die Fähigkeit, Mathematik zu verstehen, ist dem (entsprechend geschulten) menschlichen Verstand eigen (kann aber verschüttet werden) – eine bemerkenswerte Ehre.

Damit hat Descartes ein neues Erkenntnisprogramm entworfen, in dem die methodisch kontrollierte Erfassung der Welt mit den Regeln der Mathematik, Arithmetik und Geometrie erfolgt. Erkenntnis ist eine Leistung der „res cogitans", der die Welt gegenübersteht. Diese Trennung von Subjekt und Objekt gilt als Ursprung einer folgenreichen Aufspaltung der Welt in zwei Bereiche – in Geist und Materie. Sie gilt damit auch als Anfang einer Modernisierung, die einerseits zur Verfügung über die Objektwelt führte, andererseits zur Auflösung der

Einheit der Welt. Descartes ist also sowohl für den technischen Fortschritt als auch für die „Sinnlosigkeit" der modernen Welt verantwortlich gemacht worden. – Zumindest spiegelt sich in seinem Denken ein neuer Wirklichkeitszugang und damit eine neue Form der Begründung von Erkenntnis, die „idealistisch" bleibt, aber sich definitiv von Theologie abnabelt und den Weg in Richtung einer Bindung von Erkenntnis an Methode öffnet.

Rationalismus

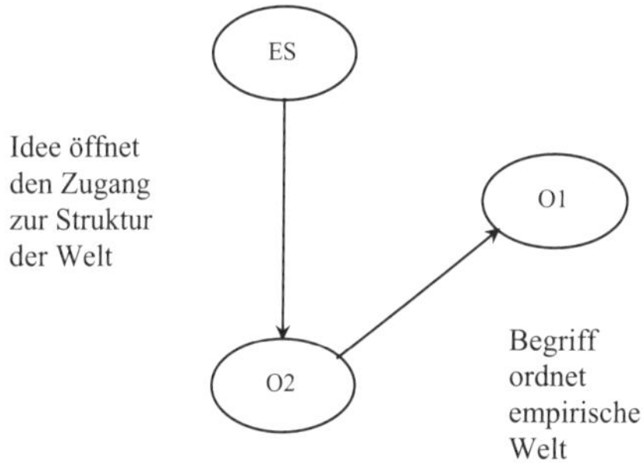

Leibniz

Zu den Erkenntnistheoretikern, die auf Descartes' Pfaden weitergegangen sind, gehören vor allem Leibniz und Spinoza. Gottfried Wilhelm Leibniz (1646–1716), oft auch als das „letzte Universalgenie" der Geschichte bezeichnet, weil er sich mit allen damals bekannten Wissenschaften (mehr oder weniger intensiv) beschäftigte, ist vor allem als Mathematiker (als einer der Begründer der Infinitesimalrechnung) bekannt geworden. Seine rationalistische Erkenntnistheorie ist originell. Er greift das Substanz-Konzept auf (die Welt besteht aus einer einzigen Substanz), sieht die Substanz jedoch in Form von kleinsten Einheiten, die er Monaden nennt. Die Monaden sind körperlose, nicht auf materielle Einflüsse reagierende Einheiten, die nicht teilbar sind, aber untereinander in Austausch stehen.

Diese Monaden spiegeln in ihren Perzeptionen (Wahrnehmungen) die Welt, wobei sie je nach Position unterschiedlichen „Durchblick" haben. Die „nackten Monaden" (die „eigentlichen Atome" der Welt) haben nur eine Art unbewusstes Verständnis der Welt, die „Seelenmonaden" (also Menschen) sind fähig zu bewusster, aber beschränkter Wahrnehmung; nur Gott als „Urmonade" hat ein vollständiges Bild des Universums. Auch hier ist Erkenntnis eine Art individuelle Leistung der „Seelenmonaden", wobei Leibniz die Möglichkeit geteilter Erkenntnis in einem berühmt gewordenen Gleichnis so beschreibt: Die Monaden sind wie Uhren, die der Große Uhrmacher so gestellt hat, dass sie alle gleich ticken. Dabei ist die Welt für Leibniz in einem perfekten Zustand: Er spricht von „prästabilierter Harmonie" und davon, dass dies die „beste aller möglichen Welten" (Leibniz 1968 [1710], 101) sei.

Spinoza

Leibniz realisiert also das Problem der Isolation der erkennenden Subjekte und sieht sich gezwungen, zu weitreichenden idealistischen Zusatzannahmen zu greifen. Baruch Spinoza (1632–1677) entwickelt das rationalistische Denken in einer anderen Hinsicht weiter und kommt dabei ebenfalls zu revolutionären Vorstellungen, die Verbote und Verfolgungen zur Folge haben. Sein Denken wird dadurch charakterisiert, was *Monismus* (Einheit von Gott und Natur) und *Naturalismus* (der Mensch wird als Teil der Natur verstanden) genannt wird. Rationalistisch ist vor allem die Annahme, dass die Ordnung der Ideen und die Ordnung der Welt identisch sind. Diese Identitätsvorstellung hat weitreichende Folgen. Spinoza geht davon aus, dass es nur eine Substanz gibt, die alles – die gesamte Welt, Gott und sich selbst – umfasst. Gott ist daher nicht vor oder außerhalb der Natur; die Natur ist Gott. Der göttliche Auftrag an die Menschen ist daher, ihrer Natur zu folgen – da sie, wie Spinoza in Anlehnung an Hobbes definiert, „Bedürfniswesen" sind, sollen sie also ihre Bedürfnisse auf aufgeklärte Weise befriedigen. Ziel der Erkenntnis ist es, die innere Logik –

die Notwendigkeit – allen Geschehens zu begreifen und anzuerkennen. – Man kann sich vorstellen, dass Spinozas Denken seine Zeitgenossen irritierte, weil er radikal „Logik" an die Stelle von „Gott" setzt. Spätere Theorien (Deutscher Idealismus, Romantik) hat er jedoch nachhaltig beeinflusst. –

Empirismus

Bacon

Als Wegbereiter des Empirismus gilt Francis Bacon (1561–1626). Sein Hauptwerk trägt den Titel „Novum Organum" (1620). Dahinter steht der hohe Anspruch, die moderne Fassung von Aristoteles' „Organon" zu liefern, desjenigen Werkes, auf das sich die gesamte bisherige Methodendiskussion bezog. Der Titel bedeutet denn auch klipp und klar „neues Werkzeug". Gemeint ist das methodische Werkzeug für sämtliche Wissenschaften.

Herstellerin dieses neuen Werkzeugs ist die oberste Wissenschaft. Sie wacht darüber, dass wahre Erkenntnis entsteht; Bacon sieht in ihr vor allem eine Kritikerin der anderen Disziplinen. Sie muss auf die Vorurteile aufmerksam machen, die unserem Denken anhaften, und sie überwinden, denn wahre Erkenntnis ist nur möglich, wenn wir uns von Vorurteilen befreien. Bacon nennt die Vorurteile „idola", d.h. Trugbilder, und teilt sie in vier Gruppen ein.

Die *idola tribus* („Trugbilder des Stammes") sind diejenigen der menschlichen Gattung. Wir können die Wirklichkeit nur mit den Mitteln unseres Verstandes und unserer Sinne erfassen, die immer ein verfälschtes Bild der Wirklichkeit erzeugen.

„Die Idole des Stammes sind in der menschlichen Natur selbst, im Stamme selbst oder in der Gattung der Menschen begründet. Es ist nämlich ein Irrtum zu behaupten, der menschliche Sinn sei das Maß aller Dinge, ja, das Gegenteil ist der Fall; alle Wahrnehmungen der Sinne wie des Geistes geschehen nach dem Maß der Natur des Menschen, nicht nach

Francis Bacon

Francis Bacon lebte offenbar konsequent nach seinem bekannten Merksatz: „Wissen ist Macht" und verkörperte die Identität von beidem – er war sowohl skrupelloser Staatsmann als auch scharfsinniger Philosoph.

1561 in London geboren, studierte er Jurisprudenz und saß mit 23 Jahren schon im britischen Unterhaus. Während seines raschen beruflichen Augstiegs schreckte er auch nicht davor zurück, die Verurteilung und Hinrichtung eines Freundes und Gönners, des Grafen von Essex, wegen Hochverrats voranzutreiben. Seine ausgeprägte Treue zur Königsfamilie lohnte sich: Bacon wurde Oberster Kronanwalt, Lordsiegelbewahrer und schließlich sogar Lordkanzler, Inhaber des höchsten englischen Staatsamts. Sein Eintreten für eine absolutistische Rechts- und Staatstheorie wurde honoriert; trotzdem war er nicht gegen alles gefeit. Mit 60 Jahren wurde er wegen Korruption aus allen öffentlichen Ämtern entlassen. Fünf Jahre später starb er in London.

Für Francis Bacon war der Zweck des Wissens klar: die Beherrschung der Natur zum Nutzen der Gesellschaft. Seine Leistung bestand nicht so sehr in innovativen philosophischen Gedanken; vielmehr brachte er bereits Bekanntes brillant auf den Punkt, und zwar so, dass seine Formulierungen noch heute bewundert werden. Bacons Bedeutung war eine eminent politische: Er konzipierte auf höchstem Niveau eine Forschungsstrategie für sämtliche Wissenschaften seiner Zeit und es gelang ihm, sie an höchster Stelle zu etablieren: „Dieses Werk ist ein Körper aus Ton, in den Ihre Majestät durch Ihre Gunst und Unterstützung Leben hauchen möge." (Bacon 1990 Bd. I [1620], Einleitung zur Instauratio Magna) Kern seiner Vision war die Arbeitsteilung unter den Disziplinen und eine gezielte, sukzessive Forschungstätigkeit – eine Philosophie der Forschung, die bis heute nachwirkt.

dem des Universums. Der menschliche Verstand gleicht ja einem Spiegel, der die strahlenden Dinge nicht aus ebener Fläche zurückwirft, sondern seine Natur mit der der Dinge vermischt, sie entstellt und schändet." (Bacon 1990 Bd. I [1620], 163–164)

Die *idola specus* („Trugbilder der Höhle") sind die Vorurteile des einzelnen Menschen, die individuell verschieden sind je nach Veranlagung, Erziehung, Gewohnheit und Neigung.

„Die Idole der Höhle sind die Idole des einzelnen Menschen. Denn ein jeder hat (neben den Abirrungen der menschlichen Natur im allgemeinen) eine Höhle oder eine gewisse nur ihm eigene Grotte, welche das Licht der Natur bricht und verdirbt, teils infolge der eigenen und besonderen Natur eines jeden; teils infolge der Erziehung und des Verkehrs mit anderen, teils infolge der Bücher, die ein jeder mit Vorliebe liest, und der Autoritäten, denen er Verehrung Bewunderung zollt; teils infolge der Unterschiedlichkeit der Eindrücke, wie sie einer voreingenommenen und vorurteilsvollen Sinnesart oder aber einer gleichmütigen und gesetzten Stimmung entsprechen und dergleichen mehr. Daher ist offenbar der menschliche Geist in seiner Verfassung bei den verschiedenen Individuen ein veränderliches, unberechenbares Ding. Deshalb sagt Heraklit treffend: In ihren kleineren Welten und nicht in der größeren und gemeinsamen Welt mühen sich die Menschen um die Wissenschaften." (A.a.O., 42, 164)

Mit den *idola fori* („Trugbilder des Marktes") nimmt Bacon die Probleme der Sprache auf, die Generationen von Philosophen vor ihm im Universalienstreit beschäftigt haben. Bacon ist Nominalist, d.h. er ist der Ansicht, dass die bloßen „Namen" mit der Logik der Dinge nicht verbunden sind. Die „Namen" entstehen im sozialen Umgang der Menschen, also sozusagen auf dem Markt.

„Es gibt auch Idole infolge des engen Beieinanderseins und der Gemeinschaft des menschlichen Geschlechts; diese nenne ich wegen des Verkehrs und der Gemeinschaft des Menschen Idole des Marktes. Die Menschen gesellen sich nämlich mittels der Sprache zueinander; aber die Worte werden den Dingen nach Auffassung der Menge beigeordnet. Daher knebelt die schlechte und törichte Zuordnung der Worte den Geist auf merkwürdige Art und Weise. Auch die Definitionen oder Bezeichnungen, mit denen sich die Gelehrten in einigen Punkten zu schützen und zu verteidigen pflegen, bessern die Sachlage keineswegs. Sondern die Worte tun dem Verstand offensichtlich Gewalt an und verwirren alles. Sie verführen die Menschen zu leeren und zahllosen Streitigkeiten und Erdichtungen." (Bacon 1990 Bd. II [1620], 164)

Bacons schärfster Hinweis ist der auf die *idola theatri* („Trugbilder des Theaters"): Hier geißelt er die Irrtümer, die in den philosophischen Schulen entstehen und tradiert werden, und vergleicht ihre Theorien mit Theaterinszenierungen. Tatsächlich büßen ja viele Theorien durch ihre Verschulung Erkenntniswert ein. Theorien können durch ihre Verschulung an Reflexion verlieren und dogmatisch werden; dann werden sie zu Institutionen, in denen der Zwang, auf bestimmte Weise zu denken, dominiert. Auch dem Theater schenken wir Glauben, wenn wir uns in den Bann einer gelungenen Inszenierung ziehen lassen.

„Es gibt endlich Idole, welche in den Geist der Menschen aus den verschiedenen dogmatischen Behauptungen philosophischer Lehrmeinungen wie auch aus den verkehrten Gesetzen der Beweisführung eingedrungen sind; diese nenne ich die Idole des Theaters; denn so viele Philosophien angenommen und erfunden worden sind, so viele Fabeln sind nach meiner Auffassung damit geschaffen und für wahr unterstellt worden, welche die Welt als unwirklich und erdichtet haben erscheinen lassen ... Und ich beziehe dies wiederum nicht bloß auf die allgemeinen philosophischen Systeme, sondern auch auf die Prinzipien und auf eine große Anzahl von Lehrsätzen der Wissenschaften, welche durch Tradition, Leichtgläubigkeit und Nachlässigkeit Geltung erlangt haben." (Bacon 1990 Bd. I [1620], 164–165)

„Diese Dichtungen des Theaters haben mit den für die Bühne gestalteten Dichtungen das gemein, daß Theaterstücke gegenüber den wahren Erzählungen der Geschichte beliebter, gefälliger und ganz nach dem Geschmack des Publikums sind." (A.a.O., 173)

Mit der „Idolen"-Lehre präzisiert Bacon den Begriff des „etristischen Syllogismus" von Aristoteles und greift der Marx'-schen Ideologiekritik vor. – Zum wirklichen Abbild der Natur kommen wir laut Bacon nicht über die Vorurteile, sondern nur über ein Zusammenspiel von empirischer Erfahrung und ordnender Tätigkeit des Geistes. Nur so kann der Mensch sich das nötige Wissen aneignen, um der Natur zu trotzen.

„Denn der Mensch als Diener und Dolmetscher der Natur wirkt und weiß nur soviel, wie er von der Ordnung der Natur durch seine Werke oder durch seinen Geist beobachtet hat; mehr weiß er nicht und mehr vermag er nicht. Denn keine Kraft kann die Kette der Ursachen lösen oder zerbrechen, und die Natur wird nur besiegt, indem man ihr gehorcht. Daher fallen jene Zwillingsziele, die menschliche Wissenschaft und Macht, zusammen und das Mißlingen der Werke geschieht meist aus Unkenntnis der Ursachen.

Und darin liegt alles begründet, daß man das geistige Auge niemals von den Dingen selbst wegwende und deren Bilder so aufnehme wie sie sind." (Bacon 1990 Bd. II [1620], 144–145)

Die Natur, die von Gott geschaffen worden ist, und die künstlichen „Naturen", die der Mensch schafft, sind nach demselben „Alphabet" gebaut. Deshalb können wir uns zwischen der göttlichen und den künstlichen Naturen hin und her bewegen (sowohl praktisch als auch denkerisch).

„In der Tat muß man sagen, daß eine gut überprüfte und klare Erkenntnis der einfachen Eigenschaften dem Lichte gleicht, sie gewährt Zugang zu den Geheimnissen der Werkstätte der Natur, mit ihrer Macht umfaßt und zieht sie nach sich ganze Massen und Gruppen von Werken und die Quellen für die wertvollsten Grundsätze. In sich selbst ist sie nicht besonders nützlich. Auch die Buchstaben für sich und getrennt sind ohne Bedeutung und Nutzen, und doch sind sie für die Formung und den Aufbau einer Sprache gleich dem Urstoff unentbehrlich.“ (Bacon 1990 Bd. I [1620], 215)

Bacons Wahrheitsbegriff ist dem Utilitarismus, aber auch dem heutiger Neo-Konstruktivisten verwandt – wahr ist, was in der Praxis am besten als Handlungsanleitung funktioniert:

„Konsequenz aus der Theorie von den Naturen ist, daß das am wahrsten ist, was in der Handlung am nützlichsten ist.“ (Bacon 1990 Bd. II [1620], Aph. B4)

Aus heutiger Sicht ist diese Strategie jedoch problematisch, da sie nicht explizit macht, wem die Handlung nützen muss. Denn wenn mehrere Akteure in eine Handlungssituation involviert sind, liegen zwangsläufig verschiedene Interessen vor und es kommt zu einem Konflikt in der Wahrheitsfindung. Welche Handlung nützt wem – und was ist Nutzen? Bacons Modell impliziert jedoch, dass jeder Akteur nur an seinem eigenen Nutzen interessiert ist und selber entscheidet, was ihm nützt, also innerhalb der Entsprechung der Naturen zu einer eigenen Wahrheit gelangt (was wiederum eine moderne Sichtweise ist).

Eine ethische Diskussion der Nützlichkeit von Handlungen kümmert Bacon noch wenig. Eine Antwort versuchte später der Utilitarismus zu geben: Jene Handlung ist ethisch am richtigsten, die sich für die größte Zahl der Betroffenen am positivsten auswirkt – ohne dass damit etwas über Wahrheit ausgesagt wäre.

Empirismus

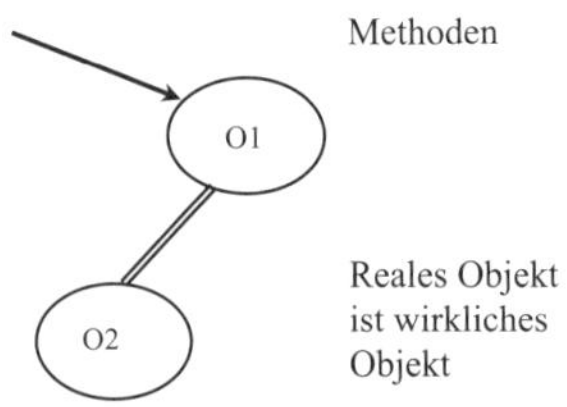

Bacon ist in seinem Forschungsbegriff strikt. Forschung ist ein Prozess, benötigt Zeit. Je länger wir forschen, desto näher kommen wir der Wahrheit. Deshalb wagt er es, sich über die Tradition zu erheben, sogar über Aristoteles, weil in der Antike der Forschungsprozess noch am Anfang stand. Der Forschungsstand der Antike entspricht für Bacon dem eines Jünglings, der neueste Forschungsstand aber dem eines erfahrenen Greises. Zwingend für den Fortschritt der Forschung ist die Zusammenarbeit unter den Wissenschaftlern. Unterschiede in der Religion dürfen dabei kein Hindernis sein. Religion muss überhaupt aus der Wissenschaft ausgeschlossen werden. Es darf kein Diskussionsgegenstand sein, die Absicht Gottes hinter der Schöpfung (also eine Finalursache) zu untersuchen.

Bacons „Novum Organum" ist auch ein brillantes Strategiepapier in wissenschaftspolitischer Absicht. Es geht Bacon darum, durch seine Vision eine kritische Gemeinschaft zu stiften. Er erweist sich in diesem Großunternehmen als erstaunlich realistisch und thematisiert zu einem frühen Zeitpunkt tatsächliche Probleme der Forschung. Gerade mit seinem Begriff der Induktion beschreibt er, wie Forschung eigentlich abläuft, dass sie nämlich immer versucht, neue Beobachtungen in eine bestehende Theorie zu integrieren. Sie besteht immer einerseits aus einem durchdiskutierten Konsens und andererseits aus neuen, widersprüchlichen Hypothesen. Die vorläufige Unentscheidbarkeit der Hypothesen müssen vorerst hingenommen werden.

Methoden der Erkenntnis

Die Entwicklung moderner Wissenschaft wäre ohne eine Revolution der Methoden nicht denkbar. Bis zum Empirismus war an den Kategorien des Denkens, nicht aber an der Kontrolle des Wirklichkeitskontakts gearbeitet worden. Die Kategorien wurden daher kontemplativ entwickelt und benutzt – im Nachdenken über das, was man wusste (oder zu wissen glaubte), sowie im Reden und Schreiben. Auf die Idee, systematisch Informationen zu sammeln, kam man nur vereinzelt. Zumindest gab es in der frühen Erkenntnisphilosophie keine methodischen Überlegungen im Sinne einer ausgearbeiteten Theorie der Erfassung von Wirklichkeit. Die Entstehung der klassischen bürgerlichen Erkenntnisphilosophie geht einher mit der Entstehung von Methodologie. Der *Rationalismus* entwickelt theoretische Konzepte des Wirklichkeitskontakts. Daraus entwickelt sich ein Strang moderner Erkenntnistheorie. Den zweiten Strang bildet der *Empirismus*, der die Praxis der Erkenntnis formuliert und sie auf methodisch kontrollierte Ergebnisse festlegt.

Die methodologische Revolution ist vor allem verbunden mit der *Beobachtung* und dem *Experiment*. Beobachtung ist zunächst eine aktive Wahrnehmung von Wirklichkeit. Sie ist immer selektiv (es kann nicht alles wahrgenommen werden) und konstitutiv (Wirklichkeit wird in der Form der Theorie wahrgenommen und ausgedrückt). Entscheidend ist, ob die Beobachtungen der Logik des Alltagsbewusstseins unterliegen oder ob bewusst und kontrolliert beobachtet wird. Eine kontrollierte Beobachtung benutzt entwickelte Verfahren quantitativer und qualitativer Art, die sich – mit mehr oder weniger Erfolg – ihrem Gegenstand anpassen. In jedem Fall handelt es sich um eine organisierte und gezielte Aktivität, die nicht den unmittelbaren Bedürfnissen der Orientierung dient. Auf diese Weise sind kontextunabhängige Feststellungen gezielt erreichbar. Damit stellt Beobachtung die Grundlage für empirisch begründete theoretische Aussagen dar.

Das Experiment ist ein entscheidender Schritt über die Beobachtung hinaus. Es dient dazu, neue Erfahrungen zu gewinnen und Hypothesen zu testen. Hier wird Wirklichkeit aktiv bearbeitet. Vor dem Hintergrund von Annahmen über mögliche Befunde wird Wirklichkeit gezielt manipuliert. Durch Variation und Wiederholung ergibt sich zudem die Möglichkeit zeitunabhängiger, d.h. sorgfältiger Prüfung. Üblicherweise wird in einem Experiment mit Annahmen über die Ergebnisse gearbeitet. Die Ergebnisse bestätigen oder widerlegen diese Annahmen. Prognose und Kritik sind daher die entscheidenden Mittel, die das Experiment der Theorie zur Verfügung stellen kann.

Ein weiterer revolutionärer Schritt des Empirismus ist die *Metrisierung* von Daten. Hatte man bis dahin nur mit qualitativen Begriffen gearbeitet (und Quantität als eine Eigenschaft unter vielen betrachtet), werden nun Gegenstände gezählt und gemessen. Damit ergibt sich die Möglichkeit einer präziseren Bestimmung und Definition von Sachverhalten: Auf dieser Basis entwickelte sich das enorme Potenzial *quantitativer* Methoden im Umgang mit Realität. Darüber hinaus erlaubt Metrisierung mathematische und statistische Weiterverarbeitung. Auf diese Weise eröffneten sich völlig neue Horizonte der Reflexion und mit deren Hilfe gänzlich neue Dimensionen der Erkenntnis. Erst durch mathematische und statistische Verfahren konnten Modelle entwickelt werden, die die engen Grenzen der sinnlichen Wahrnehmung systematisch überwanden. Ohne Zählen, Messen und Berechnen wären die gesamten modernen empirischen Wissenschaften nicht möglich. Metrisierung, Beobachtung und Experiment stehen für empirische Genauigkeit und logische Prüfung. Dies gilt für *alle* Methoden, ob sie nun quantitativ oder qualitativ verfahren. Die Kriterien und Verfahren dafür hängen jedoch von den genauen Umständen ab und sind umstritten, weil es dafür keine einheitlichen Maßstäbe gibt. Die Ausarbeitung von Methoden ist in jedem Fall die Bedingung für Fortschritte der Erkenntnis. Der Empirismus bietet dafür hervorragende Möglichkeiten. Regelmäßige Phänomene lassen sich kontextfrei und rein syntaktisch (also ohne semantischen Gegenstandsbezug) formulieren. – Das Potenzial des Quantifizierens und die Überlegenheit der neuen, empirischen Wissenschaft in vieler Hinsicht führte in der Folge dazu, dass in manchen Bereichen Wissenschaft auf Naturwissenschaft und Wissenschaftstheorie auf angewandte Logik und Mathematik reduziert wurde. In der Tat hat die empiristische Wissenschaftstheorie in der Folge ein hohes Niveau der Entwicklung erreicht (vgl. dazu v. Kutschera 1973). Es hat sich aber auch gezeigt, dass dieser Weg zur Methodologie nicht zu einer definitiven Lösung der Erkenntnisproblematik führt – und zusätzlich zum Problem wird, wenn dabei versucht wird, eine bestimmte Methode zur allein gültigen zu erklären. Daher müssen *Methodologie* und Begründung *bestimmter* Methoden gut getrennt werden; daher müssen Methodologie und Theorie immer Hand in Hand gehen. – Der weitere Weg führte den Empirismus über den Positivismus zur Analytischen Philosophie, zum Logischen Positivismus und zum Kritischen Rationalismus. Dabei wurden die Vorstellungen immer „logischer“: Die formale Logik übernahm dabei immer mehr die Funktion, die vorher der Objektivität der Beobachtung zugeschrieben wurde. – Angefangen hat die empiristische Erkenntnistheorie jedoch mit einer materialen Perspektive: mit Lockes Sensualismus.

Locke

Derjenige, der das empiristische Forschungsprojekt Bacons als Erster konsequent ausformuliert und erkenntnistheoretisch begründet hat, ist John Locke. Für ihn folgt Gewissheit nicht aus dem Denken, sondern aus dem sinnlichen Wissen. Es ist

„... der tatsächliche Empfang von Ideen aus der Umwelt, der uns von der Existenz anderer Dinge Kunde gibt und uns erkennen läßt, daß im gegebenen Augenblick wirklich etwas außer uns existiert, was jene Ideen in uns hervorruft, wenn wir vielleicht auch weder erkennen noch danach fragen, wie sich dieser Vorgang abspielt. Denn es beeinträchtigt nicht die Zuverlässigkeit unserer Sinne und die Gewißheit der Ideen, die sie uns vermitteln, daß wir nicht wissen, auf welche Weise sie zustande kommen.“ (Locke 1911 [1690], 304)

Locke versteht in seinem erkenntnistheoretischen Hauptwerk „Essay Concerning Human Understanding“ (Versuch über den menschlichen Verstand, 1689) die Sinne als einzige Garanten sicheren Wissens. Verstand und Logik sind dem sinnlichen Erleben nachgeordnet. Angeborene Ideen existieren für Locke nicht – alle Ideen im Bewusstsein eines Menschen und somit alle seine Erkenntnisse stammen ausschließlich aus der Erfahrung, d.h. aus den Sinneswahrnehmungen. Wegen der entscheidenden Rolle der Sinne wird Lockes Empirismus auch als *Sensualismus* bezeichnet.

John Locke
It is „Ambition enough to be employed as an Under-Labourer in clearing the Ground a little, and removing some of the Rubbish, that lies in the Way of Knowledge." (Locke 1979 [1690], 10). Sich einen Hilfsarbeiter zu nennen, der nur ein wenig Abfall kehrt, ist ein Understatement par excellence, denn immerhin war John Locke ein in mehreren Disziplinen herausragender Wissenschaftler, der ein wichtiges Werk von 700 Seiten verfasst hat.
John Locke (1632–1704) studierte in Oxford Naturwissenschaft, Staatslehre, Philosophie und Medizin und hatte bereits eine universitäre Karriere hinter sich, als er sich im Alter von 35 Jahren mit dem Earl of Shaftsbury anfreundete. Diese Freundschaft prägte Locke zeitlebens, denn Shaftsbury wurde später Lordkanzler, Regierungsoberhaupt, und sie erlebten das unruhige England der religiösen Bürgerkriege und Skandale gemeinsam. Locke wurde Shaftsburys Sekretär, Leibarzt, Berater und Hauslehrer der Familie, bei welcher er auch lebte. Zeitweise übernahm Locke auch selbst Staatsämter, doch vor allem war er Staatsrechtler („Two Treatises of Government", 1690) und Mitglied der neu gegründeten „Royal Society", einem Zirkel von Empiristen mit dem Motto „Nullius in verbia" (= Worte allein gelten nichts). Zweimal musste Locke aus England fliehen: 1675, als Shaftsbury gestürzt wurde, nach Frankreich und 1683, als jener auf Hochverrat angeklagt wurde, nach Holland.

Die Sinneswahrnehmungen sind im Geist als Ideen präsent. Die Rolle des Geistes besteht einzig darin, mit diesen Ideen umzugehen.

„Da der Geist bei allem Denken und Folgern kein anderes unmittelbares Objekt hat als seine eigenen Ideen, und da er nur sie betrachtet und betrachten kann, so liegt es auf der Hand, daß unsere Erkenntnis es lediglich mit unseren Ideen zu tun hat.

In der Erkenntnis sehe ich deshalb nichts anderes als die Wahrnehmung des Zusammenhangs und der Übereinstimmung oder Nichtübereinstimmung sowie des Gegensatzes zwischen beliebigen Ideen, die wir haben. Das allein macht sie aus. Wo diese Wahrnehmung vorhanden ist, haben wir Erkenntnis; wo sie fehlt, können wir uns wohl etwas einbilden, etwas vermuten oder glauben, bringen es aber nie zu voller Erkenntnis." (A.a.O., 164)

Erkenntnis entsteht also aus dem Umgang mit Ideen, die aus Sinneserfahrungen stammen. Diese hat für Locke zwei Quellen:

- die *äußere Sinneswahrnehmung* (sensation) und
- die *innere Sinneswahrnehmung* (reflection).

Beide erzeugen Ideen. Sie sind entweder einfach oder komplex. *Einfache Ideen* entstehen ohne Zutun des menschlichen Geistes. Sie werden direkt durch die Reize erzeugt, die von einem Objekt ausgehen. Locke unterscheidet einfache Ideen,

- die durch die Sensation nur eines Sinnes entstehen (z.B. Farben, Töne)
- oder durch die Sensation mehrerer Sinne (Räume, Töne);
- die durch Reflexion zustande kommen (also durch innere Bewusstseinsvorgänge)
- oder an denen Reflexion und Sensation beteiligt sind (Zeit, Lust).

Aus einfachen Ideen erzeugt der Geist *komplexe*, indem er vergleicht, trennt, verbindet oder abstrahiert. Durch diese Operationen entstehen drei Arten komplexer Ideen:

- Substanzen (Einzeldinge oder Spezies wie Mensch und Pflanze)

- Modi (Ideen, die an Substanzen vorkommen, z.B. Tag als Modus der Zeit; oder gemischte Modi wie die der Moral)
- Relationen (Verhältnisse wie z.B. das von Ursache-Wirkung).

Erkenntnis entsteht also immer in der Wahrnehmung der Übereinstimmung oder Nichtübereinstimmung zweier Ideen. Die unterschiedliche Klarheit dieser Wahrnehmung führt zu verschiedenen Graden von Wissen:

- *Sensitives Wissen* ist das Wissen von der Existenz einzelner endlicher Wesen außer uns. Wir nehmen die Welt durch unsere Sinne wahr und bilden sie für uns ab. Sinnliche Erfahrung ist die eigentliche Basis der Erkenntnis und somit der Eckpfeiler des Empirismus.
- *Demonstratives Wissen* kommt über die Vermittlung anderer Ideen zustande (z.B. in Schlussfolgerungen, die über ein Drittes laufen). Die Vernunft führt uns denn auch zur Idee, dass es einen Gott gibt. Denn es muss eine Ursache für die Welt geben, die ihrerseits nicht bedingt ist.
- *Intuitives Wissen* hat den höchsten Wissensgrad. Es ist unmittelbar, denn der Geist nimmt in der Intuition Übereinstimmung und Nichtübereinstimmung durch sich selbst wahr (z.B. im Vergleich von Dreieck und Kreis). Intuition gilt auch für uns selber – über die eigene Existenz kann man nicht zweifeln.

Locke hat die Sinne als Pforten zur Welt angesehen. Sein Argument dafür ist, dass die Sinne nicht trügen und er meint, dass alles mit den Sinnen zu erfassen sei. Die Ideen seien zwar Reproduktionen der Welt und ihrer Objekte, aber keine vollständigen Reproduktionen. *Wahrheit* kann sich deshalb nur auf Sätze beziehen, d.h. sie liegt dann vor, wenn das Verhältnis der in den Sätzen enthaltenen Zeichen überprüft und für richtig befunden worden ist. – So gelangen wir zu zwei Arten von

Wissen: zu *aktuellem* (im Hier und Jetzt) und zu *habituellem Wissen* (Gewohnheitswissen).

Die Aggregation von Ideen verläuft immer gleich, so dass sich immer der gleiche Überbau entwickelt. Die Wahrheit komplexer Ideen entsteht durch *Induktion*: Aus Einzelfällen bildet der menschliche Verstand allgemeine Erkenntnisse. Das generalisierende Verfahren der Induktion ist für Locke deshalb auch in der Wissenschaft legitim.

Induktion als Kritik der Deduktion

Die von Aristoteles begründete Logik war zwar auf empirisches Geschehen ausgerichtet, aber wesentlich deduktiv angelegt. Der Syllogismus ist ein Modell der korrekten Ableitung eines Schlusses aus Prämissen und Regeln des Schließens. Die Prämissen mussten dabei als wahr angenommen werden. In der deduktiven Anlage von Begründungen folgten ihm die meisten Theoretiker. Der Empirismus wollte dagegen auf die Richtigkeit von Prämissen jedweder Art nicht mehr vertrauen und sich nur auf empirisch Nachweisbares stützen. Er nahm dezidiert Abschied von der Vorstellung, es gäbe ein voraussetzbares Ganzes, in dessen Rahmen Einzelheiten ihren Platz haben (so dass Interpretationen prinzipiell imstande sind, diesen Platz auch zu finden). Damit konnten Erkenntnisse auch nicht mehr auf rein logischem Wege (durch Deduktion: Ableitung aus vorausgesetzten allgemeinen Zusammenhängen) gewonnen werden. Der alleinige Bezugspunkt des Empirismus ist die empirische Realität, die jedoch aus einer Fülle von disparaten Einzelheiten besteht. Die Möglichkeit, alle Einzelheiten und ihre Beziehung untereinander zu untersuchen, überfordert jedes empirische Verfahren. Das von Locke und anderen empfohlene Mittel ist daher die Induktion (eigentlich: das Hineinführen). Dabei wird von einer (festzulegenden) Zahl einzelner Fälle darauf geschlossen, dass sich alle Fälle so verhalten. Man schließt also von einer definierten Zahl untersuchter Sachverhalte darauf, dass sich die Dinge immer so verhalten.

Es ist für Locke dasjenige Verfahren, auf das wir wegen der Beschränktheit unserer Mittel angewiesen sind.

„Hieraus können wir ferner entnehmen, wie töricht und aussichtslos es für uns Menschen mit beschränkter Einsicht ist, denen die Vernunft verliehen wurde, um die verschieden große Evidenz und Wahrheit der Dinge zu beurteilen und sich dadurch leiten zu lassen – wie aussichtslos, sage ich, es ist, wenn man Beweise und Gewißheit verlangt bei Dingen, die dafür ungeeignet sind, oder wenn man bei ganz vernünftigen Sätzen seine Zustimmung verweigert und ganz klaren und deutlichen Wahrheiten zuwiderhandelt, weil sie sich nicht in so einleuchtender Form darlegen lassen, daß sie auch den allerleisesten (ich will nicht sagen Grund, sondern) Vorwand zum Zweifeln beseitigen. Wer in den gewöhnlichen Dingen des Lebens nichts gelten lassen wollte, als den direkten, klaren Beweis, hätte auf dieser Welt nur die einzige Gewißheit, daß er bald zugrunde gehen werde. Die Bekömmlichkeit von Speise und Trank würde ihm für eine Probe nicht ausreichend begründet erscheinen, und ich möchte wohl wissen, was er überhaupt noch tun könnte, wenn es nur aus Gründen geschehen sollte, die für keinerlei Zweifel und Einwand mehr Raum lassen." (A.a.O., 311)

Induktion ist also schlicht und einfach menschlich und überlebenswichtig. Mit diesem Argument wandte sich Locke gegen allzu ausgeprägten Fundamentalismus und plädierte für ein Vorgehen mit Augenmaß. – Lockes Erkenntnistheorie mutet modern an. Sein Rückgriff auf die Sinne erscheint aus heutiger Sicht gerade deshalb so geschickt, weil er das daraus entstehende Wissen relativiert. Trotzdem rief seine Theorie Widerspruch hervor, wobei der Begriff der Induktion ins Zentrum der Kritik gerückt wurde.

Hume

Locke glaubte also, das Erkenntnisproblem durch die Bindung an die sinnliche Erfahrung lösen zu können. David Hume folgte ihm in diese Richtung nach und radikalisierte den Sensualismus noch (so weit dies überhaupt möglich war). Seiner Meinung nach gehen alle Vorstellungen auf die unmittelbar gegebenen Sinneseindrücke (impressions) zurück; Ideen sind für ihn nur ein blasses Abbild, welches sich im Gedächtnis erhält. Wissen ist für ihn dementsprechend nichts als die Verknüpfung von Sinneseindrücken zu Vorstellungen und die Verbindung zwischen diesen Vorstellungen (aus denen sich abstrakte Muster, etwa mathematische Formeln, ergeben). „Kausalität" ist daher eine Vorstellung, die sich aus der wiederholten Erfahrung der zeitlichen Folge von Erfahrungen ergibt (und nicht ein Produkt geistiger Leistung). Die aktive Leistung des Denkens beschränkt sich dabei auf die Registrierung und Ordnung des Erfahrungsflusses nach bestimmten Assoziationsprinzipien.

„Alle unsere Vorstellungen sind Abbilder unserer Eindrücke." (Hume 1967 [1748], 34) Daher gibt es für Hume ein einfaches Kriterium zur Beurteilung von Vorstellungen: *„Welchem Eindruck entstammt diese … Vorstellung?"* (A.a.O., 37) Falls sich keiner finden lässt, braucht man über die Vorstellung nicht weiter zu diskutieren. – Von weitreichender Bedeutung sind Humes Folgerungen. Die „Assoziation" von Vorstellungen ist ebenfalls ein Vorgang, der nur aus den Eindrücken stammen kann… *„Ursache und Wirkung* (sind) *nicht durch Vernunft, sondern durch Erfahrung zu entdecken."* (A.a.O., 44) Daraus leitet Hume ab, dass das von Locke vertretene Prinzip der Induktion (der Schluss von einer Reihe von Ereignissen auf zukünftige bzw. alle möglichen Ereignisse) nicht möglich ist. „Alle Folgerungen aus der Erfahrung setzen als ihre Grundlage voraus, daß die Zukunft der Vergangenheit ähnlich sei und ähnliche Kräfte mit ähnlichen Sinnesqualitäten verbunden sein werden." (A.a.O., 56) Diese Annahme ist jedoch empirisch nicht begründbar. „Es ist daher unmöglich, daß irgendein Erfahrungsbeweis (die) Ähnlichkeit der Vergangenheit mit der Zukunft erweisen könnte. Mag der Gang der Dinge bislang auch noch so regelmäßig gewesen sein, so kann das allein … nicht beweisen, daß es auch in Zukunft so bleiben werde." (A.a.O.) Mehr noch: Verbindungen sind prinzipiell nicht beobachtbar (also kein Eindruck), sondern ein Ergebnis der Pragmatik des Denkens. Wir tendieren dazu, zeitliche Abfolgen als „Ursache" und „Wirkung" zu definieren. Es handelt sich jedoch nicht um eine logisch haltbare Begründung eines Zusammenhangs: „Alle Vorgänge scheinen ganz unzusammenhängend und getrennt. Ein Vorgang folgt einem anderen, doch können wir niemals eine Bindung zwischen ihnen beobachten; sie scheinen verbunden (conjoined), doch nie *verknüpft (connected)*." (A.a.O., 99) Daraus gewinnt der Verstand eine neue Erfahrung, die er als Ursache-Wirkungs-Beziehung bezeichnet. Eine Aussage über reale Zusammenhänge kann dies nicht sein.

Induktionskritik

Induktionskritik stützt sich auf eine induktive Begründung von Aussagen: Aus einer Reihe von Einzelfeststellungen wird – nicht logisch, sondern empirisch – auf einen allgemeinen Sachverhalt geschlossen. Man unterstellt dabei als Prämisse, dass man nicht alle Fälle untersuchen muss, sondern eine bestimmte Anzahl von Fällen genügt, um zu begründen, warum eine Aussage generalisierbar ist. Hume kam jedoch zu dem Schluss, dass keine wie auch immer geartete Induktion jemals eine Allgemeingültigkeit beweisen könne – noch so viele Sonnenaufgänge reichen nicht, um daraus abzuleiten, dass auch morgen die Sonne aufgehen muss. Daher seine Skepsis in Bezug auf die Begründbarkeit von Theorie. – Humes Kritik der Induktion hat Kant (1724–1804) zu seiner transzendentallogischen und konstruktivistischen Revolution der Erkenntnistheorie angeregt. Später hat der Logische Positivismus (s. u.) sich um eine bessere Begründung des Induktionsprinzips bemüht. Popper (s. u.) hat aus der Unmöglichkeit der vollständigen Induktion sein „Falsifikationsprinzip" (die Akzeptanz von Aussagen, solange sie nicht widerlegt sind) entwickelt. – Die vertiefte Diskussion hat gezeigt, dass die Probleme von Deduktion und Induktion nicht auskommen können. Es kommt also (auch hier) auf das Augenmaß ihrer Verwendung an.

So entwickelt Hume einen erkenntnistheoretischen *Skeptizismus*. Er wendet sich gegen jeden „radikalen Skeptizismus“, der seiner Meinung nach auf Selbstnegation und Nihilismus hinausläuft und für ihn keinen Sinn ergibt. Aber Erkenntnis muss sich ihrer Grenzen bewusst sein und die sind eng, wenn man davon ausgeht, „daß alle unsere Evidenz hinsichtlich einer Tatsache, die über das Zeugnis der Sinne oder des Gedächtnisses hinaus liegt, ganz und gar aus der Relation von Ursache und Wirkung stammt; daß wir keine andere Vorstellung dieser Relation haben als die zweier Gegenstände, die häufig miteinander verbunden waren; daß wir kein Argument haben, uns zu überzeugen, daß die Gegenstände, die in unserer Erfahrung häufig verbunden waren, auch in anderen Fällen in gleicher Weise verbunden sein werden; und daß uns zu diesem Schlusse nichts anderes führt als die Gewohnheit und ein gewisser Naturinstinkt, dem man in der Tat schwerlich widerstehen kann, der jedoch, wie andere Instinkte, irreführend und trügerisch sein kann.“ (A.a.O., 200) Wirkliche Sicherheit kann es im Grund nur in Bezug auf quantifizierende Logik geben. Er schreibt: „Mir scheint, daß die einzigen Gegenstände der abstrakten und demonstrativen Wissenschaften Größe und Zahl sind und daß alle Versuche, diese vollkommeneren Arten des Wissens über diese Grenzen hinaus auszuweiten, bloße Sophisterei und Blendwerk sind.“ (A.a.O., 204) – Damit hat Hume nicht nur dem Rationalismus, sondern auch dem optimistischen Programm von Locke den Boden entzogen. Alles, worauf sich Erkenntnis stützen kann, sind (irrtumsanfällige) Erfahrungen und deren registrierbare Verbindungen. Inhaltliche Theorien – die Aussagen über die Logik von empirischen Sachverhalten treffen wollen – lassen sich nicht definitiv begründen; sie haben in empirischen Feststellungen keine Basis. Dies gilt sowohl für die Generalisierung von Erfahrungen als auch für ihre Interpretation.

Zwar können wir aus den bisherigen Ereignissen schließen, dass – bisher jedenfalls – jeden Morgen die Sonne aufgegangen ist. Aber: Dass die Sonne heute aufgegangen ist, gibt letztlich keine Garantie dafür, dass sie dies morgen wieder tut. Eine Theorie, die behauptet, dass sie dies immer tun müsse, hat daher keine Grundlage. Das Gleiche gilt für Erklärungsmodelle. Da uns nur die Erfahrung als Grundlage von Erkenntnis gegeben ist, sind Theorien letztlich immer spekulative Annahmen – ein Gedanke, den später Popper auf seine Weise wieder aufgreift (und positiv zu deuten versucht). Die Sicherheit, in der

David Hume (1711–1776)

Einen Skeptiker stellt man sich gemeinhin als hageren, verbissenen Menschen vor. David Hume (1711–1776), der Inbegriff eines Skeptikers, war aber ein überaus fülliger Mensch, dem man also seine philosophische Haltung absolut nicht ansah. Er entschied sich schon früh dafür, sein Leben der Philosophie zu widmen, aber die widrigen Umstände und seine eigene Unruhe bescherten ihm ein unstetes Leben. Ein Jurastudium blieb unabgeschlossen, weil ihn die Materie langweilte; eine Lehre im Zuckerhandel endete, weil er die Briefe seines Chefs korrigierte (anstatt sie nur abzuschreiben); sein schon früh entstandener „Traktat über die menschliche Natur" brachte ihm nach eigenen Angaben „die Feindschaft aller Metaphysiker, Logiker, Mathematiker und selbst Theologen" ein (zit. nach Weischedel 1975, 171), so dass eine Berufung auf eine Professur scheiterte. So arbeitete er als Gesellschafter eines geisteskranken Marquis und als Sekretär eines Generals und Diplomaten, bis er eine Stelle als Bibliothekar in Edinburgh bekam. Diese Stelle nutzte er nicht nur, um weitere Werke zu verfassen, sondern auch, um sich, wie es heißt, „die moderne unsittliche Literatur" zu beschaffen. Fünf Jahre später ging er als Botschaftssekretär nach Wien, wo er – inzwischen bekannt geworden – zum Star der Salons und zum Liebling der Damen wurde. Nach einigen ruhmreichen Jahren zog er sich aber immer mehr zurück und seinen philosophischen Skeptizismus gab er, auch wenn ihm viele seiner Freunde dazu rieten, nie auf. So galt er, der weder die rationalistischen noch die empirischen Prämissen des Denkens akzeptierte, als einer der frühesten „modernen" Denker.

sinnlichen Erfahrung eine Grundlage von Erkenntnis zu finden, wird bei Hume zu einer tiefen Skepsis in Bezug auf die Möglichkeiten von Theorien – gerade weil er die Bedingungen der empirischen Erkenntnis konsequent durchdachte.

Deutscher Idealismus

Kant

Humes radikaler Skeptizismus wurde zum Ausgangspunkt für eine der bedeutensten Leistungen der bürgerlichen Erkenntnisphilosophie. Immanuel Kant gilt als der Philosoph, der die Leistungen von Rationalismus und Empirismus in einer großartigen Synthese zusammengeführt hat und dabei zu einer Konzeption kommt, die in gewisser Weise heute noch richtungsweisend ist. Kant teilt Humes Einsicht, dass aus empirischer Erfahrung keine Theorie entstehen kann. Aber anstatt in Skepsis zu verharren, unternimmt er den Versuch, die verschiedenen Ansätze in einem allgemeineren Rahmen zu integrieren und dabei auf eine neue Grundlage zu stellen. Diese Grundlage nennt er „transzendentalphilosophisch", was bedeutet, dass er die Bedingung von jeder möglichen Erkenntnis behandelt. Was er vorfand, war eine Situation, in der sich Rationalisten und Empiristen unversöhnlich gegenüberstanden. Die Argumentationen drehten sich im Kreis: Die einen wollten nur die Erfahrung als Stützpunkt von Erkenntnis zulassen, die anderen beharrten auf dem Primat der geistigen Leistungen; die einen verstanden nur das empirisch Registrierbare als Wirklichkeit, die anderen sahen in der Empirie die Realisierung logischer Strukturen. – Kant beschäftigte sich zunächst (nach Art der Zeit) ebenso mit moralphilosophischen wie mit naturwissenschaftlichen Fragestellungen und vertrat dabei einen rationalistischen Standpunkt, wurde dann aber, wie er schrieb, durch Hume aus seinem „dogmatischen Schlummer" (zit. nach Weischedel 1975, 175) geweckt. Den Rest seines Lebens bemühte er sich darum, die beiden Positionen zu versöh-

Immanuel Kant

Immanuel Kant widmete sein Leben der Erforschung des Unbedingten, wobei es den Anschein hat, dass er überhaupt einen starken Hang zum Unbedingten hatte: „Kant stand jeden Tag im Sommer und im Winter des Morgens um fünf Uhr auf. Sein Bedienter war pünktlich um drei Viertel auf Fünf vor seinem Bette, weckte ihn und ging nicht eher fort, als bis sein Herr aufgestanden war. Bisweilen war Kant noch so schläfrig, daß er den Bedienten selbst bat, er möchte ihn noch etwas ruhen lassen: Aber dieser hatte von ihm selbst solche gemessenen Befehle, sich dadurch nicht irre machen zu lassen, und ihm durchaus keinen längeren Aufenthalt im Bette zu gestatten, daß er ihn öfters zwang, pünktlich aufzustehen." (Zit. nach Weischedel 1975, 177) Offenbar schätzte Kant das Regelmäßige, Vorgegebene. Er wurde 1724 im preußischen Königsberg geboren, wurde ebendort Professor und starb ebenda 1804. Die Bürger von Königsberg kolportierten, dass man nach Kant die Uhr stellen konnte: Punkt sieben kam er vom täglichen Treffen mit Freunden nach Hause und exakt um zehn Uhr ging er zu Bett. Wenn jemand je seinen Rhythmus sabotierte, schien er schier zu verzweifeln. Schon wenn etwas auf dem Schreibtisch nicht an dem gewohnten Platz lag, brachte ihn das aus der Fassung. Es scheint also verständlich, dass Kant nicht heiratete. Er verbat strikt, sein Schlafzimmer zu lüften oder auch nur die Läden zu öffnen, da er einmal nach längerer Abwesenheit Läden wie Fenster offen und das Zimmer voll Wanzen vorfand, so dass er zur Überzeugung gelangte, das Sonnenlicht hätte die Existenz und Vermehrung der Wanzen bewirkt. Dazu sein Diener: „Auf der Wahrheit seiner Theorie bestand er indessen so fest, daß er jeden Zweifel, so leise, jede Bedenklichkeit, so klein sie auch sein mochte, übel empfand. … Ich ließ ihn bei seiner Meinung, sorgte für Reinigung seines Schlafzimmers und Bettes, wodurch die Wanzen sich verminderten, obgleich die Läden und Fenster, um frische Luft zu schaffen, fast täglich, wiewohl ohne sein Mitwissen, geöffnet wurden." (Zit. nach Weischedel 1975, 181) Als Kant 80-jährig starb, schied er zufrieden. Seine letzten Worte sollen gewesen sein: „Es ist gut."

nen; nachzuweisen, dass trotz der berechtigten Kritik des Empirismus am bisherigen Rationalismus eine Erkenntnistheorie möglich ist, die empirische Erkenntnis mit rationalistischen Voraussetzungen in Einklang bringt. Seine Ausgangsfrage lautete: Wie sind synthetische Urteile a priori möglich? Diese synthetischen Urteile a priori betreffen allgemeine und notwendige Urteile, die von der Erfahrung *unabhängig* sind, obwohl sie auf Erfahrung *basieren*. (Analytische Urteile hingegen führen zu genaueren Kenntnissen dessen, was man schon weiß – man legt es bloß systematisch aus; und Urteile a posteriori werden immer aufgrund vorausgehender Erfahrungen gebildet). Synthetische Urteile a priori stellen also geradezu ein Paradox dar.

Für Kant ist daher *beides* wichtig: Erfahrung und Denken. Beides verweist aufeinander. Er beschreibt diese wechselseitige Abhängigkeit in einem plastischen Bild: *Erfahrung ohne Begriffe ist blind; Begriffe ohne Erfahrung sind leer*. Daher muss sich jede Erkenntnis an der Erfahrung prüfen lassen. Entscheidend für die Erkenntnis ist laut Kant jedoch, dass es Strukturen des Denkens gibt, die von der Erfahrung unabhängig sind und ihr vorausgehen. Er greift also die „rationalistische" Perspektive auf, entwickelt sie aber entscheidend weiter. Die bisherigen Versuche konnten nicht befriedigen, weil sie zu viel traditionelle Metaphysik mitschleppten und über weite Strecken schlicht spekulativ waren. Damit konnten die Erkenntnisprobleme, die vor allem durch die sich entwickelnden Naturwissenschaften aufgeworfen wurden, nicht angemessen behandelt werden. Kant revolutionierte den Rationalismus, indem er ihn logisch und empirisch fasste. Der Kern seiner Argumentation: Dem menschlichen Bewusstsein sind bestimmte Denkformen vorgegeben, die überhaupt erst Erfahrungen ermöglichen. Die Formen der Anschauung – die Ordnung der Dinge in Raum und Zeit – und die Kategorien des Verstandes (wie Kausalität), aber auch andere grundlegende Ideen der Vernunft gehen jeder Erfahrung voraus und sind die geistigen Instrumente, mit denen Wirklichkeit überhaupt erfasst werden kann.

„Die Möglichkeit der Erfahrung ist also das, was allen unsern Erkenntnissen a priori objektive Realität gibt. Nun beruht Erfahrung auf der synthetischen Einheit der Erscheinungen, d.i. auf einer Synthesis nach Begriffen vom Gegenstande der Erscheinungen überhaupt, ohne welche sie nicht einmal Erkenntnis, sondern eine Rhapsodie von Wahrnehmungen sein würde, die sich in keinen Kontext nach Regeln eines durchgängig verknüpften (möglichen) Bewußtseins, mithin auch nicht zur transzendentalen und notwendigen Einheit der Apperzeption, zusammen schicken würden. Die Erfahrung hat also Prinzipien ihrer Form a priori zu Grunde liegen, nämlich allgemeine Regeln der Einheit in der Synthesis der Erscheinungen, deren objektive Realität, als notwendige Bedingungen, jederzeit in der Erfahrung, ja sogar ihrer Möglichkeit gewiesen werden kann. Außer dieser Beziehung aber sind synthetische Sätze a priori gänzlich unmöglich, weil sie kein Drittes, nämlich reinen Gegenstand haben, an dem die synthetische Einheit ihrer Begriffe objektive Realität dartun könnte." (Kant 1998 [1781], 200)

Kant geht also davon aus, dass jeder möglichen Erfahrung die Möglichkeit – ihr Prinzip – zugrunde liegt. Entsprechend ist dies eine aktive Leistung des erkennenden Subjekts (womit Kant nicht empirische Personen, sondern ein abstraktes, „transzendentales" Subjekt meint). Diese Leistung ist kein passives Aufnehmen, sondern ein aktiver, produktiver Vorgang, im Rahmen dessen die grundlegende Fähigkeit zur Erkenntnis mit passenden Mitteln kombiniert wird.

„Die Vernunft muß mit ihren Prinzipien, nach denen allein übereinkommende Erscheinungen für Gesetze gelten können, in einer Hand, und mit dem Experiment, das sie nach jenen ausdachte, in der anderen, an die Natur gehen, zwar um von ihr belehrt zu werden, aber nicht in der Qualität eines Schülers, der sich alles vorsagen läßt, was der Lehrer will, sondern eines bestallten Richters, der die Zeugen nötigt, auf die Fragen zu antworten, die er ihnen vorlegt. Und so hat sogar Physik die so vorteilhafte Revolution ihrer Denkart lediglich dem Einfalle zu verdanken, demjenigen, was die Vernunft selbst in die Natur hineinlegt, gemäß, dasjenige in ihr zu suchen (nicht ihr anzudichten), was sie von dieser lernen muß, und wovon sie für sich selbst nichts wissen würde. Hierdurch ist die Naturwissenschaft allererst in den sicheren Gang einer Wissenschaft gebracht worden, da sie so viel Jahrhunderte durch nichts weiter als ein bloßes Herumtappen gewesen war." (A. a. O., 23f.)

Das erkennende Subjekt geht also als „Richter" an die Wirklichkeit heran, nicht als „Schüler" (hier denkt Kant natürlich an das traurige Schülerdasein seiner Zeit...). Es benutzt seine „transzendentale" Erkenntnisfähigkeit zusammen mit durchdachten Methoden. Kant vertritt also ein „beidhändiges" Verfahren, welches sich sowohl auf die Leistungen des Verstandes als auch auf die der Methode stützt. Auf diese Weise lässt sich das erkennende Subjekt zeigen, was es von sich aus nicht wissen kann (ohne etwas herauszulesen, was nicht in der Natur steckt). – Diese aktive Positionsbestimmung findet ihre Parallele im Verhältnis von Theorie und Gegenstand. Kants zentrale These lautet: Der Gegenstand richtet sich nach der Theorie (und nicht umgekehrt): „Bisher nahm man an, alle unsere Erkenntnis müsse sich nach den Gegenständen richten; aber alle Versuche, über sie a priori etwas durch Begriffe auszumachen, wodurch unsere Erkenntnis erweitert würde, gingen unter dieser Voraussetzung zu nichte. Man versuche es daher einmal, ob wir nicht in den Aufgaben der Metaphysik damit besser fortkommen, daß wir annehmen, die Gegenstände müssen sich nach unserem Erkenntnis richten, welches so schon besser mit der verlangten Möglichkeit einer Erkenntnis derselben a priori zusammenstimmt, die über Gegenstände, ehe sie uns gegeben werden, etwas festsetzen soll." (A. a. O., 25) Kant schlägt angesichts dieses unendlichen Begründungszirkels eine Umkehrung vor, die er mit der Leistung von Kopernikus für die Astronomie vergleicht. „Es ist hiemit eben so, als mit den ersten Gedanken des Kopernikus bewandt, der, nachdem es mit der Erklärung der Himmelsbewegungen nicht gut fort wollte, wenn er annahm, das ganze Sternheer drehe sich um den Zuschauer, versuchte, ob es nicht besser gelingen möchte, wenn er den Zuschauer sich drehen, und dagegen die Sterne in Ruhe ließ. In der Metaphysik kann man nun, was die Anschauung der Gegenstände betrifft, es auf ähnliche Weise versuchen. Wenn die Anschauung sich nach der Beschaffenheit der Gegenstände richten müßte, so sehe ich nicht ein, wie man a priori von ihr etwas wissen könne; richtet sich aber der Gegenstand (als Objekt der Sinne) nach der Beschaffenheit unseres Anschauungsvermögens, so kann ich mir diese Möglichkeit ganz wohl vorstellen. Weil ich aber bei diesen Anschauungen, wenn sie Erkenntnisse werden sollen, nicht stehen bleiben kann, sondern sie als Vorstellungen auf irgend etwas als Gegenstand beziehen und diesen durch jene bestimmen muß, so kann ich entweder annehmen, die Begriffe, wodurch ich diese Bestimmung zu Stande bringe, richten sich auch nach dem Gegenstande, und denn bin ich wiederum in derselben Verlegenheit, wegen der Art, wie ich a priori hievon etwas wissen könne; oder ich nehme an, die Gegenstände, oder, welches einerlei ist, die Erfahrung, in welcher sie allein (als gegebene Gegenstände) erkannt werden, richte sich nach diesen Begriffen, so sehe ich sofort eine leichtere Auskunft, weil Erfahrung selbst eine Erkenntnisart ist, die Verstand erfordert, dessen Regel ich in mir, noch ehe mir Gegenstände gegeben werden, mithin a priori voraussetzen muß, welche in Begriffen a priori ausgedrückt wird, nach denen sich also alle Gegenstände der Erfahrung notwendig richten und mit ihnen übereinstimmen müssen. Was Gegenstände betrifft, so fern sie bloß durch Vernunft und zwar notwendig gedacht, die aber (so wenigstens, wie die Vernunft sie denkt) gar nicht in der Erfahrung gegeben werden können, so werden die Versuche, sie zu denken (denn denken müssen sie sich doch lassen), hernach einen herrlichen Probierstein desjenigen abgeben, was wir als die veränderte Methode der Denkungsart annehmen, daß wir nämlich von den Dingen nur das a priori erkennen, was wir selbst in sie legen.“ (A. a. O., 25f.)

An Erfahrungsgegenständen kann also, so Kant, nur erkannt werden, was der Verstand davon erfassen kann. Und Sachverhalte, die nicht empirisch gegeben sind, können erst recht nur mit seinen Möglichkeiten behandelt werden. – Ausdrücklich betont Kant die Möglichkeit und Notwendigkeit der methodischen Kontrolle auch dieser Grundlagen der Erkenntnis und schlägt dafür ein doppeltes Prüfverfahren vor, das logische und empirische Stimmigkeit überprüft und Letzterer das letzte Wort überlässt:

„Diese dem Naturforscher nachgeahmte Methode besteht also darin: die Elemente der reinen Vernunft in dem zu suchen, was sich durch ein Experiment bestätigen oder widerlegen läßt. Nun läßt sich zur Prüfung der Sätze der reinen Vernunft, vornehmlich wenn sie über alle Grenze möglicher Erfahrung hinaus gewagt werden, kein Experiment mit ihren Objekten machen (wie in der Naturwissenschaft): also wird es nur mit Begriffen und Grundsätzen, die wir a priori annehmen, tunlich sein, indem man sie nämlich so einrichtet, daß dieselben Gegenstände einerseits als Gegenstände der Sinne und des Verstandes für die Erfahrung, andererseits aber doch als Gegenstände, die man bloß denkt, allenfalls für die isolierte und über Erfahrungsgrenze hinausstrebende Vernunft, mithin von zwei verschiedenen Seiten betrachtet werden können. Findet es sich nun, daß, wenn man die Dinge aus jenem doppelten Gesichtspunkte betrachtet, Einstimmung mit dem Prinzip der reinen Vernunft stattfinde, bei einerlei Gesichtspunkte aber ein unvermeidlicher Widerstreit der Vernunft mit sich selbst entspringe, so entscheidet das Experiment für die Richtigkeit jener Unterscheidung.“ (A.a.O., 26)

Diese Perspektivenumkehr wird – angeregt von Kants eigenem Vergleich – als die „kopernikanische Wende“ der Erkenntnisphilosophie bezeichnet. Kant besteht auf der wechselseitigen Abhängigkeit von Erfahrung und Erkenntnis, aber er gibt der Erkenntnisaktivität den Vorrang. Die Konstruktionen des Verstandes müssen und können an der Wirklichkeit überprüft werden, aber es ist der Verstand, der mit seinen Leistungen Erkenntnis ermöglicht.

„Auf solche Weise sind synthetische Urteile a priori möglich, wenn wir die formalen Bedingungen der Anschauung a priori, die Synthesis der Einbildungskraft, und die notwendige Einsicht derselben in einer transzendentalen Apperzeption, auf ein mögliches Erfahrungserkenntnis überhaupt beziehen, und sagen: die Bedingungen der Möglichkeit der Erfahrung überhaupt sind zugleich Bedingungen der Möglichkeit der Gegenstände der Erfahrung, und haben darum objektive Gültigkeit in einem synthetischen Urteile a priori." (A. a. O., 201)

Das heißt jedoch auch, dass der Gegenstand selbst nicht erreichbar ist. Er wird stets durch die Leistungen des Verstandes formatiert. Daher ist das „Ding an sich" nicht zugänglich, sondern nur das, was der Verstand aus ihm macht. Kant ist der erste Erkenntnistheoretiker, der die systematische Differenz zwischen dem realen Gegenstand und dem reflektierten Gegenstand hervorhebt. Damit begründet Kant – in Weiterentwicklung des frühen Rationalismus, der über weite Strecken dogmatisch bleibt – das, was heute als „Konstruktivismus" bezeichnet wird. *Theorie ist immer eine Rekonstruktion des Gegenstandes,* nie eine Abbildung des Gegenstandes selbst. – Kant hat damit die Erkenntnistheorie auf ein neues Niveau gehoben:

- Er begründet sie „transzendentallogisch" – also weder empirisch noch metaphysisch, sondern als logisch eigenständiges Thema, das auf einem allgemeinen und abstrakten Niveau angelegt ist;
- er verbindet Erfahrung und Erkenntnis, anstatt sie zu trennen;
- er betont die aktiven Leistungen des erkennenden Subjekts und begründet sie mit seinem Konzept der „transzendentalen Apperzeption", das ein Verbindungsglied zwischen Konstruktion und Objektivität darstellt;
- er verdeutlicht den Unterschied zwischen Realität und Theorie.

Kant

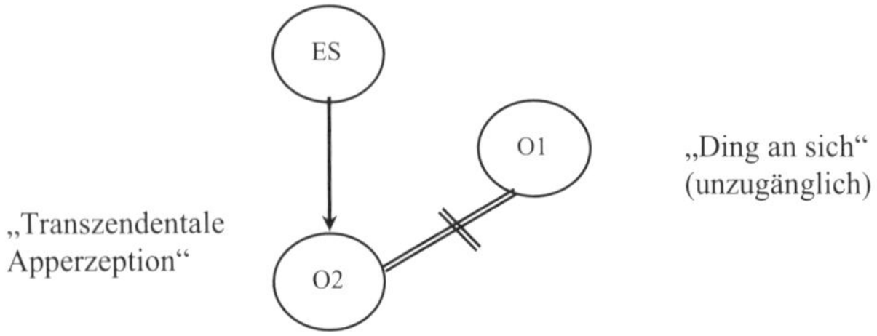

Sein Entwurf hat die weitere Diskussion bis heute entscheidend geprägt. Das heißt jedoch nicht, dass damit alle Probleme gelöst waren und erst recht nicht, dass nun alle Theoretiker seinen Überlegungen folgten. Viele haben sich gründlich (in verschiedenen Variationen) mit dem Aufbau und den ungelösten Problemen seines Entwurfs beschäftigt (daraus entwickelten sich eine Fülle von „neo-kantianischen" Schulen). Es gab jedoch auch grundsätzliche Kritik und Gegenentwürfe.

Hegel

Der wichtigste Gegenspieler Kants im Rahmen der „idealistischen Philosophie" ist G. E. W. Hegel (1770–1831). Hegels Philosophie gehört zum Umstrittensten, was die Philosophiegeschichte hervorgebracht hat. Die einen sehen in ihm einen Wirrkopf, die anderen einen genialen Theoretiker; manche betrachten ihn als Reaktionär, manche als Revolutionär. Das verweist darauf, dass sein Werk vieldeutig und vielschichtig ist; so vieldeutig, dass sich sowohl preußische Staatsbeamte als auch Karl Marx auf ihn beziehen konnten. Ganz abgesehen davon ist sein Stil oft dunkel bis unverständlich, so dass der Leser auf Interpretationen angewiesen ist (was jedoch sehr anregend sein kann). Kant hatte gezeigt, dass Subjekt und Objekt der Erkenntnis verschiedene, getrennte Bereiche der Welt sind. Hegel kritisierte diese (statische) Gegenüberstellung und bemühte sich um eine Theorie, die diese Gegensätze nicht nur vereint, sondern auch noch zeigt, wie sie sich bedingen und bestimmen. – Dabei ist sein Denken radikal idealistisch, d.h. er stellt die Idee in den Mittelpunkt seiner Theorie. Fasst man sein Grundkonzept zusammen, so klingt es wie eine säkularisierte Theologie: Die Welt verdankt ihr Entstehen der Selbstentäußerung eines „absoluten Geistes“ und die Entwicklung der gesamten Wirklichkeit wird getrieben von der Bewegung des Geistes auf dem Weg zurück zu sich selbst bzw. zu einer neuen, perfekten Gestalt. Hegel geht also davon aus, dass die Welt eine – wenn auch „entzweite“ – Einheit darstellt und dass diese Einheit eine geistige Einheit ist, die sich in der Welt verwirklicht. Insofern handelt es sich tatsächlich um radikalen Idealismus: Alles ist (Teil einer) Idee. Bereits an dieser Stelle zeigt sich ein wichtiger Gesichtspunkt, der Hegels Lehren kennzeichnet: In Anknüpfung an Anregungen der griechischen Philosophie (Heraklit: „alles fließt“) denkt er konsequent und radikal in Bewegungen. Es „gibt“ für ihn nichts; alles ist Teil von Prozessen. Der Eindruck von Statik täuscht. Nichts „ist“, alles wird. Der Eindruck von bloßem Sein wird für ihn durch unterentwickeltes Denken erzeugt. Differenziertes Denken ist für ihn stets Prozessdenken – um z.B. ein Ei zu verstehen, muss man es als Teil des Wegs vom Huhn zum nächsten Huhn (oder vom Versuch des Huhns, sich fortzupflanzen, zum Spiegelei und damit zum gelungenen Frühstück des Philosophen) sehen.

Georg Wilhelm Friedrich Hegel

Georg Wilhelm Friedrich Hegel wurde 1770 in Stuttgart geboren. Sein Vater war höherer Beamter, er wuchs gutbürgerlich auf und besuchte nach dem Gymnasium das elitäre Tübinger Stift, um Theologe oder Pfarrer zu werden. Er war unauffällig, still und behäbig; seine Mitbewohner gaben Hegel den Spitznamen „alter Mann“. In seiner Verhaltenheit begeisterte er sich aber für Kant und ebenso für die französische Revolution, zu deren Jahrestag er Zeit seines Lebens alleine eine Flasche Rotwein trank. Seine Wohngemeinschaft suchte übrigens ihresgleichen: Schelling erhielt schon im Alter von 23 Jahren eine Professur und wurde einer der „Stars“ der Philosophieszene; Hölderlin wurde zum größten Lyriker der deutschen Klassik; mit 32 Jahren zog er sich allerdings als „Geisteskranker“ von der Welt zurück. – Hegel hingegen war ein Spätzünder. Unter dem regelmäßigen Einfluss von Alkohol erarbeitete er langsam, aber gründlich sein philosophisches System. Er ging als Hauslehrer in die Schweiz, dann nach Frankfurt und habilitierte sich 1801 in Jena. Beim Einmarsch der Franzosen in Jena sah er zum ersten Mal Napoleon und schrieb über ihn, er habe die „Weltseele“ vorbeireiten sehen. Erst 1807, mit 36 Jahren, publizierte er sein erstes eigenständiges Werk, dessen Erfolg aber umso durchschlagender war: „Die Phänomenologie des Geistes“. 48-jährig erhielt er endlich eine Professur in Berlin, wo er eine große Hörerschaft um sich scharte: „Abgespannt, grämlich saß er mit niedergebücktem Kopf in sich zusammengefallen da … jedes Wort, jede Silbe löste sich nur widerwillig los, um von der metallenen Stimme dann in schwäbisch breitem Dialekt, als sei es das Wichtigste, einen wundersam gründlichen Nachdruck zu erhalten. … In den Tiefen des anscheinend Unentzifferbaren wühlte und webte jener gewaltige Geist in großer selbstgewisser Behaglichkeit und Ruhe.“ (Zit. nach Weischedel 1975, 210) Nicht alle waren von seinem Denken angetan. Arthur Schopenhauer, ein Zeitgenosse Hegels und Begründer einer wesentlich pessimistischeren, fast misantrophen Philosophie, fand für ihn keine guten Worte: Hegel hätte eine „Bierwirtsphysiognomie“ und „Unsinn geschmiert wie kein anderer je vor ihm“ (zit. nach Weischedel 1975, 209). Das Publikum war in Hegels Bann. „Majors, Obristen und Geheime Räte“ hörten ihn, seine Philosophie wurde zur (inoffiziellen) Philosophie des Staates Preußen. Und, was man nicht unbedingt erwarten würde, Hegel war auch der Mittelpunkt von Damenrunden. 1831, mit 61 Jahren, starb er an einem Magenleiden.

Für Hegel ist dieser Prozess ein permanentes Fortschreiten auf dem Weg des Geistes zu seiner Selbstverwirklichung. Das klingt zunächst nach purem Idealismus, aber dahinter verbirgt sich ein entscheidender Schritt, denn dieser Weg ist bestimmt von reiner Logik – von Logik, die nichts außer sich selbst voraussetzt. Hegel geht hier über Aristoteles (der Logik als Ordnung der Welt und des Denkens betrachtete) und Kant (für dessen Konzept transzendentale Prämissen erforderlich waren) hinaus und behandelt Logik als oberstes – und gemeinsames – Prinzip jeglicher Wirklichkeit und Erkenntnis. Sein Idealismus verhüllt daher eine hochmoderne Form von Ontologie, die ohne materiale Prämissen auskommt.

Gleichzeitig baut Hegel in diese Begründung ein Modell zur Erfassung sowohl der Einheit als auch der Differenzen, die die Welt ausmachen, ein: Er konzipiert Logik als heterogenen Prozess, als Einheit von Gegensätzen – in seinen Worten: als Identität von Identität und Nichtidentität. Statik ist zugleich (die andere Seite von) Dynamik, Struktur das Wesen von Prozessen – und umgekehrt, System ist die Bedingung von Elementen – und umgekehrt. Logik wird also von Anfang an als Zusammenhang gedacht, der verschieden und (deshalb) in Bewegung ist. – Die daraus resultierende Bewegung der Wirklichkeit ist für Hegel keine gerade Linie; er schließt Rückschritte und Umwege mit ein. Vor allem setzt neues Werden Vergehen des Bestehenden voraus. Entwicklung ist für ihn daher immer auch ein Zerfallsprozess, durch den eine Weiterentwicklung erst möglich wird. Es handelt sich also nicht um einen linearen Fortschritt, sondern um einen Prozess voller Konflikte, Auseinandersetzungen und Widersprüche. Die Logik dieser Art von Entwicklung hat Hegel durch das bekannte dreistufige Modell dargestellt:

- Position (oder These): eine bestimmte Entwicklungsstufe des Seins
- Negation (oder Antithese): deren Zerfall/Zerstörung/Kritik

- Negation der Negation (oder Synthese): die Entwicklung einer neuen Position, die die wichtigen und bleibenden Elemente der ursprünglichen enthält und zugleich erweitert (um die Leistungen der Negation und weitere Fortschritte).

Nach diesem Schema wäre beispielsweise die Scholastik die Form der Erkenntnis des Feudalzeitalters – ihre Leistung war die Bewahrung und Schulung des Denkens, ihre Grenze die Bindung an die Theologie. Damit Erkenntnistheorie sich darüber hinaus entwickeln konnte, musste sie zunächst kritisiert und entmachtet werden – Renaissance und Humanismus überwanden ihre Grenzen, wandten sich von den Zielen der Scholastik ab und neuen (und damit wieder alten) geistigen Zielen zu. Die Synthese von beidem stellt die bürgerliche Erkenntnisphilosophie dar, die die schulmäßige Strenge und das Ziel der Scholastik (Erkenntnis systematisch zu begründen) mit den Mitteln der neuen Methoden der Reflexion (wieder) verband und zu neuen Ufern vorstieß. (Mitgedacht ist dabei auch schon die weitere Entwicklung, nämlich dass auch die bürgerliche Erkenntnisphilosophie an ihre Grenzen stößt, kritisiert und abgelöst wird – ein Vorgang, der im nächsten Abschnitt beschrieben wird).

Dabei stellt sich Hegel den Gesamtprozess als Komposition einer Fülle von Teilprozessen vor, die alle miteinander direkt wie indirekt verbunden sind. Diese Teilprozesse sind das Medium, durch das hindurch sich das „Gesamtprogramm" entwickelt, und zugleich der Verweishorizont, auf den sich alle einzelnen Vorgänge beziehen. Alles, was passiert, muss durch dieses vernetzte Gesamtsystem hindurch. Hegel benutzt dafür den Begriff „Vermittlung" und meint damit einerseits die Verbundenheit und den Austausch zwischen Teilprozessen, andererseits die Notwendigkeit, dass Themen, um sich entwickeln zu können, in andere Formen und Prozesse übersetzt und umformatiert werden müssen. – Dieses Prozesskonzept wird als „dialektisch" bezeichnet, was bedeutet: Wirklichkeit

Dialektik

In der griechischen Philosophie spielte das Gespräch eine wichtige Rolle (geschrieben wurde schon aus technischen Gründen weit weniger). Entsprechend wurde der Leistung, aber auch der Ästhetik des Gesprächs viel Aufmerksamkeit gewidmet. „Dialektik" bedeutete in diesem Zusammenhang „Kunst der Unterredung". Gemeint war damit eine Art zu sprechen, durch die Widersprüche des Denkens (und des Seins) aufgespürt und überwunden werden. Damit war Dialektik als Methode der Verbindung von Sachlogik und Argumentation angelegt, so dass in der Folge Dialektik und Logik oft gleichsinnig verwendet wurden. Für Kant war Dialektik „Scheinlogik", bloße Behauptung ohne empirische Bindung (womit er zu Recht die teilweise abstrusen Produkte wilden Diskutierens kritisierte). Hegel entwickelte dagegen das Konzept konsequent weiter. Bei ihm wird Dialektik (wieder) zur allgemeinen Bewegungslogik der Wirklichkeit. Unterstellt wird dabei – wie im Systemkonzept – ein allgemeiner Zusammenhang zwischen den verschiedenen Dimensionen und Elementen der Welt; unterstellt wird auch, dass sich die gesamte Wirklichkeit gemeinsam entwickelt. Nicht unterstellt wird jedoch, dass diese Entwicklung geradlinig und konfliktfrei sei. Hegel entwirft daher den Prototyp einer „nichtlinearen" Bewegung, bei der es sich nach dem idealistischen Modell von Hegel stets um „Fortschritt" handelt, weil sie die notwendigen und wichtigen Bestandteile der Geschichte bewahrt (aufhebt); Hegel sieht dabei aber auch „Rückschritte" der Entwicklung als notwendige Schritte auf dem Weg des Fortschritts an. Daher steht für ihn am Ende des dialektischen Dreischritts die „Synthese". Marx hat dieses Modell übernommen, aber an die Stelle des objektiven Geistes als Motor der Entwicklung die materiellen Verhältnisse, insbesondere die Ökonomie gesetzt. Gegen den Fortschrittsoptimismus von Hegel hat vor allem Adorno protestiert und von der Möglichkeit (und Wirklichkeit) einer (destruktiven) „negativen Dialektik" gesprochen. – Dialektik steht auch heute noch unter dem Verdacht, lediglich heiße Luft zu sein. Doch bei aller Schwierigkeit, ihre Prinzipien zu operationalisieren, zeigen sich ihre Stärken überall dort, wo es um Heterogenität, Komplexität, Nicht-Linearität geht und wo Erkenntnis selbst als Teil der Wirklichkeit, als *Teil eines komplexen Prozesses* gedacht wird. – Dialektisches Denken – die Fähigkeit, heterogene Entwicklungen, in denen sich die Faktoren gegenseitig treiben und beeinflussen, zu erfassen – wird zwar nicht immer so benannt, ist aber ein unabdingbarer Bestandteil eines differenzierten Realitätsverständnisses.

wird als ein dynamischer, widersprüchlicher Prozess gesehen, dessen Teile sich gegenseitig bedingen und bestimmen.

Dieses idealistisch-dialektische Programm hat für die Erkenntnistheorie weitreichende Folgen. Ein zentraler Punkt ist, dass Hegel Erkenntnis systematisch in den Gesamtprozess der Entwicklung einbindet. Für ihn ist Erkenntnis nur als Teil der Wirklichkeitsentwicklung insgesamt verständlich. In seinen Worten: Erkenntnis ist einer der Wege, auf denen der absolute Geist sich (vorwärts) bewegt. Erkenntnis wird von Hegel also als Teil der Wirklichkeit, auf die sie sich bezieht, und zugleich als eines der Medien, durch die sie sich entwickelt, verstanden. Dies eröffnete neue Perspektiven: Hegel ist nicht nur der Erste, der sich Erkenntnis als Bewegung und Entwicklung vorstellt (und Erkenntnistheorie damit quasi auf das Niveau einer dynamischen Gesellschaft bringt), er lenkt auch als Erster den Blick auf die gesellschaftliche Bedingtheit und die gesellschaftliche Funktion – auf das, was die moderne Wissenschaftsforschung dann genauer untersucht hat.

Seine im engeren Sinne erkenntnistheoretischen Schriften sind dementsprechend immer auch Arbeiten, die einen weiteren Zusammenhang ansprechen und in denen eine Entwicklung nachgezeichnet wird. So etwa in der „Phänomenologie des Geistes“, in der er die Stufen der Emanzipation des Denkens darstellt. Darin erklärt Hegel im Kapitel über die „Sinnliche Gewissheit" – also die Erfahrung, auf die allein sich der Empirismus stützte –, dass sie zwar reichhaltig, aber keine Erkenntnis sei:

„Der konkrete Inhalt der *sinnlichen Gewißheit* läßt sie unmittelbar als die *reichste* Erkenntnis, ja als eine Erkenntnis von unendlichem Reichtum erscheinen, für welchen ebensowohl, wenn wir im Raume und in der Zeit, als worin er sich ausbreitet, *hinaus-*, als wenn wir uns ein Stück aus dieser Fülle nehmen und durch Teilung in dasselbe *hineingehen*, keine Grenze zu finden ist. Sie erscheint außerdem als die *wahrhafteste*; denn sie hat von dem Gegenstande noch nichts weggelassen, sondern ihn in seiner ganzen Vollständigkeit vor sich. Diese *Gewißheit* aber gibt in der Tat sich selbst für die abstrakteste und ärmste *Wahrheit* aus. Sie sagt von dem, was sie weiß, nur dies aus: *es ist*; und ihre Wahrheit enthält allein das *Sein* der Sache; das Bewußtsein seinerseits ist in dieser Gewißheit nur als reines *Ich*; oder *Ich* bin darin nur als reiner *Dieser* und der Gegenstand ebenso nur als reines *Dieses*." (Hegel 1989 [1807], 82)

Das bedeutet: Sinnliche Gewissheit ist zwar etwas Sicheres, aber keine Erkenntnis, weil sie nicht mehr enthält als eine konkrete Beziehung zwischen einem Objekt und einem Subjekt in einer bestimmten Situation, darüber also nicht hinauskommt. Diese Wahrheit ist nicht nur beschränkt, sie hat zudem keinen Bestand und kann daher der Erkenntnis keinen Halt geben.

„Um die Wahrheit dieser sinnlichen Gewißheit zu prüfen, ist ein einfacher Versuch hinreichend. Wir schreiben diese Wahrheit auf; eine Wahrheit kann durch Aufschreiben nicht verlieren; ebensowenig dadurch, daß wir sie aufbewahren. Sehen wir *jetzt, diesen Mittag*, die aufgeschriebene Wahrheit wieder an, so werden wir sagen müssen, daß sie schal geworden ist.

Das Jetzt, welches Nacht ist, wird *aufbewahrt*, d.h. es wird behandelt als das, für was es ausgegeben wird, als ein *Seiendes*; es erweist sich aber vielmehr als ein Nichtseiendes. Das *Jetzt* selbst erhält sich wohl, aber als ein solches, das nicht Nacht ist; ebenso erhält es sich gegen den Tag, der es jetzt ist, als ein solches, das auch nicht Tag ist, oder als ein *Negatives* überhaupt. Dieses sich erhaltende Jetzt ist daher nicht ein unmittelbares, sondern ein vermitteltes; … Ein solches Einfaches, das durch Negation ist, weder Dieses noch Jenes, ein *Nichtdieses*, und ebenso gleichgültig, auch Dieses wie Jenes zu sein, nennen wir ein *Allgemeines*; das Allgemeine ist also in der Tat das Wahre der sinnlichen Gewißheit." (A. a. O., 84f.)

Genauso verhält es sich mit dem Ich: Es ist ebenfalls in einer neuen Situation ein anderes. Im Fluss des Geschehens haben daher nicht die einzelnen Inhalte und die jeweiligen Zustände des Subjekts Bestand. Was bleibt, ist das Gemeinsame, das nicht dem Konkreten allein gehört – eben das Allgemeine. Die Wahrheit liegt also nicht in der scheinbaren Unmittelbarkeit, sondern in deren Bedingungen:

„Die sinnliche Gewißheit erfährt also, daß ihr Wesen weder in dem Gegenstande noch in dem Ich und die Unmittelbarkeit weder eine Unmittelbarkeit des einen noch des anderen ist; denn an beiden ist das, was Ich meine, vielmehr ein Unwesentliches, und der Gegenstand und Ich sind Allgemeine, in welchen dasjenige Jetzt und Hier und Ich, das ich meine, nicht bestehen bleibt oder *ist*. Wir kommen hierdurch dahin, das *Ganze* der sinnlichen Gewißheit selbst als ihr *Wesen* zu setzen, nicht mehr nur ein Moment derselben, wie in den beiden Fällen geschehen ist, worin zuerst der dem Ich entgegengesetzte Gegenstand, dann Ich ihre Realität sein sollte. Es ist also nur die *ganze* sinnliche Gewißheit selbst, welche an ihr als *Unmittelbarkeit* festhält und hierdurch alle Entgegensetzung, die im vorherigen stattfand, aus sich ausschließt.

Diese reine Unmittelbarkeit geht also das Anderssein des Hier als Baums, welches in ein Hier, das Nichtbaum ist, das Anderssein des Jetzt als Tages, das in ein Jetzt, das Nacht ist, übergeht, oder ein anderes Ich, dem etwas anderes Gegenstand ist, nichts mehr an. Ihre Wahrheit erhält sich als sich selbst gleichbleibende Beziehung, die zwischen dem Ich und dem Gegenstande keinen Unterschied der Wesentlichkeit und Unwesentlichkeit macht und in die daher auch überhaupt kein Unterschied eindringen kann." (A. a. O., 87f.)

Die Wahrheit ist also unabhängig von konkreten Erfahrungen; die „sinnliche Gewissheit" bildet sich ihre Sicherheit nur ein. Tatsächlich setzt sie eine strukturelle Beziehung bereits voraus. Gleichzeitig stellt sich heraus (ähnlich wie bei Kant), dass es überhaupt keine unmittelbare Erfahrung gibt. Anders als bei Kant ist es bei Hegel die Bewegung, die Erkenntnis in Gang setzt und hält: das Hin und Her zwischen den beteiligten Momenten:

„… daß weder das Jetzt noch das Aufzeigen des Jetzt ein unmittelbares Einfaches ist, sondern eine Bewegung, welche verschiedene Momente an ihr hat; es wird *Dieses* gesetzt, es wird aber vielmehr *ein Anderes* gesetzt, oder das Diese wird aufgehoben: und dieses *Anderssein* oder Aufheben des ersten wird selbst *wieder aufgehoben* und so zu dem ersten zurückgekehrt. Aber dieses in sich reflektierte erste ist nicht ganz genau dasselbe, was es zuerst, nämlich ein *Unmittelbares*, war; sondern es ist eben *ein in sich Reflektiertes* oder *Einfaches*, welches im Anderssein bleibt, was es ist: ein Jetzt, welches absolut viele Jetzt ist; und dies ist das wahrhafte Jetzt, das Jetzt als einfacher Tag, das viele Jetzt in sich hat, Stunden; ein solches Jetzt, eine Stunde ist ebenso viele Minuten und diese Jetzt gleichfalls viele Jetzt usf. – Das *Aufzeigen* ist also selbst die Bewegung, welche es ausspricht, was das Jetzt in Wahrheit ist, nämlich ein Resultat oder eine Vielheit von Jetzt zusammengefaßt; und das Aufzeigen ist das Erfahren, daß Jetzt *Allgemeines* ist." (A. a. O., 89)

Hegel betont also die Abhängigkeit der Identifizierung eines Sachverhalts von der Allgemeinheit der Kategorien, die eine Vielzahl enthält. Die vielen Einzelheiten und das situationsunabhängige Allgemeine bedingen sich gegenseitig. Gleichzeitig zeigt er, dass die praktische Anwendung – das „Aufzeigen" – Resultat eines vorausgehenden Prozesses ist, der gleichzeitig weitere Schritte ermöglicht.

„Es erhellt, daß die Dialektik der sinnlichen Gewißheit nichts anderes als die einfache Geschichte ihrer Bewegung oder ihrer Erfahrung und die sinnliche Gewißheit selbst nichts anderes als nur diese Geschichte ist. Das natürliche Bewußtsein geht deswegen auch zu diesem Resultate, was an ihr das Wahre ist, immer selbst fort und macht die Erfahrung darüber, aber vergißt es nur ebenso immer wieder und fängt die Bewegung von vorne an." (A.a.O., 90)

In dieser Weise fährt Hegel fort. Jeder Schritt zeigt dabei, dass das, was als Letztes, Unmittelbares, Gegebenes erscheint, in Wahrheit selbst bedingt und nur *als Teil eines komplexen Prozesses* verständlich ist. Bei ihm mündet die Erkenntnis letztlich in den Pfad des objektiven Geistes (und wird so idealistisch gebunden). Der bleibende, wirklich moderne Gedanke ist jedoch die Bewegung, das ständige Weiterprozessieren und die Vorstellung, dass kein Element des Erkenntnisprozesses allein begründen und für sich stehen kann, sondern stets auf andere verweist, die es voraussetzt und seinerseits bedingt.

Hegel

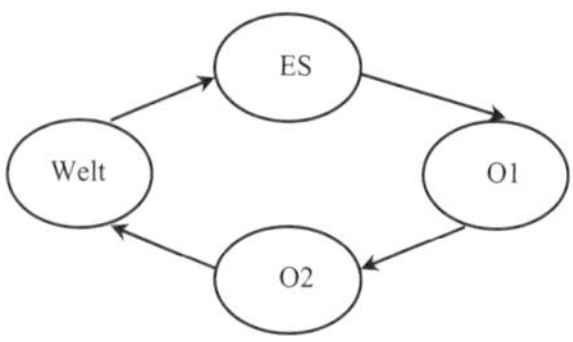

Alles ist Teil eines Gesamtprozesses, der sich ständig weiter (vorwärts) bewegt.

Die Erkenntnistheorien von Kant und Hegel stellen den Höhepunkt der bürgerlichen Erkenntnisphilosophie dar. Mit Kants „transzendentaler" Begründung ist der Gegensatz zwischen Rationalismus und Empirismus in einer umfassenden Synthese aufgehoben und zugleich wird die grundlegende Problematik der Differenz zwischen Theorie und Wirklichkeit systematisch gefasst. Hegels dialektisches und dynamisches Denken lenkt den Blick sowohl auf die Einbindung von Erkenntnis in den Gang der Welt als auch auf ihre innere Bewegung, das Hin und Her verschiedener Positionen, die Konflikte zwischen unterschiedlichen Theorien.

4 Der Beginn der Wissenschaftstheorie: Positivismus und Positivismus-Kritik

Mit Kant und Hegel endet die große Zeit der bürgerlichen Erkenntnisphilosophie. Sie verschwindet zwar nicht, aber sie verliert ihre exklusive Bedeutung und wird zu einer Sparte der akademischen Philosophie, die ihrerseits ihre dominante Position als Ort des Diskurses verliert und zu einem Fach unter anderen wird.

Diese Entwicklung ist bedingt durch den tief greifenden gesellschaftlichen Wandel, der sich bereits im 18. Jahrhundert anbahnte und sich in der ersten Hälfte des 19. Jahrhunderts radikalisiert. Das im Zusammenhang mit dieser Umwälzung meistgebräuchliche Stichwort ist „industrielle Revolution“. Bei genauerem Hinsehen zeigt sich, dass es sich um eine tiefe strukturelle Veränderung in allen relevanten gesellschaftlichen Bereichen handelt. Die Soziologie betrachtet als gemeinsamen Nenner aller dieser Veränderungen die Umstellung auf das Prinzip der *„Funktionalen Differenzierung“*. Bis dahin waren Gesellschaften vor allem dadurch gekennzeichnet, dass sie eine Hierarchie und an deren Spitze ein einheitliches Zentrum besaßen, auf das alle Teilbereiche ausgerichtet und an das sie gebunden waren. Zudem waren die Teilbereiche nach traditionellen Kriterien organisiert (d.h. nicht notwendigerweise thematisch sinnvoll gegliedert). Dabei war alles ein und demselben Ordnungs- und Steuerungsprinzip unterworfen. Der

Vorteil dabei: Es gab immer und überall klare Entscheidungsmodi. Der Nachteil: Die Entscheidungen waren nicht unbedingt sachbezogen. Das Prinzip der Hierarchisierung und Zentralisierung sorgte also für eine (mehr oder weniger) funktionierende Ordnung, behinderte aber zugleich die innere Entwicklung der Themen. Solange Kirche und Landesfürsten bestimmten, was an Universitäten zu lehren erlaubt war, konnte sich Erkenntnis nicht nach eigenen Regeln richten und weiterentwickeln, sondern wurde bevormundet und in ihren Möglichkeiten erheblich eingeschränkt; solange die Ökonomie von der Politik diktiert bekam, wie sie zu funktionieren hatte, konnte sie ihre eigene Logik (mit allen Chancen und Risiken) kaum entfalten.

Im 19. Jahrhundert setzte sich das Prinzip der „Funktionalen Differenzierung" auf breiter Front durch. Es bedeutet vor allem, dass die einzelnen gesellschaftlichen Teilbereiche sich von externer Kontrolle emanzipieren und eine Eigenlogik entwickeln. Dadurch folgt der Umgang mit Themen (vorrangig) themenspezifischen Kriterien. Es bilden sich also eigene, (weitgehend) unabhängige Subsysteme bzw. -welten, die auf bestimmte Themen konzentriert sind und sich deren Logik anpassen. Der Vorteil: Funktional differenzierte Subsysteme sind wesentlich leistungsfähiger. Sie können alle Möglichkeiten der Arbeitsteilung, der Technik und der Sozialorganisation nutzen, um ihr Thema zu behandeln. Aber funktionale Differenzierung hat auch Nachteile bzw. Risiken: Die ausschließlich auf ein Thema zentrierten Subsysteme können andere Themen nicht mehr berücksichtigen bzw. sich auf sie nur insofern einstellen, als sie in ihre Eigenlogik übersetzbar sind. So ist z.B. Ökologie für die moderne Ökonomie per se kein Thema. Sie kann also auf die Notwendigkeit, die natürlichen Grundlagen der Gesellschaft zu bewahren, erst dann reagieren, wenn dieses Thema in die Sprache der Ökonomie übersetzt worden ist – etwa, wenn es Ökosteuern gibt, Ökoprodukte einen Markt haben oder politische Vorgaben gemacht werden. Solange dies nicht geschieht, operiert die Ökonomie ohne jede Rücksicht auf ökologische Probleme – weil sie nicht anders kann. Der zweite große Problemkreis: Funktional differenzierte Gesellschaften haben kein „Zentrum“ mehr, es gibt also auch keine Vorabkoordinierung der verschiedenen Teilprozesse. Sie driften unkoordiniert auseinander, entwickeln sich in verschiedene Richtungen und berücksichtigen nicht die Folgen, die sie für andere Bereiche oder für das gesellschaftliche Ganze haben. Daher haben moderne Gesellschaften ein chronisches Integrations- und Abstimmungsproblem und müssen ständig die negativen Folgen opportunistischer Interaktion zwischen den Subsystemen verkraften.

Dennoch: Die Überlegenheit dieses Organisationstyps über jede traditionelle Gesellschaftsform war evident; er setzte sich daher (mehr oder weniger) unaufhaltsam durch. Dies betraf auch und besonders den Bereich der Wissensproduktion. In der Frühzeit der bürgerlichen Gesellschaft war der Fortschritt der Erkenntnis (und auch der der Erkenntnistheorie) vor allem von „Amateuren“ getragen worden, die sich oft „nebenberuflich“ der Erforschung der Welt und ihrer Interpretation widmeten. Die sozialen Orte, an denen sich ihre Aktivitäten trafen, vermischten und gegenseitig stimulierten, waren vor allem der öffentliche Diskurs und mehr oder weniger auf privater Initiative beruhende Einrichtungen wie Salons und Akademien. Die Universitäten spielten kaum eine Rolle; sie galten als Ort der Rückständigkeit, weil und sofern sie an den Formen und Themen des Mittelalters festhielten und im festen Griff von Kirche und Landesherren keine Emanzipationsmöglichkeiten hatten. Die große Leistung dieser privat betriebenen Forschung, die sich dem Ziel der Aufklärung verpflichtet sah, war, dass sie empirische Erkenntnis auf neuer Basis betrieb. Dadurch wurde ein neuer Typ von Reflexion etabliert und zugleich in bis dahin unbekannte Bereiche vorangetrieben. Ihre Grenze lag in ihrem strukturellen Dilettantismus – es gab (noch) keine systematische Ausbildung und keine systematische Ordnung des so erlangten Wissens.

Je mehr sich das gewonnene Wissen entwickelte und erweiterte, je mehr es auch praxisrelevant und im Rahmen der Technisierung der Produktion eingesetzt wurde, desto weniger reichte seine Basis aus. Auf die Dauer überschritt der Fortschritt die Möglichkeiten einer solchen Institutionalisierung. Es musste daher (ganz im Sinne von Hegels Konzept) zu einer Neuorganisation kommen, die den neuen Möglichkeiten und Anforderungen gerecht wurde. An die Stelle der „amateurhaften" Organisation trat nach und nach ein nunmehr funktional differenziertes Subsystem der Wissensproduktion und -verwaltung. Dies bedeutete vor allem: Professionalisierung. Der „Amateur" wurde abgelöst vom „Profi", vom fachlich ausgebildeten, hauptberuflich mit Wissenserzeugung beschäftigten *Experten*. Damit schlug die große Stunde der Universitäten. Sie wurden (wieder) zum sozialen Ort der Wissensproduktion – nunmehr befreit von externer Bevormundung und sachlich auf ihre Aufgabe konzentriert. An die Stelle der privaten Initiative trat damit die *Wissenschaft* als neue Form; betrieben von *geschulten Wissenschaftlern*.

Gleichzeitig (und damit eng verbunden) kam es zu weitreichenden Umstrukturierungen der Universitäten. An die Stelle der bloßen Tradierung von alten Wissensbeständen trat die systematische Erforschung von Wirklichkeit mit professionellen Mitteln und Methoden. Neue, sachbezogene Formen der Sammlung und Organisation von Informationen, vor allem aber die systematische Überprüfung von Hypothesen mit Hilfe von Experimenten revolutionierten den Erkenntnisprozess. Dabei war der moderne Professor als Forscher dem Ideal objektiver Erkenntnis – nicht der Tradition – verpflichtet. Leitfigur dieser Erneuerung war *Wilhelm von Humboldt* (1767–1835), ein engagierter Aufklärer und Humanist. Er entwarf das Modell der neuzeitlichen Universität als Gemeinschaft der Forschenden, basierend auf der Einheit von Forschung und Lehre sowie der Einheit von Wissen und Bildung. –

Damit wurde jedoch zugleich auch eine grundlegende Veränderung in der Statushierarchie der Fächer und im „Bildungsideal" in Gang gesetzt. Die Fächer, die an der Universität lange Zeit die wichtigsten waren – Religion, Philosophie – verloren ihre Vorherrschaft. Die bis dahin an Universitäten gar nicht (oder nur im Rahmen von Philosophie betriebenen) naturwissenschaftlichen Fächer profitierten am meisten von den Veränderungen und erlebten einen beispiellosen Aufschwung. In nur kurzer Zeit wurde das weitgehend spekulative Bild der Welt ersetzt durch ein empirisch begründetes und theoretisch formuliertes – also wissenschaftliches – Bild. Dadurch wurden die Naturwissenschaften zum neuen Leitfach der Universität; der empirische Forscher und Theoretiker wurde zum neuen „Bildungsideal" des neuen (natur-)wissenschaftlichen Zeitalters – mit allen Vor- und Nachteilen. –

Diese Revolution in der Art der Erkenntnis und in ihrer sozialen Organisation wirkte sich auch auf die Interpretation von Erkenntnis aus. Zunächst ist festzuhalten: Auch hier wurde der „Amateur" abgelöst vom „Profi". Der „Deutsche Idealismus" (Kant, Hegel) war bereits getragen von hauptberuflichen Experten – Universitätsprofessoren, die sich mit nichts anderem beschäftigten als mit Philosophie und deren Möglichkeiten voll ausschöpften. Dieser Typus des „Gelehrten" war gewissermaßen das Verbindungs- und Übergangsmodell vom „Amateur" zum Wissenschaftler: Er arbeitete schon professionell, aber noch mit den herkömmlichen Mitteln. Genau dies wurde jedoch zum Problem: Diese Gelehrten bedienten sich einer Denkweise und einer Sprache, die aus der Sicht des neuen Typs des Wissenschaftlers sowie aus der des neuen Bildungstyps Repräsentanten der alten Ordnung waren, von der sie sich emanzipiert hatten und gegenüber der sie sich abgrenzten. Mit der komplexen Philosophie Kants und Hegels wollten sie – obwohl es vor allem Kant um die Begründung der Möglichkeit naturwissenschaftlicher Erkenntnis ging – nichts zu tun haben. Alles, was nicht mit dem neuen, erfolgreichen Modell in Verbindung stand, erschien auf einmal als hoffnungslos veraltet und rückständig. Damit war die Zeit der bürgerlichen Erkenntnisphilosophie zu Ende. An ihre Stelle trat ein neues

Konzept, das die Entwicklung zur Wissenschaft widerspiegelte: *Wissenschaftstheorie* löste Erkenntnistheorie ab. Gleichzeitig wurden die Theorien der Erkenntnis selbst zu einem wissenschaftlich organisierten Diskurs.

Positivismus

Die erste und über weite Strecken dominante Form der theoretischen Begründung von Wissenschaft wird *„Positivismus"* genannt. Der Ausdruck stammt von dem französischen Philosophen(!) Auguste Comte. Sein umfangreiches Buch „Cours de la philosophie positive" (mehrere Bände, 1830–1845) war vor allem eine massive Absage an jegliche Form von „Metaphysik", wobei er darunter alles verstand, was nicht handfest empirisch nachweisbar ist. Gelten sollte nur noch, was *positiv demonstrierbar* ist und in Messwerten dokumentiert werden kann. Alles andere ist Spekulation und hat mit Wissenschaft nichts zu tun. Diese Position – die Comte im Übrigen relativ ungeniert mit weitreichenden Spekulationen über Geschichte, Gesellschaft und Politik verband – grenzte sich von allem ab, was mehr wollte als nur empirische Feststellungen zu treffen. Sie wandte sich vor allem gegen die gesamte Tradition der bürgerlichen Erkenntnisphilosophie. Was sie aufgriff, war die empiristische Tradition, aber ohne deren systematische und spekulative Begründung und zunächst in ihrer frühen, optimistischen Variante. Was daraus entstand, war eine Theorie der (nunmehr wissenschaftlichen) Erkenntnis, die alles „Unwissenschaftliche" durch das Kriterium der positiven Begründbarkeit ausgrenzen wollte bzw. ausgrenzte.

Dieser Positivismus machte (paradoxerweise) als „Leitphilosophie" der neuen Wissenschaft eine bemerkenswerte Karriere. Auch ohne ausführliche Auseinandersetzung damit und ohne genauere Vorstellung darüber, was dies genau bedeutete, waren sich die meisten Vertreter vor allem der Naturwissenschaften einig, dass Wissenschaft mit „Positivismus" weitgehend identisch sei. Da man sich zudem seiner Sache sicher war und mit den verwendeten Methoden einen Triumph nach dem anderen feierte, erübrigte es sich dem herrschenden Selbstverständnis zufolge, sich näher mit der Funktionsweise der (natur)wissenschaftlichen Erkenntnis auseinander zu setzen.

Mill

Einer der Ersten, der den Versuch unternahm, den Positivismus zu einer systematischen Theorie wissenschaftlicher Erkenntnis auszubauen, war John Stuart Mill (1806–1873). Sein umfangreiches Werk „System of Logic" ist insofern Ausdruck der Veränderungen, als es den Versuch darstellt, eine modernisierte Fassung von Logik zu entwickeln. Der Untertitel des Buches drückt das Programm bereits aus: „Being a Connected View of the Principles of Evidence and the Methods of Scientific Investigation": Mill will Logik mit Methodik verbinden bzw. Logik als Methodik definieren. An die Stelle „metaphysischer" oder transzendentallogischer Begründungen tritt daher eine Reduktion auf die Verfahren, die praktische Erkenntnisse gewährleisten. Dabei stützt sie sich vor allem auf Methodologie – auf Verfahren, die Kontakt mit der Wirklichkeit aufnehmen. Im ersten Band beschäftigt sich Mill mit Bezeichnungen von Dingen (sie sind für ihn auf die Sache – nicht auf Ideen – zentriert und stützen sich nur auf Wahrnehmungen), mit Urteilen (Aussagen über Beziehungen zwischen Erscheinungen), mit Klassifikationen (Zuordnungen) und Definitionen. Der zweite Band widmet sich dann der Frage, wie auf der Basis von Bezeichnungen und Urteilen methodisch korrekte Schlüsse gezogen werden können. Dazu bedient er sich des klassischen Syllogismus – wenn auch in modifizierter Form: Er entpuppt sich bei Mill nicht als Schluss vom Allgemeinen aufs Besondere, sondern immer nur als Schluss von Besonderem auf Besonderes.

Damit stellt sich (erneut) das Problem der Induktion (wie komme ich von empirischen Feststellungen zu allgemeinen Aussagen?). Grundlage der Induktion ist für Mill die „Gleichförmigkeit im Gang der Natur", also die kausale Ordnung der Wirklichkeit. „Es kann als gewiß angesehen werden, daß eine jede Thatsache, welche zu existieren anfängt, eine Ursache hat, und daß diese Ursache unter den Thatsachen, welche unmittelbar vorhergingen, gefunden werden muß. Das Ganze der gegenwärtigen Thatsachen ist die unfehlbare Folge aller vergangenen Thatsachen, und unmittelbar aller Thatsachen, welche in dem vorhergehenden Augenblicke existierten. Es besteht hier also eine große Sequenz, von der wir wissen, daß sie gleichförmig ist. ... Es bleibt nun die Ausgabe, diese complexe Gleichförmigkeit in die einfacheren Gleichförmigkeiten, welche sie zusammensetzen, aufzulösen, und einem jeden Theil des weiteren denjenigen Theil der Folgen zuzuweisen, der von ihm abhängig ist." (Mill 1862 [1843], 442) Dies leisten Beobachtung und Experiment, sie sind die eigentlichen Garanten wissenschaftlicher Erkenntnis. Dabei ist Beobachtung mehr als bloßes Hinsehen: Man muss genau hinsehen. Die Logik, so Mill, beschäftigt sich jedoch nicht damit, wie man ein guter Beobachter wird (das ist für ihn eine Frage der Erziehung), sondern nur mit den Regeln der Beobachtung. Anders gesagt: Es gibt für ihn Leistungen des erkennenden Subjekts, aber diese Leistungen sind nicht Thema der Wissenschaftstheorie.

Experimente sind nach Mill eine „unbegrenzte Ausdehnung" der Beobachtung. Auch für sie gilt, dass kluges Experimentieren gelernt sein will, die Wissenschaftstheorie sich jedoch nur mit den Regeln des Experimentierens beschäftigt. Diese bestehen vor allem aus Vergleichen:

„Es gibt zwei einfache und augenfällige Methoden, um von den Umständen, welche einer Naturerscheinung vorhergehen oder ihr folgen, diejenigen abzusondern, welche durch ein unveränderliches Gesetz damit zusammenhängen. Die eine besteht darin, daß man verschiedene Fälle, in denen die Naturerscheinung stattfindet, mit einander vergleicht; die andere, daß man Fälle, in denen die Erscheinung stattfindet, mit in anderer Beziehung ähnlichen Fällen vergleicht, worin sie nicht stattfindet. Diese zwei Methoden kann man beziehungsweise die

Methode der Übereinstimmung und die Methode des Unterschieds (Differenzmethode) nennen." (A. a. O., 453)

Mill erläutert diese Verfahren ausführlich und stellt dann fest:

„Die ... Methoden, welche ich versucht habe zu beschreiben, sind die einzig möglichen Arten der experimentellen Forschung, der directen Induction *a posteriori* als von der Deduction verschieden." (A. a. O., 477)

Wissenschaft ist also ein Verfahren der aktiven Induktion qua Beobachtung und Experiment. Ihre Ergebnisse sind objektive Erkenntnisse über feststehende Kausalitäten, die die Wirklichkeit enthält. Irgendwelche Erkenntnisse über das „wahre Wesen" der Welt sind damit nicht verbunden.

Positivismus

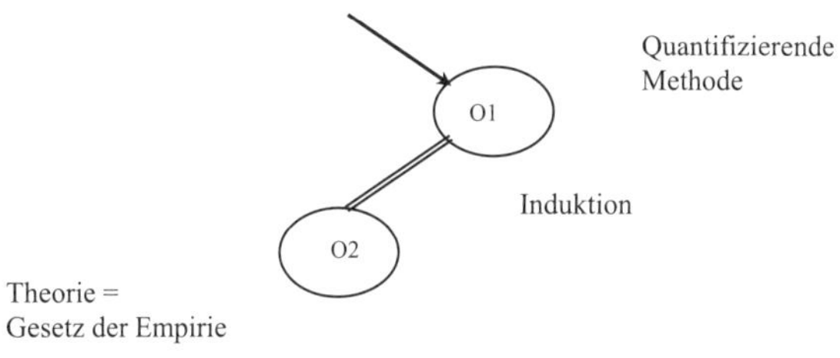

Was aber sollen die Wissenschaften machen, die nicht ausschließlich induktiv verfahren können? Ihnen bleibt nichts anderes übrig als die Lücken der Induktion durch Deduktion (logische Ableitung) zu füllen – oder aber, wenn der Mangel an induktiven Verfahren darin begründet liegt, dass man sich noch zu wenig darum gekümmert hat, die entsprechenden Wissenschaften fangen an, erwachsen zu werden (a. a. O., 449). Dies gilt insbesondere für die Sozialwissenschaften. Mill ist der Überzeugung, dass auch soziale Realität so aufgebaut ist wie natürliche – gleichförmig und kausal. Deshalb gelten für sie dieselben Regeln wissenschaftlicher Erkenntnis wie für die Naturwissenschaften. Es gibt daher nur eine Art von Wissenschaft, nur eine Art von objektiver Erkenntnis und diese besteht – für jede Wissenschaft – in der Erfassung von Regelmäßigkeiten und der induktiven Begründung von kausalen Zusammenhängen.

Mill greift also die „empiristische" Tradition der Erkenntnistheorie auf und bringt sie auf das Niveau des wissenschaftlichen Zeitalters. Es sind nicht mehr die einfachen Verfahren wie bei Bacon und der Sensualismus von Locke wird ersetzt durch das Vertrauen auf korrekte Methoden. Gleichzeitig schränkt sich jedoch der Umfang dessen, was behandelt wird, ein. Auf dem Weg von der bürgerlichen Erkenntnisphilosophie hin zur Wissenschaftstheorie geht der Stand, den jene erreicht hatte, verloren. Dies hängt zunächst damit zusammen, dass die (neue) Wissenschaftstheorie sich von der (alten) Erkenntnistheorie abgrenzen will und muss und daher deren Formen und Themen für obsolet erklärt. Der inhaltliche Kern ist jedoch, dass Wissenschaft als institutionalisierte und institutionell gebundene Form der Erkenntnis eine Einengung mit sich bringt: Eine ganze Reihe von Themen lassen sich im (damaligen) Verständnis wissenschaftlicher Forschung nicht mehr unterbringen bzw. abbilden. Vor allem wird durch die starke Zentrierung auf Methoden als alleinigem Weg zur Wahrheit (verbunden mit dem Glauben, eine kausal strukturierte Welt ließe sich allein mit quantifizierenden Methoden erfassen) das „erkennende Subjekt" – von Kant sozusagen gerade erst in seiner Bedeutung hervorgehoben – aus dem Themenkreis der Wissenschaftstheorie ausgeschlossen. Auch die Interaktion von Erkenntnis und Welt (im Sinne von Hegel) ist nun kein Thema mehr. Was bleibt, ist die (alleinige) Betonung der Methode.

Mills Werk ist nicht mehr so anmaßend wie Comtes Kampfschriften gegen alles „Metaphysische" gerichtet und nicht so größenwahnsinnig wie dessen Konzept der Steuerung der Welt durch wissenschaftliche Erkenntnis. Aber es zeigt noch jenen Optimismus, den man immer in der Frühphase von Entwicklungen und naturgemäß gerade in der Wissenschaftstheorie in dieser Phase der permanenten Revolutionierung des Wissens vorfindet. Aber wie immer folgen Kritik und Skepsis der Überzeugung, nunmehr die Probleme der Erkenntnis gelöst zu haben, auf dem Fuß. Auch dem Positivismus blieb nur eine kurze Zeit das Glück beschieden, die definitive Theorie wissenschaftlicher Erkenntnis zu sein.

Positivismus-Kritik

Kritik kam vor allem aus drei Richtungen:

- von den Wissenschaften, die sich in dem einheitswissenschaftlichen Konzept des Positivismus nicht angemessen berücksichtigt sahen;
- von Seiten einer (auch wissenschafts-)kritischen Gesellschaftstheorie, wie sie Marx begründete und
- von den Wissenschaftstheoretikern, die sich darum bemühten, den Positivismus weiterzuentwickeln.

Ähnlich wie der Positivismus alte Motive aufgreift, neu formuliert und kombiniert ist auch diese Kritik nichts gänzlich Neues, aber sie bedient sich nun ihrerseits neuer Methoden und theoretischer Instrumente. Und vor allem: Sie profitiert davon, dass nunmehr auch die Wissenschaftstheorie als Teil wissenschaftlicher Diskurse an den Universitäten institutionalisiert ist bzw. wird und ebenso professionalisiert wird wie die Wissenschaften selbst.

Kritik am Positivismus kam zunächst von den Fächern, die sich durch den enormen Aufstieg der Naturwissenschaften nicht nur in die zweite Reihe zurückgedrängt sahen, sondern es zudem auch noch hinnehmen mussten, dass ihnen in Form des imperativischen Positivismus auch noch vorgehalten wurde, sie seien nicht wissenschaftlich, weil sie keine quantifizierenden Methoden verwendeten. Was sich daraus entwickelte, war ein eigenes methodologisches Konzept der nunmehr so genannten „Geisteswissenschaften", das von den Besonderheiten des Gegenstandes ausging, mit dem es diese Wissenschaften zu tun hatten. Dabei wurden Überlegungen aufgegriffen, die zuerst von Gianbattista Vico deutlich ausgesprochen wurden. Vico hatte (gegen Descartes gerichtet) den erkenntnistheoretischen Grundsatz aufgestellt: „Nur das kann erkannt werden, was einer selbst hervorgebracht hat." (Vico 1966 [1725], 51) Da die Geschichte das ist, was die Menschen selbst erzeugen, können sie sie auch erkennen – im Gegensatz zu Gottes Schöpfung, die nicht in ihrem Wesen erkennbar ist. Was sich daraus ergab, war eine Art „Zwei-Welten"-Theorie: Die unerkennbare (nur beschreibbare) Schöpfung und die erkennbare Geschichte. Diese Unterteilung wurde zum Ausgangspunkt für die Selbstverortung der Geisteswissenschaften. Im Laufe der Diskussion entwickelte sich daraus – zum Teil in Anlehnung an Hegel – eine Gegenüberstellung von „Natur", dem bloß empirisch Gegebenen, und der humanen Realität, die von höherer Notwendigkeit bestimmt wird, von „Sittlichen Mächten" (so etwa Droysen, 1868).

Dilthey

Dilthey brachte diese Identifizierung von Geschichte mit Sinn schließlich auf den Punkt. Für ihn hatten „Geschichte, Nationalökonomie, Rechts- und Staatswissenschaften, Literaturwissenschaften, Raumkunst und Musikwissenschaften, Philosophie und Psychologie" eines gemeinsam: dass sie sich „auf dieselbe große Tatsache: Das Menschengeschlecht (beziehen)". (Dilthey 1968 [1910], 89) Die vielen verschiedenen Einzelheiten sind zentriert auf die geistigen Leistungen der Menschen. In dieser ihrer Wirklichkeit sind die Menschen daher sozusagen mittendrin, sie agieren und reagieren unentwegt, wobei alles Handeln, Tun und Denken einen inneren Zusammenhalt besitzt: „Das Nächstgegebene sind die Erlebnisse. Diese stehen nun aber … in einem Zusammenhang, der im ganzen Lebensverlauf inmitten aller Veränderungen permanent beharrt; auf seiner Grundlage entsteht das, was ich als den erworbenen Zusammenhang des Seelenlebens beschrieben habe; er umfaßt unsere Vorstellungen, Wertbestimmungen und Zwecke, und er besteht als eine Verbindung dieser Glieder. … Wir besitzen diesen Zusammenhang, er wirkt beständig in uns, die im Bewußtsein befindlichen Vorstellungen und Zustände sind an ihm orientiert, unsere Eindrücke werden durch ihn apperzeptiert, er reguliert unsere Affekte: so ist er immer da und immer wirksam, ohne doch bewußt zu sein." (A. a. O., 90)

Daraus ergibt sich eine grundsätzliche *Differenz im Prinzip der Erkenntnis*:

„Wir bemächtigen uns (der) physischen Welt durch das Studium ihrer Gesetze. Diese Gesetze können nur gefunden werden, indem der Erlebnischarakter unserer Eindrücke von der Natur, der Zusammenhang, in dem wir, sofern wir selber Natur sind, mit ihm stehen, das lebendige Gefühl, in dem wir sie genießen, immer mehr zurücktritt hinter das abstrakte Auffassen derselben nach den Relationen von Raum, Zeit, Masse, Bewegung. Alle diese Momente wirken dahin zusammen, daß der Mensch sich selbst ausschaltet, um aus seinen Eindrücken diesen großen Gegenstand Natur als eine Ordnung nach Gesetzen zu konstruieren. Sie wird dann dem Menschen zum Zentrum der Wirklichkeit.

Aber derselbe Mensch wendet sich dann von ihr rückwärts zum Leben, zu sich selbst. Dieser Rückgang des Menschen in das Erlebnis, durch welches für ihn die Natur da ist, in das Leben, in dem allein Bedeutung, Wert und Zweck auftritt, ist die andere große Tendenz, welche die wissenschaftliche Arbeit bestimmt. Ein zweites Zentrum entsteht. Alles, was der Menschheit begegnet, was sie erschafft und was sie handelt, die Zwecksysteme, in denen sie sich auslebt, die äußeren Organisationen der Gesellschaft, zu denen die Einzelmenschen in ihr sich zusammenfassen – all das erhält nun hier eine Einheit. Von dem sinnlich in der Menschengeschichte Gegebenen geht hier das Verstehen in das zurück, was nie in die Sinne fällt und doch in diesem Äußeren sich auswirkt und ausdrückt.

Und wie jene erste Tendenz dahinzielt, den psychischen Zusammenhang selbst in der Sprache des naturwissenschaftlichen Denkens und unter den Begriffen desselben durch seine Methoden aufzufassen und so gleichsam sich selbst zu entfremden: so äußert sich nun diese zweite in der Rückbeziehung des sinnlich äußeren Verlaufs am menschlichen Geschehen auf etwas, das nicht in die Sinne fällt, im Besinnen auf das, was in diesem äußeren Verlauf sich manifestiert. Die Geschichte zeigt, wie die Wissenschaften, welche sich auf den Menschen beziehen, in einer beständigen Annäherung an das fernere Ziel einer Besinnung des Menschen über sich selbst begriffen sind." (A. a. O., 93f.)

Dilthey sieht also den entscheidenden Unterschied zwischen Natur- und Geisteswissenschaften im Erkenntnisinteresse, es geht um die Differenz im Umgang mit der Wirklichkeit: Die Naturwissenschaften behandeln die dinglichen *Eigenschaften der Welt* und erklären deren gesetzmäßige Ordnung. Die Geisteswissenschaften beschäftigen sich dagegen mit dem *Sinn*, den die Dinge im Rahmen des menschlichen Lebens haben. Diesem Sinn nähern sie sich mit Hilfe des eigenen Erlebens und durch das *Verstehen* des in dem Geschehen objektivierten Sinns:

„Die Natur ist die Unterlage der Geisteswissenschaften. Die Natur ist nicht nur der Schauplatz der Geschichte; die physischen Vorgänge, die Notwendigkeiten, welche in ihnen liegen, und die Wirkungen, die von ihnen ausgehen, bilden die Unterlage für alle Verhältnisse, für Tun und Leiden, Aktion und Reaktion in der geschichtlichen Welt, und die physische Welt bildet auch das Material für das ganze Reich, in welchem der Geist seine Zwecke, seine Werte – sein Wesen ausgedrückt hat: auf dieser Grundlage erhebt sich aber nun die Wirklichkeit, in welche die Geisteswissenschaften von zwei Seiten her immer tiefer sich einbohren – vom Erleben der eigenen Zustände und vom Verstehen des in der Außenwelt objektivierten Geistigen. Und damit ist nun der Unterschied beider Arten von Wissenschaften gegeben. In der äußeren Natur wird Zusammenhang in einer Verbindung abstrakter Begriffe den Erscheinungen unterlegt. Dagegen der Zusammenhang in der geistigen Welt wird erlebt und nachverstanden. Der Zusammenhang der Natur ist abstrakt, der seelische und geschichtliche aber ist lebendig, lebensgesättigt. Die Naturwissenschaften ergänzen die Phänomene durch Hinzugedachtes. Die Geisteswissenschaften ordnen ein, indem sie umgekehrt zu aller erst und hauptsächlich die sich unermesslich ausbreitende menschlich-geschichtlich-gesellschaftliche äußere Wirklichkeit zurücksetzen in die geistige Lebendigkeit, aus der sie hervorgegangen ist. Dort werden für die Individuation hypothetische Erklärungsgründe aufgesucht, hier dagegen werden in der Lebendigkeit die Ursachen derselben erfahren." (A.a.O., 141f.)

Geisteswissenschaften sind also Teil der (geistigen) Wirklichkeit, die sie behandeln. Damit sind sie immer auch in die Geschichte und Selbstreflexion der geschichtlich tätigen Menschen verwoben. Daraus ergibt sich ein Konflikt.

„Der Ausgang vom Leben und der dauernde Zusammenhang mit ihm (bildet) den ersten Grundzug in der Struktur der Geisteswissenschaften; beruhen sie doch auf Erleben, Verstehen und Lebenserfahrung. Dieses unmittelbare Verhältnis, in dem das Leben und die Geisteswissenschaften zueinander stehen, führt in den Geisteswissenschaften zu einem Widerstreit zwischen den Tendenzen des Lebens und ihrem wissenschaftlichen Ziel. Wie Historiker, Nationalökonomen, Staatsrechtslehrer, Religionsforscher im Leben stehen, wollen sie es beeinflussen. Sie unterwerfen geschichtliche Personen, Massenbewegungen, Richtungen ihrem Urteil, und dieses ist von ihrer Individualität, der Nation, der sie angehören, der Zeit, in der sie leben, bedingt. Selbst wo sie voraussetzungslos zu verfahren glauben, sind sie von diesem ihrem Gesichtskreis bestimmt." (A.a.O., 166)

Dilthey löst den Konflikt so:

„Ich finde das Prinzip für die Auflösung des Widerstreites in diesen Wissenschaften in dem Verständnis der geschichtlichen Welt als eines Wirkungszusammenhanges, der in sich selbst zentriert ist, indem jeder einzelne in ihm enthaltene Wirkungszusammenhang durch die Setzung von Werten und die Realisierung von Zwecken seinen Mittelpunkt in sich selber hat, alle aber strukturell zu einem Ganzen verbunden sind, in welchem aus der Bedeutsamkeit der einzelnen Teile der Sinn des Zusammenhanges der gesellschaftlich-geschichtlichen Welt entspringt: so daß ausschließlich in diesem strukturellen Zusammenhang jedes Werturteil und jede Zwecksetzung, die in die Zukunft reicht, gegründet sein muß." (A.a.O., 167)

Dilthey
Naturwissenschaftliche Erkenntnis

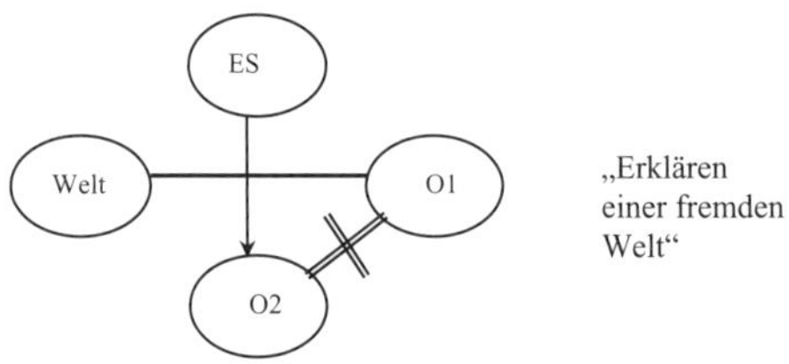

Geisteswissenschaftliche Erkenntnis

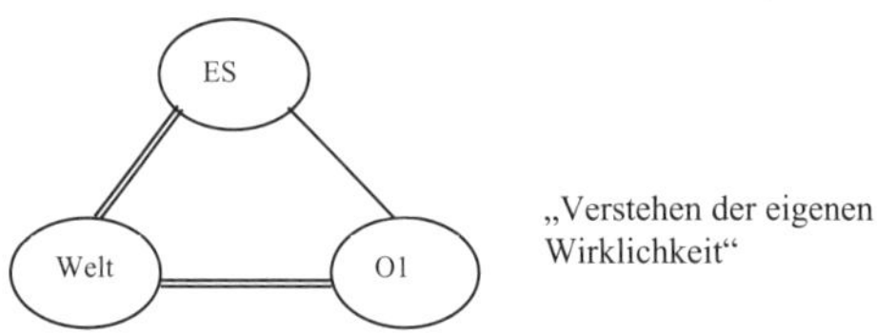

In anderen Worten: Geisteswissenschaften tun bewusst und begründet, was sonst eher blind geschieht. Sie sind damit sozusagen die reflexive Form eines objektiven geistigen Zusammenhangs. – Diltheys Konzeption eines objektiven Geistes, der in der Geschichte wirksam ist, und einer Erkenntnis, die daran teilhat, klingt stark nach einem Aufguss von Hegel und ist es in gewisser Weise auch. Diesem Pfad wollte auf Dauer daher auch kaum jemand folgen. Von längerem Bestand war dagegen Diltheys Überlegung zur Methode, die nun diese Geisteswissenschaften verwenden müssen. Es ist dies die *Hermeneutik*, die systematische Interpretation von Ereignissen und Zusammenhängen. Während sich Diltheys „geistige" Definition von Psychologie, Ökonomie, Linguistik usw. nicht hielt (auch wenn einzelne Punkte seiner Argumentation richtig und wichtig sind), gilt der Begriff „Hermeneutik" nach wie vor als Oberbegriff für jene qualitativen und interpretativen Methoden, den viele der Wissenschaften, die Dilthey als „Geisteswissenschaften" titulierte, verwenden. – Die Bezeichnung „Hermeneutik" gab es schon länger – vor allem aber das Problem selbst: die Frage, wie Texte zu verstehen sind, was sie über den Wortsinn bzw. über ihre manifeste Bedeutung hinaus aussagen. Vor allem das Auslegen religiöser Texte war ein altes Problem, das viele Autoren auch methodisch beschäftigt hatte. Im 19. Jahrhundert entstanden philologische Konzepte der Texterklärung, die als „Kunstlehre des Verstehens" angelegt waren, aber bereits in die Richtung einer allgemeinen Theorie des Verstehens menschlicher Lebensäußerungen – Denken, Sprechen – zielten.

Bei Dilthey und seinen Nachfolgern (Bollnow, Spranger) entwickelte sich daraus eine Methodenlehre, ein breites Spektrum von Methoden der Interpretation. Diese Methoden sind dabei jedoch von Anfang an umstritten. Einigkeit besteht weitgehend darüber, dass Verstehen selbst ein notwendiger und in gewisser Weise unvermeidlicher Teil des praktischen Lebens wie auch der reflexiven Beschäftigung mit humaner Realität ist. Einigkeit besteht auch darüber, dass dieses Verstehen immer von bestimmten Prämissen ausgehen muss, die den Zugang zum Gegenstand festlegen und die Art der Interpretation bestimmen. Dies bedeutet jedoch zugleich, dass sich die Interpretationsstrategie durch ihre Ergebnisse auch selbst bestätigt. Diese wechselseitige Abhängigkeit von Voranahmen und Ergebnissen wurde in der Diskussion als „hermeneu-

Hermeneutik
Der Begriff geht zurück auf den Namen von Hermes, hauptsächlich bekannt als griechischer Götterbote, zugleich aber auch der Beschützer von Hirten, Kaufleuten, Gaunern und selbst aktiver Meisterdieb und Intrigant, der sich mit manipulierten Botschaften ins himmlische und irdische Geschehen einmischt. Er beschützt also alle „Heimatlosen" und bringt in unsicheren Situationen Glück, kann aber auch täuschen und für Chaos sorgen. Zudem kann er mit seinem Heroldstab auch jemanden einschläfern und träumen lassen. – Dass diese schillernde Figur als Namensgeber der Hermeneutik fungiert, ist kein Zufall. Es handelt sich bei jeder Interpretation, die keine empirischen Beweise vorlegen kann, weil der Text selbst nur Hinweise, aber keine Sicherheit bietet, um ein gewagtes Unterfangen, welches auch zu Täuschung, Irrtum und Illusion führen kann. Dies ist der Glanz und das Elend von Hermeneutik: Sie kann Zusammenhänge erschließen, die eine rein empirische Argumentation nie erreichen kann, sie kann aber auch in die Irre führen. – Hermeneutik wird überall gebraucht, wo es um systematische, strukturelle oder latente Zusammenhänge geht, die sich nicht unmittelbar in empirischen Gegebenheiten zeigen. Die Entwicklung moderner Interpretationsverfahren legt methodische Regeln einer als korrekt erachteten Interpretation fest und engt dadurch ihre Möglichkeiten wie auch die Irrtumswahrscheinlichkeit ein. Dennoch bleibt eine Interpretation immer eine individuelle Leistung, eine Möglichkeit unter vielen und damit auch eine Vorstellung, die umstritten bleibt.

tischer Zirkel" bezeichnet. Er hat zur Folge, dass es (bisher) keine Einigkeit über die Methoden und die Charakterisierung des hermeneutischen Verfahrens gibt. Wie man also genau interpretiert, welche Interpretation zulässig und welche unzulässig ist, war und ist noch immer umstritten. Ob Hermeneutik also eine „reproduktive Wiederholung der ursprünglichen

Wilhelm Dilthey

Wilhelm Dilthey (1833–1911), Sohn eines Kirchenrates und Hofpredigers aus Bieberich bei Wiesbaden, studierte auf seines Vaters Wunsch hin Theologie, wandte sich aber dann der Philosophie zu. Seine erste große Arbeit war eine Hegel-Biografie, die bereits sein Hauptthema beinhaltete: die historische Bedingtheit und Wirksamkeit humaner Lebensäußerungen. Daraus entstand im Lauf der Zeit eine „Hermeneutik des geistigen Lebens". Im Alter von 60 Jahren hatte Dilthey einen Traum: Er sah die großen Forscher und Philosophen der Geschichte zu einem großen Meeting zusammenkommen, aber sich in zwei getrennte Lager teilen. „Vergebens liefen ... die Vermittler zwischen diesen Gruppen hin und her – die Ferne, die diese Gruppen trennte, wuchs mit jeder Sekunde" (Dilthey 1991 [1903], 218ff.). Er träumte also von einer Differenz, zu deren Profilierung er selbst erheblich beigetragen hatte, indem er die spezifisch „geisteswissenschaftliche" Form der Erkenntnis – das Verstehen – derjenigen der Naturwissenschaften – dem Erklären – gegenüberstellte. Sein (Tag-)Traum war nun eine Synthese dieser Gegensätze unter dem Dach einer einheitlichen Philosophie der Zukunft, die er so definierte: „Begründung, Rechtfertigung, kritisches Bewußtsein, organisierende Kraft, die alles gegenwärtige Denken, alle Wertbestimmungen und Zwecksetzungen ergreift. Der so entstehende gewaltige Zusammenhang ist bestimmt, das menschliche Geschlecht zu leiten." (A. a. O., 218ff.) – Diese Philosophie des gesamten Lebens sollte alles – vor allem auch die Geschichte – miteinbeziehen. Der Fülle des Lebens könne man nicht mit purer Logik beikommen. „In den Adern des erkennenden Subjekts, das Kant, Locke und Hume konstruieren, rinnt nicht wirkliches Blut, sondern der verdünnte Saft von Vernunft einer reinen Verstandestätigkeit." (Dilthey 1990 [1883], XVIII) Umso mehr galt Diltheys Anstrengung dem Bemühen, das wirkliche Leben in die Philosophie und die Fähigkeit zur Empathie in die Erkenntnis einzuführen.

Produktion", „objektive Rekonstruktion", „systematisch-kritische Interpretation", „rationale Nachkonstruktion", „einfühlendes Nacherleben des Sinns" oder „Explikation" ist (um nur ein paar Bezeichnungen aus der Diskussion aufzuzählen), war bisher ebenso wenig zu klären wie die Frage, worauf sie beruht und wie Verstehen als Verfahren zu bestimmen ist.

Das ändert – so die Vertreter dieser Position – nichts an der Notwendigkeit und Unvermeidlichkeit von Interpretation. Da uns Sinnzusammenhänge nicht direkt zugänglich und auch nicht mit empirischen Methoden zu fassen sind, bedarf es spezifischer Interpretationsleistungen, um sie zu erschließen. Das Problem der Relativität und Vielfalt von Interpretationen bleibt dabei jedoch erhalten. Der bekannteste Vertreter einer methodisch reflektierten Hermeneutik, Hans-Georg Gadamer hat sich in seinem Werk „Wahrheit und Methode" (auch) mit dieser Frage beschäftigt und die Unaufhebbarkeit der Verwendung von Prämissen in die These von der „Universalität der Hermeneutik" übersetzt – demnach ist jede Interpretation und damit auch jede (auch eine naturwissenschaftliche) Theorie insofern konventionell, als sie bestimmter Voraussetzungen bedarf, ohne die sie nicht gilt. Die einzige Möglichkeit, den damit verbunden Problemen zu begegnen, ist laut Gadamer eine Art von Dokumentation der Geschichte von Voraussetzung und Interpretation: Mit Hilfe der Reflexion der Umstände, durch die eine Interpretation zustande kommt, und der Art ihrer Wirkung ergibt sich die Möglichkeit einer Interpretation der Interpretation, die ihre Begrenzungen relativiert. –

Der Gegenentwurf zum Positivismus, den Dilthey mit dem Entwurf einer eigenständigen „geisteswissenschaftlichen" Methodik vorlegt, knüpft, so lässt sich leicht erkennen, an die „rationalistische" und „idealistische" Tradition der Erkenntnistheorie an. Auch die geisteswissenschaftliche Hermeneutik hebt die Eigenständigkeit geistiger Leistungen hervor. Sie versucht, deren Vorgaben auf das neue Niveau der Wissenschaft zu heben und sich gleichzeitig (dadurch) gegen die Ansprüche des Positivismus zu wehren, indem sie (verschiedene) qualitative

Methoden begründet, die nicht zählen und messen, sondern (kontrolliert) interpretieren. – Dieser Gegensatz zwischen verschiedenen methodologischen und wissenschaftstheoretischen Positionen hat sich bis heute – in Variationen – gehalten. Auch wenn Diltheys Gegenüberstellung von Natur- und Geisteswissenschaften kein Thema mehr ist – die grundlegenden Differenzen sind nach wie vor Thema. Während in den Naturwissenschaften zwar in jüngster Zeit konstruktivistische Perspektiven aufgekommen sind und diskutiert werden, aber der „positivistische Geist" im Grunde genommen ungebrochen herrscht, werden in vielen Human- und Sozialwissenschaften die Fragestellungen, die Dilthey angesprochen hat, nach wie vor – wenn auch mit anderen Mitteln – bearbeitet (was, wie sich noch zeigen wird, kein Zufall ist).

Marx

Die zweite Art der Kritik am Positivismus überschneidet sich in gewisser Weise mit der methodologischen, sie geht jedoch weiter. Hier wird dem Positivismus nicht nur theoretische und methodische Unangemessenheit vorgeworfen – kritisiert wird der „ideologische" Charakter des Positivismus. Bereits Bacon hatte ja die Möglichkeit der Verzerrung von Erkenntnis in seiner „Idolenlehre" diskutiert und dabei nicht zuletzt auf gesellschaftlich bedingte Einflüsse Bezug genommen. Diese Perspektive wird im 19. Jahrhundert von Karl Marx aufgegriffen und vor dem Hintergrund einer „materialistischen" Neufassung der Hegel'schen Philosophie weiterentwickelt.

Marx ist nach wie vor einer der umstrittensten Philosophen und Theoretiker. Marx selbst hätte mit Sicherheit keine Freude an dem gehabt, was vielerorts angeblich in seinem Namen praktiziert wurde, aber er hat den Systemen die Schlagworte geliefert, mittels derer sie ihr Regime legitimierten. Dies hängt nicht zuletzt damit zusammen, dass Marx ganz selbstverständlich (wie alle Denker der Aufklärung und viele des 19. Jahrhunderts – etwa auch Comte und Mill) seine Arbeit als *politische* Arbeit verstand – als Theorie, die politisch wirk-

Karl Marx

Karl Marx zählt verdientermaßen – wenn auch nicht unbedingt aus den Gründen, die für seine Popularität gesorgt hatten – zu den bekanntesten Philosophen der Neuzeit, aber auch zu den umstrittensten. Denn die Realität der Sowjetunion oder des Pol-Pot-Regimes, zwei der scheußlichsten Diktaturen des 20. Jahrhunderts, hatten mit seinen Träumen von einer klassenfreien Gesellschaft in Wahrheit nichts zu tun. Dass sein Name weitgehend mit „Klassenkampf", „Diktatur des Proletariats" und ähnlichen Konzepten des 19. Jahrhunderts verbunden wird, verstellt den Blick auf die Leistungen eines Mannes, der sehr viel für die Theorieentwicklung getan hatte. Allerdings leistete Marx selbst dem Missbrauch Vorschub, weil er, ganz in der Tradition der Aufklärung und der Tradition Hegels, seine Philosophie nicht nur als politisches Engagement verstand, sondern zudem (genau wie diese) der Meinung war, die Bewegungsgesetze der Geschichte erkannt zu haben. Daraus ergab sich seiner Meinung nach geradezu das Recht und die Pflicht, zu bestimmen, was zu tun sei, was er denn auch in seinen Schriften mit gepflegter Arroganz und Gehässigkeit tat – seine Auseinandersetzungen mit Konkurrenten sind noch heute beispielhafte Schmähschriften. Marx – 1818 in Trier geboren, 1883 im Londoner Exil gestorben – war also ein ungemütlicher Zeitgenosse; er zählte aber zu den produktivsten Denkern seiner Zeit: Er war nicht nur der Erste, der die volle Bedeutung von Technik und Ökonomie für die gesellschaftliche Entwicklung begriff, sondern er bahnte auch der modernen Wissenssoziologie den Weg, indem er das Verhältnis von sozialer Situation und Weltsicht untersuchte und mit dem Begriff der „Charaktermaske" eine drastische, aber richtungsweisende Formel für den Zusammenhang von Verhalten und Lebenssituation fand.

sam werden sollte und zu diesem Zweck verfasst wurde. Gleichzeitig war er (wie viele anderen Autoren auch) der Meinung, den Gang und vor allem auch die zukünftige Entwicklung der Geschichte verstanden zu haben und entwarf Strategien, von denen wir heute wissen, dass sie teils naiv, teils utopisch waren, die er jedoch als politisch angemessen propagierte. Daraus haben dann die Ideologen bestimmter Bewegungen und später der herrschenden Eliten eine Legitimation ihres Tuns abgeleitet. – Diese Instrumentalisierung ist insofern eine bittere Ironie, als Marx nicht nur eine „herrschaftsfreie" Gesellschaft zum Ziel hatte, sondern auch derjenige war, der Ideologiekritik zum zentralen Bestandteil der Reflexion von Theorien machte. Eine seiner wichtigsten Überlegungen zu diesem Thema ergab sich daraus, dass er zwar Hegels Vorstellung von der widersprüchlichen Einheit der geschichtlichen Entwicklung übernahm, aber dessen Überzeugung, diese Entwicklung werde vom „objektiven Geist" bestimmt, ablehnte. An die Stelle dieser (idealistischen) Vorstellung setzt Marx ein materialistisches Konzept: Grundlage und Motor der Geschichte ist seiner Meinung nach die Dialektik von *Produktivkräften* (das gesamte Spektrum menschlicher Leistungen) und *Produktionsverhältnissen* (die ökonomischen Formen, in denen die Produktivkräfte genutzt werden). Damit ist Marx einer der Ersten, die die zentrale Bedeutung von Technik und Ökonomie als Grundlage der Gesellschaft erkannt haben. Im Rahmen dieser Konzeption sind Erkenntnis und Theorien einerseits Teil der Produktivkräfte (das wird aber von Marx nicht so recht ausgearbeitet), andererseits sind sie die Vorstellungen, die sich die Menschen von ihrer Welt machen, also Selbstinterpretationen. Diese Selbstinterpretationen sind nicht (wie bei Hegel) eine Ausdrucksform des „objektiven Geistes", sondern unterliegen einem eigenen Schicksal. Eines der zentralen Argumente von Marx ist (und hier verknüpft er Hegel mit Bacon), dass die Vorstellungen, die die Menschen von ihrer Welt haben, täuschungsanfällig sind, mehr noch: dass sie handeln ohne zu denken.

„Nun aber erweist sich die Entwicklungsgeschichte der Gesellschaft in einem Punkt als wesentlich verschiedenartig von der Natur. In der Natur sind es – soweit wir die Rückwirkung der Menschen auf die Natur außer acht lassen – lauter bewußtlose blinde Agenzien, die aufeinander einwirken und in deren Wechselspiel das allgemeine Gesetz zur Geltung kommt. Von allem, was geschieht – weder von den zahllosen scheinbaren Zufälligkeiten, die auf der Oberfläche sichtbar werden, noch von den schließlichen, die Gesetzmäßigkeit innerhalb dieser Zufälligkeiten bewährenden Resultaten –, geschieht nichts als gewollter bewußter Zweck. Dagegen in der Geschichte der Gesellschaft sind die Handelnden lauter mit Bewußtsein begabte, mit Überlegungen oder Leidenschaft handelnde, auf bestimmte Zwecke hinarbeitende Menschen; nichts geschieht ohne bewußte Absicht, ohne gewolltes Ziel. Aber dieser Unterschied, so wichtig er für die geschichtliche Untersuchung namentlich einzelner Epochen und Begebenheiten ist, kann nichts ändern an der Tatsache, daß der Lauf der Geschichte durch innere allgemeine Gesetze beherrscht wird. Denn auch hier herrscht auf der Oberfläche, trotz der bewußt gewollten Ziele aller einzelnen, im Großen und Ganzen scheinbar der Zufall. Nur selten geschieht das Gewollte, in den meisten Fällen durchkreuzen und widerstreiten sich die vielen gewollten Zwecke oder sind diese Zwecke selbst von vornherein undurchführbar oder die Mittel unzureichend. So führen die Zusammenstöße der zahllosen Einzelwillen und Einzelhandlungen auf geschichtlichem Gebiet einen Zustand herbei, der ganz dem in der bewußtlosen Natur herrschenden analog ist. Die Zwecke der Handlungen sind gewollt, aber die Resultate, die wirklich aus den Handlungen folgen, sind nicht gewollt, oder soweit sie dem gewollten Zweck zunächst doch zu entsprechen scheinen, haben sie schließlich ganz andre als die gewollten Folgen. Die geschichtlichen Ereignisse scheinen so im Großen und Ganzem ebenfalls als von der Zufälligkeit beherrscht. Wo aber auf der Oberfläche der Zufall sein Spiel treibt, da wird er stets durch innre verborgne Gesetze beherrscht, und es kommt nur darauf an, diese Gesetze zu entdecken." (Marx 1969 Bd. 21 [1843ff.], 296f.)

Kurz: Soziale Realität ist nicht auf menschliche Intentionen zurückzuführen. Ihre Handlungen sind Elemente eines wesentlich komplexeren Geschehens, welches jedoch keineswegs unlogisch abläuft. Zugleich liegt ein entscheidender Unterschied darin, ob die Akteure diese Logik sozialen Geschehens kennen oder nicht.

„Die Menschen machen ihre Geschichte, wie diese auch immer ausfalle, indem jeder seine eigenen, bewußt gewollten Zwecke verfolgt, und die Resultate dieser vielen in verschiedenen Richtungen agierenden Willen und ihrer mannigfachen Einwirkung auf die Außenwelt ist eben die Geschichte. Es kommt also auch darauf an, was die vielen einzelnen wollen. Der Wille wird bestimmt durch Leidenschaft oder Überlegung. Aber die Hebel, die wieder die Leidenschaft oder die Überlegung unmittelbar bestimmen, sind sehr verschiedener Art. Teils können es äußere Gegenstände sein, teils ideelle Beweggründe, Ehrgeiz, ‚Begeisterung für Wahrheit und Recht', persönlicher Haß oder auch rein individuelle Schrullen aller Art. Aber einerseits haben wir gesehn, daß die in der Geschichte tätigen vielen Einzelwillen meist ganz andre als die gewollten – oft geradezu die entgegengesetzten – Resultate hervorbringen, ihre Beweggründe also ebenfalls für das Gesamtergebnis nur von untergeordneter Bedeutung sind. Andrerseits fragt es sich weiter, welche treibenden Kräfte wieder hinter diesen Beweggründen stehn, welche geschichtlichen Ursachen es sind, die sich in den Köpfen der Handelnden zu solchen Beweggründen umformen?" (A. a. O., 297)

Zunächst verweist Marx also auf die Realität der Gedankenbildung und die Abhängigkeit des Denkens von konkreten inneren und äußeren Umständen. Als Erster betont er damit die Differenz zwischen der Logik und der Empirie der Erkenntnis und wird so zu einem der Begründer der Wissenssoziologie. Dazu fragt er nach der Logik der Steuerung des Denkens. Seine Erklärung: Hinter den bewussten Intentionen der Akteure steht die Entwicklung der Produktivkräfte und der Produktionsverhältnisse. Damit ergibt sich eine neue Fragestellung und eine revolutionäre Einsicht: Wo kommen die falschen Vorstellungen her? Marx' Antwort ist die klassische Formel: „Das Sein bestimmt das Bewusstsein".

„Die Produktion der Ideen, Vorstellungen, des Bewußtseins ist zunächst unmittelbar verflochten in die materielle Tätigkeit und den materiellen Verkehr der Menschen, Sprache des wirklichen Lebens. Das Vorstellen, Denken, der geistige Verkehr der Menschen erscheinen hier noch als direkter Ausfluß ihres materiellen Verhaltens. Von der geistigen Produktion, wie sie in der Sprache der Politik der Gesetze, der Moral, der Religion, Metaphysik usw. eines Volkes sich darstellt, gilt dasselbe. Die Menschen sind die Produzenten ihrer Vorstellungen, Ideen ..., aber die wirklichen, wirkenden Menschen, wie sie bedingt sind durch eine bestimmte Entwicklung ihrer Produktivkräfte und des denselben entsprechenden Verkehrs bis zu seinen weitesten Formationen hinauf. Das Bewußtsein kann nie etwas Andres sein als das bewußte Sein, und das Sein der Menschen ist ihr wirklicher Lebensprozeß. Wenn in der ganzen Ideologie die Menschen und ihre Verhältnisse wie in einer Camera obscura auf den Kopf gestellt erscheinen, so geht dies Phänomen ebenso sehr aus ihrem historischen Lebensprozeß hervor, wie die Umdrehung der Gegenstände auf der Netzhaut aus ihrem unmittelbar psychischen. Auch die Nebelbildungen im Gehirn der Menschen sind notwendige Sublimate ihres materiellen, empirisch konstatierbaren und an materielle Voraussetzungen geknüpften Lebensprozesses. Die Moral, Religion, Metaphysik und sonstige Ideologie und die ihnen entsprechenden Bewußtseinsformen behalten hiermit nicht länger den Schein der Selbständigkeit. Sie haben keine Geschichte, sie haben keine Entwicklung, sondern die ihre materielle Produktion und ihren materiellen Verkehr entwickelnden Menschen ändern mit dieser ihrer Wirklichkeit auch ihr Denken und die Produkte ihres Denkens. Nicht das Bewußtsein bestimmt das Leben, sondern das Leben bestimmt das Bewußtsein. In der ersten Betrachtungsweise geht man von dem Bewußtsein als dem lebendigen Individuum aus, in der zweiten, dem wirklichen Leben entsprechenden, von den wirklichen lebendigen Individuen selbst und betrachtet das Bewußtsein nur als *ihr* Bewußtsein." (Marx 1969 Bd. 3, 26)

Dies macht für Marx den Unterschied zwischen einer „idealistischen" und einer „materialistischen" Betrachtungsweise aus: Hält man sich an Ideen und subjektive Vorstellungen oder an die realen Bedingungen? Die realen Bedingungen sind jedoch immer die Gesamtheit der sozialen Realität:

„Da, wo die Spekulation aufhört, beim wirklichen Leben, beginnt also die wirkliche, positive Wissenschaft, die Darstellung der praktischen Betätigung, des praktischen Entwicklungsprozesses der Menschen. Die Phrasen vom Bewußtsein hören auf, wirkliches Wissen muß an ihre Stelle treten. Die selbständige Philosophie verliert mit der Darstellung der Wirklichkeit ihr Existenzmedium. An ihre Stelle kann höchstens eine Zusammenfassung der allgemeinsten Resultate treten, die sich aus der Betrachtung der historischen Entwicklung der Menschen abstrahieren lassen. Diese Abstraktionen haben für sich, getrennt von der wirklichen Geschichte, durchaus keinen Wert. Sie können nur dazu dienen, die Ordnung des geschichtlichen Materials zu erleichtern, die Reihenfolge seiner einzelnen Schichten anzudeuten. Sie geben aber keineswegs, wie die Philosophie, ein Rezept oder Schema, wonach die geschichtlichen Epochen zurechtgestutzt werden können. Die Schwierigkeit beginnt im Gegenteil erst da, wo man sich an die Betrachtung und Ordnung des Materials, sei es einer vergangenen Epoche oder der Gegenwart, an die wirkliche Darstellung gibt." (A. a. O., 27)

Weder die „Nebelbildungen im Gehirn" noch die scheinbaren Selbstverständlichkeiten der Welt sind also der richtige Bezugspunkt der Erkenntnis. Sie muss von der bloßen Erscheinung, vom Schein zum Wesentlichen vorstoßen, wobei dieses Wesentliche keine Idee, nichts Abstraktes, sondern die konkreten Bewegungsgesetze der realen Welt sind.

Marx' Ideologiekritik läuft also darauf hinaus, dass menschliches Denken von den gesellschaftlichen Verhältnis-

Marx

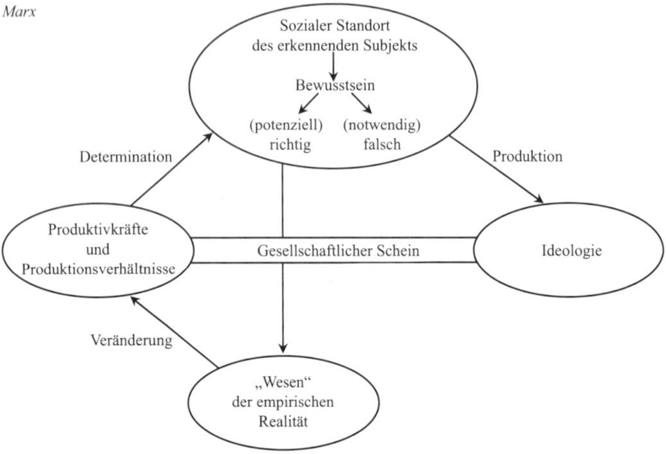

sen gesteuert wird. Diese einfache Formel ist selbstverständlich konkretisierungsbedürftig, aber vektoriell sicher richtig. Wenn man wissen will, warum bestimmte Ereignisse verschieden interpretiert werden, kann man oft die Erklärung in den Positionen finden, die von den Vertretern verschiedener Sichtweisen eingenommen werden. Es ist also kein Wunder, dass Mieter und Vermieter eine Wohnung ganz anders beurteilen, wenn Industrieländer und die Länder der so genannten „Dritten Welt" ökologische Probleme völlig unterschiedlich sehen usw. – In dieser einfachen Form ist „Ideologiekritik" nur eine Anregung, die in den verschiedenen Formen von Wissenssoziologie ausgebaut, differenziert und weiterentwickelt wurde.

Kritische Theorie

In der Wissenschaftstheorie haben die Vorgaben von Bacon und Marx vor allem im Rahmen der *„Kritischen Theorie"* zu einer heftigen Auseinandersetzung mit und zur Kritik des Positivismus geführt. Von Max Horkheimer stammt einer der heftigsten Frontalangriffe vor allem gegen den Anspruch des Positivismus, das allein gültige Modell der Erkenntnis auch in den Sozialwissenschaften zu sein. Horkheimer kritisiert die kritiklose Übernahme der in den Naturwissenschaften geltenden Konzepte – vor allem die damit verbundene Übernahme der Ideologie der Wertfreiheit und alleinigen Sachbezogenheit von Theorien. Tatsächlich hängt, so Horkheimer, „die Änderung wissenschaftlicher Strukturen von der jeweiligen gesellschaftlichen Situation (ab). … Ob das Auffinden neuer Varietäten auf einzelnen Gebieten der anorganischen oder organischen Natur, sei es im Laboratorium oder bei paläontologischen Forschungen, zur Änderung alter Klassifikationen oder zum Entstehen neuer den Anlaß bildet, läßt sich keineswegs nur aus der logischen Situation ableiten, hängt in Wahrheit nicht bloß von der Einfachheit und Folgerichtigkeit des Systems, sondern unter anderem auch von Richtung und Zielen der Forschung ab, die aus ihr selbst weder zu erklären noch letztlich einsichtig zu machen sind.“ (Horkheimer 1968, 144) Genau wie die Genese hängt auch die Verwendung von Theorien nicht von innerwissenschaftlichen Kriterien ab: „Die Beziehung von Hypothesen auf Tatsachen vollzieht sich schließlich nicht im Kopf der Gelehrten, sondern in der Industrie.“ (A.a.O., 145)

Diese Zusammenhänge blendet die „Traditionelle Theorie“ – so Horkheimers Bezeichnung für den inzwischen etablierten und weitgehend akzeptierten Positivismus – aus. Sie will/kann daher nicht ihre eigene Bedingtheit erkennen. Denn tatsächlich ist Wissenschaft (nur) als Teil der Gesellschaft zu verstehen: „Wissenschaften … sind Momente des gesellschaftlichen Produktionsprozesses, mögen sie selbst auch wenig oder gar nicht produktiv im eigentlichen Sinne sein.“ (A.a.O., 146) Traditionelle Theorie glaubt dagegen an die Kontextunabhängigkeit von Erkenntnis und übersieht daher die vielfältigen Einflüsse, denen die Wissenschaft in Themenwahl, Theoriewahl, Anwendung usw. unterliegt. Sie übersieht vor allem, dass ihre Ergebnisse keine objektiven „Dinge“, sondern Produkte von Erzeugungsprozessen sind. Und sie beschäftigt sich schließlich nicht (mehr) mit ihrer Funktion und ihren Effekten, sondern überlässt es der Gesellschaft, was sie aus ihren Ergebnissen macht. Der Positivismus versteht sich also als arbeitsteiliges Rad im Getriebe und fügt sich mehr oder weniger blind den gesellschaftlichen Vorgaben. – Dagegen ist der Anspruch der Kritischen Theorie ehrgeiziger. Sie übernimmt das Ziel der Aufklärung und will einen „vernünftigen Zustand“ erreichen, was vor allem bedeutet: „nicht im Dienst einer schon vorhandenen Realität“ (a.a.O., 165) zu arbeiten. Dazu sind sozusagen alle Mittel einer reflexiven Kritik erforderlich, zu denen vor allem eine „holistische“ Sichtweise gehört, die die Zusammenhänge von Erkenntnis und Gesellschaft stets im Auge behält.

Horkheimer übernimmt und präzisiert damit die Perspektiven der Marx'schen Ideologiekritik. Seine Wissenschaftsphilosophie ist vor allem eine Kritik, die nicht versucht, durch Methodologie den Wahrheitsgehalt von einzelnen Feststellungen und Theorien zu überprüfen, sondern deren Abhängigkeit von ihrem Kontext und ihre Auswirkungen darauf zu verdeutlichen. Die Kritische Theorie entwickelt also keine alternative Methodologie, sondern kritisiert die des Positivismus. Das ist ihre Stärke, aber auch ihre Schwäche: Ihr Ideal von Erkenntnis ist honorig, bleibt aber unscharf. Eine „positive“ Wissenschaftstheorie kann und will sie ausdrücklich nicht anbieten.

Phänomenologie

Die geisteswissenschaftliche Hermeneutik entwickelte ein methodologisches Gegenmodell zum Positivismus; die Kritische Theorie kritisierte seine inhaltlichen Restriktionen und seine politischen Voraussetzungen/Folgen. – Ein weiteres Paradigma grenzte sich nicht nur gegen den Positivismus, sondern auch gegen seine Gegner ab. *Edmund Husserl* (1859–1938) hielt die bisherigen Bemühungen für unzulänglich. Dem Positivismus hielt er entgegen, dass er – wie jeder Empirismus – dogmatisch sei, weil er schlicht ein bestimmtes Konzept von Wirklichkeit voraussetze (was keine Begründung sein könne). Auch der Skeptizismus (der Kritischen Theorie) sei inhaltlich wie methodisch voreingenommen. Gegen die Position von Dilthey grenzte er sich scharf ab, weil er dessen „Historismus" – die Vorstellung, dass alles historisch relativ gesehen wird und zu sehen sei – ablehnte. Auch die Annahme, dass die Sichtweise den Gegenstand bestimme, sei keine Begründung von Erkenntnis. Schließlich wandte er sich gegen die in der zweiten Hälfte des 19. Jahrhunderts zunehmenden Versuche, Erkenntnis durch psychologische Forschung (etwa durch die Identifizierung von Gesetzen der Wahrnehmung) zu fundieren. Der Psychologismus, so Husserl, fände bloß empirische Regeln heraus, die nichts über logische Gültigkeit beanspruchen können (dazu und zum Folgenden siehe z.B. Husserl 1986).

Husserls eigenes Konzept hat sich im Lauf der Zeit über verschiedene Etappen entwickelt und verändert. Der Versuch, seine Phänomenologie zu beschreiben, wird dadurch erschwert. Zudem trennt er seine Theorie der Begründung von Erkenntnis nicht immer deutlich von den Verfahren der Erkenntnisgewinnung. Die folgende Skizze vereinfacht und wählt aus. – Man könnte sagen, dass Husserl noch einmal vor Aristoteles und Kant anfangen möchte: vor Aristoteles, weil dessen operative Logik des Verstandes an der Oberfläche bleibt; vor Kant, weil dessen Trennung von Ding an sich und Erkenntnis in die Irre führt. Stattdessen geht es Husserl darum, auf prinzipielle Weise zu beschreiben, was die Bedingung der Möglichkeit jeglicher Erkenntnis ist. Was ist die Grundlage jeglicher Erkenntnis? Und was muss geschehen, damit das Wesen des Gegebenen (das bedeutet das Wort Phänomenologie in Husserls Sinn) erfasst wird? Die Grundlage jeglicher Erkenntnis ist der Vorstoß zum reinen Gegenstand. Dieser Vorstoß kann nur dem reinen Ich gelingen, welches sich den Gegenstand vor-stellt. Normalerweise wenden wir uns den Dingen mit bestimmten Intentionen und entsprechend perspektivisch zu: Ein Fleck kann schön oder scheußlich sein – je nach Einstellung. Diese Ausrichtung des Bewusstseins nennt Husserl „noesis“, den so konstituierten Gegenstand „noema“.

Insofern liegt die Möglichkeit objektiver Erkenntnis im Bewusstsein. Bewusstsein ist für Husserl Bewusstsein-von-etwas; und dieses Etwas entsteht erst durch das Bewusstsein (existiert also nicht als „Ding-an-sich“). Damit dieses Bewusstsein den Gegenstand objektiv erfassen kann, muss es sich ihm mit der Intention der Objektivität zuwenden. Dazu bedarf es einiger Einschränkungen der Alltags-Methodik des Vorstellens, die Husserl mit dem Begriff der Epoché (griechisch für: Enthaltung) bezeichnet. Zentral ist dabei die „eidetische Reduktion“: Um einen Gegenstand objektiv erfassen zu können, müssen sämtliche alltagsweltlichen Vor-Einstellungen ausgeklammert werden. Das betrifft nicht nur die subjektiven Empfindungen, es betrifft auch das gesamte Spektrum der in den Wissenschaften üblichen Methoden, Theorien, alle Gewohnheiten und Gewissheiten. Das Sokrates-Motto („Ich weiß, dass ich nichts weiß“, was auch bedeutet: alles, was ich zu wissen meine, ist falsch) wird hier also methodisch beschrieben. Darüber hinaus wird bei Husserl jedoch auch von der Existenz von Gegenständen abgesehen: Für die Betrachtung der „Sache selbst“ ist es unerheblich, ob sie existiert oder nicht – es geht Husserls Phänomenologie nicht um die Differenz Sein/Nichtsein, sondern um das, was an einem Gegenstand als wesentlich erfasst wird.

Während man also von Hegel hört, ein Ei sei nicht einfach ein Ei, sondern ein Ausdruck seines Begriffs, und lernt, es im Kontext und als Teil einer Entwicklung zu erfassen, geht es bei Husserl darum, nicht das Ei, sondern das Eiige am Ei – nicht das Ei selbst – zu erfassen. Dies wird nicht nur durch Ausklammerungen, sondern auch durch „eidetische Variation“ und analytische Reduktion erreicht – man variiert den Gegenstand, um zu unterscheiden, was dazu gehört und was nicht, und man betrachtet jeden Aspekt für sich. – Was hat man von dieser – im Original natürlich viel komplexeren – Theorie der Erkenntnis und der Wissenschaft? Unmittelbar noch nichts. Die Phänomenologie von Husserl versteht sich als möglichst präzise Beschreibung des Erkenntnisvorgangs und seiner Bedingungen. Sie soll das Verständnis verbessern und verdeutlichen, was im Alltag und auch im Alltag der Wissenschaft im Umgang mit Gegenständen alles vorausgesetzt, verkürzt und verzerrt wird. Sie versteht sich als Grundlagentheorie jeder wissenschaftlichen Arbeit und jeder „streng wissenschaftlichen Philosophie“ – als Beschreibung des Idealfalls disziplinierten Denkens, welches „zu den Sachen selbst“ vorstößt.

Tatsächlich kann man Husserls Anleitungen zur strengen Kontrolle von externen Einflüssen als eine – nicht ganz neue, aber neu formatierte – allgemeine Regel von Reflexion betrachten. Die dahinter stehende Theorie eines reinen Ichs, einer „transzendentalen Subjektivität“, welche den Sinn der Welt und ihrer Inhalte konstituiert, ist naturgemäß auch kräftig (z.B. als „idealistisch“) kritisiert worden. Zugleich hat Husserl jedoch mit seinen Analysen viele Anregungen gegeben – für eine Fülle phänomenologischer Studien (von Scheler bis Merleau-Ponty), aber auch für Existenzphilosophie (Heidegger), den französischen Existenzialismus (Sartre) und die „Sozialphänomenologie“ (Schütz). Alfred Schütz hat Husserls Theorie des Alltagsbewusstseins aufgegriffen und daraus ein allgemeines Modell der Konstitution von Gesellschaft durch die individuelle und kollektive Erzeugung von Sinn und Relevanz entwickelt – eine Theorie, die ihrerseits erheblich zu der konstruktivistischen Kritik am Kritischen Rationalismus beigetragen hat.

Die „geisteswissenschaftliche Hermeneutik“ ist eine methodische und objektlogische Alternative zum Positivismus. Die „Kritische Theorie“ ist zudem eine politische Kritik am Positivismus. Husserls Phänomenologie versteht sich als prinzipielle Begründung jeder Form von Wissenschaft. Was sie gemeinsam haben, ist die prinzipielle Kritik am empiristischen Paradigma der Erkenntnis- und Wissenschaftstheorie. Dagegen haben andere Wissenschaftstheoretiker auch versucht, den Positivismus weiterzuentwickeln. Diese Bemühungen haben zu einer Fülle von internen Diskursen, gegensätzlichen Auffassungen, zu Auseinandersetzungen und Schulenbildungen geführt, deren genaue Darstellung den Rahmen des hier Möglichen sprengen würde. Wir beschränken uns daher auf eine kurze Charakterisierung der wichtigsten Entwicklungen.

5 Analytische Philosophie, Logischer Positivismus und Kritischer Rationalismus

Mill hatte versucht, die Schwächen des Sensualismus zu beseitigen, indem er die subjektive Leistung (Wahrnehmung) durch ein Instrument – die Methode – ersetzte. Aber seine Annahme, die (richtige) Verwendung der (richtigen) Methode garantiere die Wahrheit von Aussagen über die Wirklichkeit, wurde schon bald auch von Autoren kritisiert, die dem empiristischen Pfad, der Vorstellung einer einheitlichen wissenschaftlichen Logik und dem Konzept der Erfassung von Wirklichkeit qua quantifizierender Methoden, d.h. vor allem mittels Experiment und Beobachtung, folgten. Bei näherer Betrachtung holte auch Mills Theorie wissenschaftlicher Erkenntnis die Kritik ein, dass auch von der Methode kein Weg zur Theorie führt. Zudem erwies sich im Laufe der weiteren Diskussion auch die stillschweigende Annahme, die Methoden garantierten eine objektiv wahre Wiedergabe dessen, was wirklich der Fall ist, als Problem. Zumindest erschien den meisten Theoretikern Mills Optimismus, die Methode gewährleiste einen verlässlichen Gegenstandskontakt, zweifelhaft – es gab bei näherer Betrachtung keine zwingenden Gründe dafür, dass die Methode allein Objektivität begründen konnte.

Von dieser Kritik am frühen Positivismus ausgehend wurden verschiedene Wege beschritten, um dessen Ziel doch noch zu erreichen. Ein wichtiger, vor allem im angelsächsischen

Raum auch heute noch populärer Weg ergab sich nicht zuletzt durch die Entwicklung der *formalen Logik*. Bis ins 19. Jahrhundert hatte sich die Logik im Wesentlichen darauf beschränkt, das Verhältnis von einzelnen Aussagen und ihrer Kombination zu behandeln – etwa mit Hilfe des Syllogismus in der Form gültiger Schlüsse aus zwei vorausgehenden Sätzen. Die wissenschaftlichen Revolutionen erfassten auch die Mathematik und in der Folge die Form von Aussagen. Es entstanden völlig neue Konzepte und Systeme, die die Logik auf eine neue Basis stellten. Die *Junktorenlogik* analysierte und präzisierte die Form der Verbindung von Aussagen, die *Prädikatenlogik* erweiterte das Schema möglicher Aussagen durch die Einführung von Quantoren (Aussagen, die sich auf alle Exemplare, auf einige Exemplare oder nur auf ein Exemplar eines Gegenstands beziehen). Dadurch erweiterte sich der Horizont der Logik, sie wurde zugleich aber auch immer abstrakter und entwickelte sich zu einer allgemeinen Theorie des Zusammenhangs zwischen Form und Gültigkeit von Argumenten. Die vielfältigen Anregungen, die dieser Entwicklung entstammten, führten zu einer Wiederaufnahme der wissenschaftstheoretischen Diskussion.

Analytische Philosophie

Besonders angeregt wurde dadurch ein Diskurs, der später als *„Analytische Philosophie"* bezeichnet wurde. Nachdem die Vernunftkritik von Kant als veraltet und der Methodenoptimismus des Positivismus als naiv erschien, wurde hier ein anderer Weg gesucht. Man kam zu der Überzeugung, dass die Begründung von Wahrheit nicht durch die Methode – die praktische Kontaktaufnahme mit der Realität – erfolgen konnte, sondern allgemeiner angelegt sein musste. Allgemeiner als die Frage, wie der Kontakt zur Realität aussieht, ist die, wie denn der gesamte Prozess der Erkenntnis formuliert werden kann. Daher kam man zu der Überzeugung, dass die Wahr-

Formale Logik

Aristoteles hatte als Erster ein Konzept entworfen, wie die antike Diskussionspraxis in ein logisches Aussagesystem zu überführen sei. Er war davon überzeugt, dass Denken und Sein gekoppelt sind, so dass er sich über die Gültigkeit der Logik keine Sorgen machte. Herzstück seiner Logik ist der Syllogismus, ein Verfahren, mittels dessen wahre und falsche Aussagen zu unterscheiden sind. Sie enthält zudem Muster der Rückführung von Erklärungen auf Axiome und der Ableitung von Aussagen aus Axiomen. Schließlich hat Aristoteles Prämissen der Logik formuliert und kategoriale Ordnung ins System der Erkenntnis gebracht. Mit der Entwicklung der Wissenschaftstheorie wurde eine Weiterentwicklung unvermeidlich, weil im Zeichen des Positivismus die bisher verbindlichen Begriffe nicht mehr verwendbar waren und die Logik abstrakter gefasst werden musste, um der neuen methodologischen Ausrichtung der Erkenntnis gerecht zu werden. Die Grundlage dafür bot die Entwicklung der formalen Logik, die sich von jedem Gegenstandsbezug löst und unter der Verwendung von mathematischen Kalkülen nur noch Aussagen über Formen von Aussagen macht. Sie mündet also in Theorien des Argumentierens, aus denen Feststellungen über den Wahrheitswert von Aussagen aufgrund ihrer formalen Struktur getroffen werden – substantielle Argumente enthält sie nicht. Dabei spielen formalisierte Modelle von Beziehungen zwischen Aussagen (Junktorenlogik) und der Reichweite von Aussagen (Quantorenlogik), aber auch eine Reihe von weiteren Entwicklungen eine wichtige Rolle. Formale Logik ist jedoch nicht in allen Fällen hilfreich und bringt auch neue Begründungsprobleme hervor.

heitsfähigkeit von Erkenntnis auf der Ebene der Überprüfung von Aussagen, also auf der der *Sprache* stattfinden muss – auf der Ebene, auf die alle Schritte des Erkenntnisprozesses übersetzt werden müssen. Das Programm der Wissenschaftstheorie wird in der Analytischen Philosophie daher zur *Sprachkritik*.

Über die Strategie war man sich allerdings nicht ganz einig. *Bertrand Russell* (1872–1970), von Haus aus Mathematiker und mit der Weiterentwicklung der Logik beschäftigt, versuchte, eine eigene Formalsprache für wissenschaftliche Aussagen zu entwickeln. Das „Russell-Programm" der Analytischen Philosophie bestand also darin, eine von der Umgangssprache getrennte Kunstsprache zu entwickeln, mittels der Aussagen möglich sind, die von den Zweideutigkeiten und Unzulänglichkeiten der Alltagssprache befreit sind. Dagegen bemühte sich *George Edward Moore* (1873–1958), die Schwierigkeiten der Wissenschaftssprache durch eine Reduktion auf die Umgangssprache zu lösen. Er ging davon aus, dass jede Umgangssprache („ordinary language") einen unproblematischen Kern enthält, der Verständigung erlaubt. Die „Moore-Strategie" zielt daher in Richtung einer Begründung von Fachsprachen durch den unverwüstlichen Kern der natürlichen Sprache und unternimmt Versuche, diesen herauszuarbeiten.

Analytische Philosophie

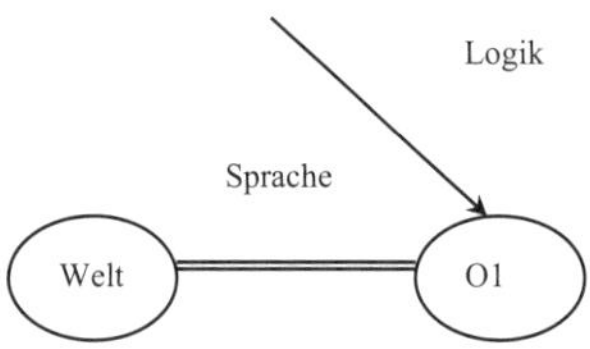

Die Welt ist nur soweit erfassbar, wie Logik/Sprache reichen.

Wittgenstein

Besonders ein Autor wurde zur Schlüsselfigur in der Entwicklung der Analytischen Philosophie: Ludwig Wittgenstein. In der Literatur wird zwischen dem „frühen" und dem „späten" Wittgenstein unterschieden und tatsächlich kann man deutliche Unterschiede erkennen. Sein frühes Werk „Tractatus logico-philosophicus" gilt als eines der Hauptwerke der Analytischen Philosophie. Obwohl (oder weil) es nicht unbedingt völ-

Ludwig Wittgenstein

Ludwig Wittgenstein (1889–1951), Abkömmling einer Wiener Industriellenfamilie, übte schon zu Lebzeiten auf sein soziales Umfeld eine eigenartige Kraft aus. Man erlag der Bestimmtheit seiner Worte und er überzeugte durch die Konsequenz seines Denkens. Wittgenstein studierte zuerst Maschinenbau in Berlin und Manchester, dann Philosophie in Cambridge (wo er Bertrand Russell traf). Er war auch Bildhauer, Architekt und ein begabter Musiker. Dabei hatte er einen Beruf gar nicht nötig. In luxuriösem, gebildetem Elternhaus – zu dessen regelmäßigen Gästen die Komponisten Mahler und Brahms gehörten – aufgewachsen, verschenkte er sein Vermögen an seine Geschwister, verwendete es zur Unterstützung von Künstlern und unterstützte den Staat beim Ankauf von Artillerie. Er leistete während des Ersten Weltkriegs, obwohl er unter der Derbheit seiner Kameraden existenziell litt, freiwillig Dienst und wurde für seine Einsätze mehrfach ausgezeichnet. Während des Kriegsdienstes schrieb er den „Tractatus logico-philosophicus". Die Tagebücher, die er parallel dazu in Geheimschrift verfasste, zeigen ihn übrigens als tief religiösen Menschen. Er war der Verfechter einer quasi negativen Theologie. Während der italienischen Gefangenschaft trug er sich sogar mit dem Gedanken Priester zu werden. Stattdessen wurde er Volksschullehrer in der österreichischen Provinz, was zum Verfassen eines weiteren Buches führte, einem Wörterbuch für Volksschüler. Danach arbeitete er als Gärtner in einem Kloster und suchte auch sonst die Einsamkeit, weshalb er sich mehrmals in eine irische oder norwegische Hütte zurückzog. Zur Kontaktaufnahme mit dem Wiener Kreis war er nur unter der Bedingung bereit, dass er nicht kritisiert wird. Aufgrund des Tractatus erhielt er die Promotion in Cambridge, etwas, das er während seines Studiums nicht erlangt hatte, weil er sich nicht an die verlangte Form hatte halten wollen, und schließlich 1937 einen Lehrstuhl, den er verließ, um auch im Zweiten Weltkrieg freiwillig Dienst zu leisten (diesmal als Krankenpfleger). 1947 gab er den Lehrstuhl auf; 1951 starb er an Krebs. Dem befreundeten Arzt soll er auf die entscheidende Diagnose hin gesagt haben: „Gut." Wittgenstein lebte Zeit seines Lebens sehr asketisch; er trug graue Hosen, ein offenes Hemd und ein Lumberjacket oder eine Lederjacke. „Auch beim Essen zog er das Einfache vor – obwohl das Gerücht, er lebe nur von Cornflakes, ein wenig übertrieben sein mag." „Wittgenstein erklärte, es sei ihm ziemlich gleich, was er esse, wenn es nur immer das Gleiche wäre." (Weischedel 1975, 293) Schließlich haben sich Philosophen um wichtigere Entscheidungen zu kümmern als um die der Ernährung.

lig konsistent ist und einen ungewöhnlichen, manchmal sprunghaften Stil aufweist, hat es bis heute enormen Einfluss auf ihre weitere Entwicklung gehabt. Im Vorwort fasst Wittgenstein seine Arbeit in zwei Sätzen zusammen, die in der Theorieentwicklung immer noch als Bezugspunkt dienen: „Was sich überhaupt sagen läßt, läßt sich klar sagen; und wovon man nicht reden kann, darüber muß man schweigen." (Wittgenstein 1989 [1922], 9) Er fährt fort: „Das Buch will also dem Denken eine Grenze setzen oder vielmehr – nicht dem Denken, sondern dem Ausdruck der Gedanken: Denn um dem Denken eine Grenze zu ziehen, müßten wir beide Seiten dieser Grenzen denken können (wir müßten also denken können, was sich nicht denken läßt). Die Grenze wird also nur in der Sprache gezogen werden können und was jenseits der Grenze liegt, wird einfach Unsinn sein." (A. a. O.) – Damit sind die Grundgedanken in der Tat gut charakterisiert. In einer Art von sprachlogischem Neuanlauf versucht Wittgenstein Kants Ausgangsdilemma – wie ist ein Kontakt zur Welt möglich, wenn sie nicht direkt erreichbar ist? – aus der Transzendentallogik in die formale Logik zu übersetzen. Seiner Argumentation beginnt mit einigen Definitionen:

„1. Die Welt ist alles, was der Fall ist. …
2. Was der Fall ist, die Tatsache, ist das Bestehen von Sachverhalten.

2.01 Der Sachverhalt ist eine Verbindung von Gegenständen (Sachen, Dingen). ...

2.014 Die Gegenstände enthalten die Möglichkeit aller Sachlagen.

2.0141 Die Möglichkeit seines Vorkommens in Sachverhalten ist die Form des Gegenstandes.

2.06 Das Bestehen und Nichtbestehen von Sachverhalten ist die Wirklichkeit." (A.a.O., 11ff.)

Die Dinge sind also das „Rohmaterial" der Welt, sie enthalten potenziell alle ihre Verbindungen mit anderen Dingen. Die realen Verbindungen sind eine Auswahl aus allem Möglichen; zusammen bilden sie die Wirklichkeit. Sie ist Gegenstand der Erkenntnis:

„2.1 Wir machen uns Bilder der Tatsachen.

2.11 Das Bild stellt die Sachlage im logischen Raume, das Bestehen und Nichtbestehen von Sachverhalten vor." (A.a.O., 14)

Bedingung dafür ist, dass das Bild die Logik der Wirklichkeit enthält:

„2.17 Was das Bild mit der Wirklichkeit gemein haben muß, um sie auf seine Art und Weise – richtig oder falsch – abbilden zu können, ist seine Form der Abbildung." (A.a.O., 15)

Seine eigene Form kann das Bild jedoch nicht darstellen:

„2.172 Seine Form der Abbildung aber kann das Bild nicht abbilden; es weist sie auf." (A.a.O., 16)

Das bedeutet: Die Reflexion kann das erfassen, wofür sie ausgerüstet ist, aber ihre eigenen Grenzen kann sie nicht überschreiten (indem sie noch ihr Können und ihr Nicht-Können thematisiert).

Das Bild ist für Wittgenstein die Wiedergabe von Wirklichkeit; es ist als solche sinnvoll und wahrheitsfähig. Die logische Form des Bildes sind Gedanken:

„2.202 Das Bild stellt eine mögliche Sachlage im logischen Raume dar. ...

2.22 Das Bild stellt dar, was es darstellt, unabhängig von seiner Wahr- oder Falschheit, durch die Form der Abbildung.

2.221 Was das Bild darstellt, ist sein Sinn. …

3. Das logische Bild der Tatsache ist der Gedanke. …

3.01 Die Gesamtheit der wahren Gedanken sind ein Bild der Welt.

3.02 Der Gedanke enthält die Möglichkeit der Sachlage, die er denkt. Was denkbar ist, ist auch möglich.“ (A. a. O., 16) –

Dieser letzte Schritt ist weitreichend: Er besagt nicht mehr und nicht weniger, als dass im Rahmen der Sprache und der in ihr ausdrückbaren Gedanken alles Sinnvolle enthalten ist – außerhalb davon gibt es keinen Sinn.

Die Überprüfung von Aussagen ist anhand der einzelnen Sätze möglich. Sätze sind für Wittgenstein ein „Bild der Wirklichkeit. Denn ich kenne die in ihnen dargestellten Sachverhalte, wenn ich den Satz verstehe. …

4.023 Die Wirklichkeit muss durch den Satz auf ja oder nein fixiert sein. …

4.024 Einen Satz verstehen, heißt, wissen was der Fall ist, wenn er wahr ist.“ (A. a. O., 28) –

Sätze sind ihrerseits aus Elementarsätzen zusammengesetzt, die aus Bezeichnungen und Verbindungen von Dingen bestehen. Diese Verbindungen sind in Form von Wahrheitsfunktionen (abschließend) definiert, so dass sich jederzeit sagen lässt, ob Verbindungen von Elementarsätzen logisch stimmig sind. – Damit hat Wittgenstein alle Bestandteile seiner Theorie der Begründung von Wahrheit beisammen. Die Sprache enthält alles, was dazu nötig ist. Wenn sie überhaupt wahrheitsfähig ist, dann durchgehend. Wittgenstein drückt dies so aus:

„5.123 Wenn ein Gott eine Welt erschafft, worin gewisse Sätze wahr sind, so schafft er damit auch schon eine Welt, in welcher alle ihre Folgesätze stimmen.“ (A. a. O., 67)

Selbst Götter können sich also dem Zwang zur logischen Konsistenz der Sprache nicht entziehen. Allerdings ist damit eine strikte Begrenzung verbunden:

„5.6 *Die Grenzen meiner Sprache* bedeuten die Grenze meiner Welt.“ (A. a. O., 67)

Mit transzendenten Fragen kann man sich also nicht sinnvoll beschäftigen. Dagegen lassen sich innerhalb der Sprache alle sinnvollen Fragen auch beantworten:

„6.5 Zu einer Antwort, die man nicht aussprechen kann, kann man auch die Frage nicht aussprechen.“ (A. a. O., 84)

Damit will Wittgenstein auch dem Skeptizismus den Boden entziehen:

„6.51 Skeptizismus ist *nicht* unwiderleglich, sondern offenbar unsinnig. … Zweifel kann nur bestehen, wo eine Frage besteht; eine Frage nur, wo eine Antwort besteht, und diese nur, wo etwas *gesagt* werden *kann*. …

7. Wovon man nicht sprechen kann, darüber muß man schweigen.“ (A. a. O., 84f.)

Für Wittgenstein ist die Sprache der Ort der Wahrheit. Er begründet dies damit, dass es außerhalb der Sprache überhaupt keine sinnvoll thematisierbare Welt gibt. Man kann also über Geister und Engel reden, aber nicht sinnvoll sprechen, d. h. argumentieren. Damit gelingt Wittgenstein gewissermaßen das Kunststück, das „Russell-Programm“ der Entwicklung einer perfekten Sprache der Wissenschaft und das „Moore-Programm“ der Reduktion von problembeladenen Fachsprachen auf den unzerstörbaren Kern der Umgangssprache zu verbinden: Für ihn ist im „Tractatus logico-philosophicus“ die Sprache selbst – logisch verstanden – per se bereits die perfekte Form. Als er sich nach einer langen Pause wieder seinem Thema widmete, versuchte er, dieses Modell noch weiter auszuarbeiten. Aber seine Überlegungen führten ihn Schritt für Schritt zu einem geradezu entgegengesetzten Konzept, welches zwar sprachzentriert bleibt, aber die (optimistische) Idee einer wahrheitsfähigen Einheitssprache aufgibt. In seinen (posthum erschienenen) „Philosophischen Untersuchungen“ stellt er zunächst fest, dass die traditionelle Bestimmung von Sprache als Kombination von Bezeichnungen zu Sätzen zu simpel ist. Was dabei vor allem fehlt, ist der Blick auf die „Verwendung der Sprache“ (Wittgenstein 1989 [1953], 238). Sprache ist nicht einfach, sie wird vom Kind praktisch erworben. Und auch der Erwachsene gebraucht Sprache praktisch. Diesen Sprachgebrauch bezeichnet Wittgenstein als „Sprachspiel“:

„Der ganze Vorgang des Gebrauchs der Sprache (ist) eines jener Spiele, mittels welcher Kinder ihre Muttersprache lernen. Ich will diese Spiele *‚Sprachspiele‘* nennen. ... Ich werde auch das Ganze: der Sprache und der Tätigkeiten, mit denen sie verwoben ist, das ‚Sprachspiel‘ nennen.“ (A.a.O., 241)

Damit verändert sich das Bild von Sprache und ihrer Funktion erheblich. Sprache wird vor allem Sprach*praxis*. Das bedeutet auch: Für jede verschiedene Art von Praxis gibt es eine eigene Sprache. Sprache wird dadurch zum Ausdruck jeweils unterschiedlicher Praxis: „Eine Sprache vorstellen heißt, sich eine Lebensform vorstellen“ (a.a.O., 246). Es gibt daher so viele Sprechweisen wie es *Lebensformen* gibt. Die „Mannigfaltigkeit der Sprachspiele“ ist nicht reduzierbar; die verschiedenen Sprachspiele können sich nicht ersetzen, sondern haben jeweils einen eigenen Gültigkeitsbereich. Sprache ist daher auch ein lebendiges Geschehen, das sich weiterentwickelt (und nicht eine abgeschlossene Form).

„Frage dich, ob unsere Sprache vollständig ist; – ob sie es war, ehe ihr der chemische Symbolismus und die Infinitesimalnotation einverleibt wurde; denn dies sind, sozusagen, Vorstädte unserer Sprache. ... Unsere Sprache kann man ansehen als eine neue Stadt: Ein Gewinkel von Gässchen und Plätzen, alten und neuen Häusern, und Häusern mit Zubauten aus verschiedenen Zeiten; und dies umgeben von einer Menge neuer Vororte mit geraden und regelmäßigen Straßen und mit einförmigen Häusern.“ (A.a.O., 245)

Dieses Bild verdeutlicht den radikalen Wandel. Der „späte“ Wittgenstein versteht Sprache als vitalen Prozess, in dem es eine Vielfalt von Formen gibt, die jeweils für sich stehen. Es gibt daher keinen einheitlichen Sprachgebrauch; jedes Sprachspiel hat seine eigenen Regeln. Damit ist es mit der Eindeutigkeit der Sprache vorbei: „Die Definition der Zahl Zwei … ist vollkommen exakt. – Aber wie kann man denn die Zwei so definieren? Der, dem man die Definition gibt, weiß ja dann nicht, *was* man mit ‚zwei' benennen will … Die hinweisende Definition kann in *jedem* Fall so oder anders gedeutet werden." (A. a. O., 252f.) Sprachspiele sind daher immer singulär und relativ – und das gilt naturgemäß auch für die Sprache der Wissenschaft. Sie ist praxisgebunden und hat in dieser Praxis ihren Ort – aber nur dort. Sie ist ein Vorort unter anderen; ordentlich gebaut, aber auch ein bisschen langweilig. – Dieser Sprachrelativismus hat ebenso wie die logische Sprachanalyse des „frühen" Wittgenstein ganz erheblich zur Stimulierung der Diskussion in der Linguistik, Logik, den Sozialwissenschaften usw. beigetragen. Mit Hilfe von Wittgensteins „Sprachspiel"-Konzept wandte man sich mit neuem Schwung der Erforschung von separaten Kulturen und Subkulturen zu.

Die Hoffnungen der frühen Analytischen Philosophie wurden damit jedoch im Wesentlichen begraben. Die Analytische Philosophie hat sich jedoch als eigenständiger Diskurs erhalten. Nach wie vor wird intensiv darüber nachgedacht, wie man (in der Nachfolge von Russell) eine Kunstsprache zur Wahrheitsfähigkeit perfektionieren oder ob man (in der Tradition von Moore) in der Umgangssprache den wahrheitsfähigen Kern finden kann. Gemeinsam ist beiden „Flügeln", dass sie zwar stark an empirischen Wissenschaften orientiert sind, aber gern intuitive Mittel wie „Gedankenexperimente" nutzen und sich an einzelnen „Sprachhandlungen" abarbeiten. Zugleich hat die starke Orientierung an der Logik der/und Sprache häufig die Folge, dass Geschichte und Entwicklungen ausgeblendet werden. Entsprechend abgeschottet verlaufen die Diskussionen der Analytischen Philosophie häufig. Dennoch hat sie immer wieder wichtige Anstöße für weitreichende Diskussionen gegeben (wie z. B. die „Sprechakttheorie" von Searle oder „the Concept of Mind" von Ryle) und auch prominente „Dissidenten" (wie Rorty) hervorgebracht.

Logischer Positivismus

Ein anderer Weg der Weiterentwicklung des frühen Positivismus, der einige Zeit lang mit der Analytischen Philosophie eng verbunden war und parallel dazu verlief, wird heute als *„Neo-Positivismus"* oder auch *„Logischer Positivismus"* bezeichnet. Auch der Logische Positivismus ging davon aus, dass die Begründung von Wahrheit allein durch Methoden ebenso wenig gelingen kann wie durch Induktion; auch er wurde entscheidend von den Entwicklungen der formalen Logik angeregt und begab sich auf die Suche nach einer perfekten Formalisierung wissenschaftlicher Erkenntnis. Seine Vertreter standen der „Russell-Strategie" sowie Wittgenstein nahe und versuchten vor allem, den Übergang von der praktischen Forschung zur Theorie und die theoretische Konservierung von Erkenntnissen zu sichern. Besondere Bedeutung erlangte im Rahmen dieser Bemühungen der *„Wiener Kreis"*, eine Gruppe von Wissenschaftlern rund um den Physiker und Philosophen Moritz Schlick. Beflügelt von den Fortschritten der Wissenschaft und der Logik entwickelte der „Wiener Kreis" ein noch ehrgeizigeres Projekt: Es sollte nicht nur die Wissenschaft auf eine einheitliche Erkenntnisbasis gestellt, sondern auch die klassische Philosophie als Logik von Erkenntnis erneuert werden. Damit sollte auch die Philosophie auf das Niveau einer Wissenschaft gebracht werden. Anstelle einer Analyse der Wissenschaft „von außen" dehnt sich hier also ein bestimmter Typ von Wissenschaft aus und will das, was bisher unter Philosophie verstanden wurde, ablösen. An die Stelle von Dogmen und Spekulationen soll Logik treten. Damit sollte gewissermaßen die letzte Bastion der Metaphysik von der Wissenschaft erobert werden.

Ziel war die Begründung einer allumfassenden „wissenschaftlichen Weltanschauung", also einer Weltanschauung, die keine mehr ist, weil sie objektiv begründet ist. Selbstverständlich dachte man dabei an (nur) eine Art von Wissenschaft. Das Ziel war dementsprechend eine „einheitswissenschaftliche" Begründung von Aussagen, wobei für die Vertreter dieser Position nur die Tradition des Empirismus zu diesem Zweck in Frage kam. – Zunächst folgte man demselben Weg wie die Analytische Philosophie, genauer: Die „Russell-Strategie" war zunächst das Leitmotiv auch des Wiener Kreises. Es sollte eine perfekte Theoriesprache entwickelt werden, die garantiert, dass Aussagen objektiv sind. Für einige der Vertreter des Wiener Kreises wurde dabei (der „frühe") Wittgenstein zu einer wichtigen Leitfigur, weil einige seiner Argumente hier richtungsweisend erschienen. Wittgenstein hatte unter anderem zwischen sinnvollen (überprüfbaren) Sätzen, sinnlosen Sätzen (das sind logische Sätze, die selbst keine Aussagen enthalten) und unsinnigen Sätzen (spekulativen, nicht überprüfbaren Sätzen) unterschieden, wobei Letztere möglich, aber eben nicht überprüfbar sind. Diese Unterscheidung wurde aufgegriffen und radikalisiert. Während (der „frühe") Wittgenstein schweigen wollte, wenn die Sprache nichts Sinnvolles ausdrücken konnte, wollte der Logische Positivismus über alles reden. Er ging davon aus, nicht nur die Grenzen der Sprache, sondern des Denkens insgesamt bestimmen zu können (was Wittgenstein für unmöglich hielt, weil das Denken sich nicht selbst überschreiten kann). Dazu wurde das „Sinnkriterium" – die Möglichkeit zur Verifikation bzw. die Angabe der Wahrheitsbedingungen – als Bedingung für die Akzeptanz von Aussagen radikalisiert und zum alleinigen Bezugspunkt von Logik ernannt. Bei Wittgenstein war Verifizierbarkeit nur die Bedingung sinnvoller Sprache, beim Logischen Positivismus wurde sie zum ausschließlichen Kriterium für jede Argumentation.

Rudolf Carnap (1891–1970), ein prominenter (und radikaler) Vertreter dieser Position, benutzte dieses radikalisierte Sinnkriterium zum Ausschluss aller „unsinnigen" Aussagen. Sie sind seiner Meinung nach „Scheinsätze". Sprache besteht für Carnap aus Vokabular und Syntax,

„d. h. aus einem Bestand an Wörtern, die eine Bedeutung haben, und aus Regeln der Satzbildung; diese Regeln geben an, wie aus Wörtern der verschiedenen Arten Sätze gebildet werden können. Demgemäß gibt es zwei Arten von Scheinsätzen:

entweder kommt ein Wort vor, von dem man nur irrtümlich annimmt, daß es eine Bedeutung habe, oder die vorkommenden Wörter haben zwar Bedeutungen, sind aber in syntaxwidriger Weise zusammengestellt, so daß sie keinen Sinn ergeben." (Carnap 1932, 220)

„Bedeutung" heißt für Carnap: Man muss angeben können, in welchen Elementarsätzen – einfachsten Satzformen wie: „Dies ist ein Stein" – ein Wort vorkommt und was die Beweiskriterien dafür sind. Viele Wörter werden durch ihre Definition („Ein Stein ist hart, schwer usw.") bestimmt. Im Endeffekt müssen jedoch alle Wörter auf „Beobachtungssätze" (oder *„Protokollsätze"*) zurückgeführt werden können, also auf Aussagen, die eine gehaltvolle empirische Aussage über Wirklichkeit darstellen. Geht man von diesen Kriterien aus, so zeigt sich, dass herkömmliche Metaphysik mit Scheinsätzen arbeitet. Ein Wort wie „Idee" oder „Ding an sich" kann weder angeben, in welchen Elementarsätzen es vorkommt, noch die Protokollsätze benennen, durch die es mit der empirischen Wirklichkeit verbunden ist.

Ein Großteil der Arbeit des Logischen Positivismus bestand darin, dieses Programm auszubauen. Carnap schlug vor, zwischen „Objektsprache" und „Metasprache" zu unterscheiden. Die Aufgabe der Objektsprache ist es, den Kontakt zur Realität zu ermöglichen. Dem dienen die genannten „Protokollsätze". Die „Metasprache" ist dagegen die Syntax, die Form, in der die Logik operiert und zugleich beschrieben werden kann. – Beide Projekte – die Begründung einer Metasprache und die Frage der genauen Gestalt eines Protokollsatzes – konnten letztlich ebenso wenig abschließend geklärt werden wie die Frage, wie denn beide Sprachen verbunden sind. Zudem musste der Logische Positivismus, um die Tücken des reinen Empirismus zu überwinden, zumindest in der Variante von Carnap die Eigenständigkeit der Logik – unabhängig von der empirischen Realität – annehmen, also eine Position beziehen, die eindeutig „rationalistisch" bzw. „idealistisch" ist und daher vielen Positivisten schwer im Magen lag. – Die Entwicklung des Logischen Positivismus kam daher ins Stocken und brach schließlich ab, ohne dass sein ehrgeiziges Programm vollendet worden wäre. Es zeigte sich, dass auch ein ins Logische übersetzter Positivismus sein Ziel nicht erreichen konnte.

Eine (moderatere) Fortsetzung fand der Logische Positivismus in den Versuchen zur logischen Begründung von Theorien, wie sie von *Hempel und Oppenheim* vorgeschlagen worden sind. Ihr Konzept einer *„deduktiv-nomologischen Erklärung“* gilt auch heute noch als ein wichtiger Bezugspunkt für wissenschaftstheoretische Begründungsversuche. Es basiert auf den Konzepten von Kausalität und Gesetzmäßigkeit. Schematisch sieht eine deduktiv-nomologische Erklärung (D-N-Erklärung) nach Hempel und Oppenheim so aus:

A1, A2,..... An

= Explanans S

G1, G2,..... Gn

Explanandum E

Das Explanandum ist der zu erklärende Sachverhalt – z. B. „Die Fensterscheiben sind voller Eis.“ Das Explanans (das Erklärende) besteht dabei aus Antecedensbedingungen (A1 bis An) sowie aus allgemeinen Gesetzen (G1 bis Gn). Antecedensbedingungen (auch „Randbedingungen“ genannt) sind empirische Gegebenheiten, die zum Thema gehören und ebenfalls feststellbar sind – z. B. „Das Thermometer zeigt eine Temperatur unter Null.“ Die allgemeinen Gesetze sind, wie der Name schon sagt, bestätigte Feststellungen über strukturelle Zusammenhänge – z. B. „Bei Temperaturen unter Null friert Wasser.“ Unter diesen Bedingungen ist das Explanandum durch das Explanans erklärt. Eine Variation der D-N-Erklärung ist die deduktiv-statistische Erklärung, die im Prinzip ähnlich aussieht, aber keine Gesetze, sondern statistische Wahrscheinlichkeiten enthält. Die Prognose, ob eine Münze Kopf oder Zahl zeigen wird, wenn man sie wirft, ergibt sich in diesem Fall aus der mathematisch vorhersagbaren Wahrscheinlichkeit (die

Wahrscheinlichkeit, dass die Zahl oben liegt, ist immer 1/2; die Münze wird geworfen und zeigt entweder Kopf oder Zahl).

Nach seinen Autoren heißt diese Begründungsform auch „Hempel-Oppenheim-Schema", kurz: H-O-Schema. Ein weiteres Modell von Hempel und Oppenheim ist die *induktiv-statistische Erklärung*. Hier sieht das Schema anders aus:

E1 = Ereignis 1
E2 = Ereignis 2
————————————
E3 = Wahrscheinlichkeit des Zusammenhangs zwischen 1, 2 und 3

Ein Beispiel: Ein Mensch erkrankt an Mandelentzündung (E1), bekommt Penicillin (E2) und wird wieder gesund (E3). Hier ist der Zusammenhang wahrscheinlich, also nicht sicher; er basiert auf wiederholten Erfahrungen, dass Penicillin Mandelentzündungen heilt. Es liegt nach Hempel und Oppenheim eine Art „induktive Sicherheit" vor – keine deduktive Erklärung. – Auch hierzu hat es intensive und kritische Auseinandersetzungen gegeben, die einmal mehr demonstrieren, wie schwierig es ist, genau zu definieren, wann eine Erklärung zuverlässig gilt.

Die Schemata von Hempel und Oppenheim sind ein Versuch, auf der Basis einer positivistischen Grundposition die Bedingungen theoretischer Aussagen zu bestimmen. Was auf den ersten Blick relativ einfach aussieht, erweist sich bei näherer Betrachtung als ausgesprochen kompliziert. Die Autoren geben beispielsweise selbst so genannte „Adäquatheitsbedingungen" an – Bedingungen, unter denen die Schemata funktionieren. Dazu gehört beispielsweise, dass das Explanandum eine „logische Folge" des Explanans sein muss und dass die Sätze, die das Explanans bildet, wahr sein müssen. Nach allem, was bisher diskutiert wurde, ist klar, dass diese Forderungen selbstverständlich und leicht erfüllbar aussehen – und in der Diskussion wieder genau die Probleme aufwerfen, die die Theorie eigentlich lösen will (was genau ist eine „logische Folge"?

Wann ist ein Satz „wahr“?). – Die neopositivistische Diskussion, so lässt sich rückblickend feststellen, hat erheblich dazu beigetragen, die innere Logik quantitativ-empirischer Feststellungen und deren theoretischer Formulierung zu verdeutlichen. Nicht überzeugt wurden allerdings diejenigen, die mit alternativen Methoden und Theorien arbeiteten bzw. arbeiten mussten. Und nicht überzeugt hat schließlich der Versuch, die Objektivität von empirischen Feststellungen und theoretischen Aussagen eindeutig durch Regeln zu bestimmen. Was sich immer wieder zeigt, ist, dass zumindest logische Zweifel an Objektivität und Wahrheit nicht auszuschließen sind.

Kritischer Rationalismus

Der Theoretiker, der am grundlegenden Paradigma des Empirismus festhielt, gerade deshalb zu einem scharfen Kritiker des Positivismus wurde und daher eine Neubegründung versuchte, war *Karl Raimund Popper*.

Popper hielt einige Zeit lang Kontakt, aber auch kritische Distanz zum Wiener Kreis, der Brutstätte des Logischen Positivismus. So sehr er dessen grundlegende Überzeugungen teilte, so sehr hielt er die dort beschrittenen Wege für wenig zielführend. Er kam zur Überzeugung, dass das „Hume-Problem“ – die grundlegende Differenz zwischen Erfahrung und Theorie – nicht lösbar sei und zog daraus Konsequenzen.

„Das Humesche ‚*Problem der Induktion*‘, die Frage nach der Geltung der Naturgesetze, entsteht durch den (anscheinenden) Widerspruch zwischen der ‚*Grundthese des Empirismus*‘ (nur ‚Erfahrung‘ kann über die Wahrheit oder Falschheit einer Wirklichkeitsaussage entscheiden) und der Humeschen Einsicht in die *Unzulässigkeit induktiver (verallgemeinernder) Beweisführungen*. – Angeregt durch Wittgenstein glaubt Schlick diesen Widerspruch durch die Annahme lösen zu können, daß die Naturgesetze ‚gar keine echten Sätze sind‘, sondern ‚Anweisungen zur Bildung von Aussagen‘, – somit offenbar eine

Karl Raimund Popper

Am 26. Oktober 1946 kam es im Cambridger Moral Science Club zu einer Konfrontation: Zwei gebürtige Wiener, der eine ein arrivierter, aber empfindlicher Professor, der andere gerade neu berufen und forsch, führten ein Gespräch unter vier Augen. Karl R. Popper (1902–1994) war es, der Ludwig Wittgensteins gesamte Philosophie kritisierte: Die Philosophie der Sprache sei nur ein Teilgebiet der Philosophie. Wie aber erkennen wir? Wie wissen wir, was moralisch gut ist? Kann eine moralische Regel gültig sein? Auf Poppers letzte Frage reagierte Wittgenstein hektisch: „An diesem Punkt sagte Wittgenstein, der beim Feuer saß und nervös mit dem Schürhaken gespielt hatte, den er gelegentlich wie einen Dirigentenstab benützte, um seine Behauptungen zu unterstreichen: ‚Geben Sie ein Beispiel für eine moralische Regel!' Ich erwiderte: ‚Man soll einen Gastredner nicht mit einem Schürhaken bedrohen.' Darauf warf Wittgenstein ärgerlich den Schürhaken hin, stürmte aus dem Raum und schlug die Türe hinter sich zu." (Popper 2004 [1979], 177) Wittgenstein blieb nicht der Einzige, gegen den Popper seine Polemik richtete; sie wurde insbesondere verstorbenen Philosophen reichlich zuteil. Dabei fing es eigentlich ganz anders an. Wie Wittgenstein aus einer wohlhabenden jüdischen Familie stammend, überraschte auch Popper sein Umfeld: Er wurde nach dem Ersten Weltkrieg Kommunist, brach das Gymnasium ab, machte eine Tischlerlehre, studierte ein Jahr lang Kirchenmusik, wurde Sozialarbeiter und Lehrer und promovierte in Psychologie bei Karl Bühler. Zum Wiener Kreis pflegte er Kontakt, wollte aber nicht dazugehören, was im Nachhinein betrachtet verständlich und für Poppers eigene Theorie strategisch günstig gewesen war. 1934 ging er wegen einer Universitätsstelle nach Neuseeland und 1946 nach London, wo er nach seiner Emeritierung aufgrund seiner bedeutsamen Lehren schließlich geadelt wurde. Sein Kritischer Realismus gilt nach wie vor als modernste Form des Methodischen Empirismus.

bestimmte Art von ‚Scheinsätzen'. Dieser (wie mir scheint, rein terminologische) Lösungsversuch hat mit allen älteren Versuchen (z.B. mit dem ‚Apriorismus', dem ‚Konventionalismus' usw.) eine unbegründete Voraussetzung gemeinsam, nämlich die, daß alle *echten Sätze ‚vollentscheidbar'* verifiziert (und falsifizierbar) sein müssen, das heißt, daß sowohl eine (endgültige) empirische Verifikation wie auch eine empirische Falsifikation bei allen echten Sätzen *logisch möglich* sein muß. – Hebt man diese Voraussetzung auf, so kann der Widerspruch des ‚Induktionsproblems' auf einfache Weise gelöst werden: Die Naturgesetze (‚Theorien') können widerspruchsfrei als *‚teilentscheidbare'* (d.h. aus logischen Gründen zwar nicht verifizierbare, wohl aber *einseitig falsifizierbare*) echte Wirklichkeitsaussagen angesehen werden, die durch Falsifikationsversuche methodisch überprüft werden." (Popper 1971, 254f.)

Popper „halbiert" also das Kriterium der Entscheidbarkeit: Definitiv verifizierbar sind Aussagen nie, weil Wahrheit prinzipiell nicht erreichbar ist. Aber sie sind definitiv falsifizierbar. Dadurch ergibt sich ein neues Kriterium für die Feststellung, ob eine Theorie als Theorie akzeptabel ist. Er verwendet (ähnlich wie die Vertreter des Wiener Kreises, die den Kampf gegen die „Metaphysik" auf ihre Fahnen geschrieben haben) dazu eine Differenz zwischen *„‚empirisch-wissenschaftlichen' und ‚metaphysischen' Behauptungen"* (a.a.O., 255). Zunächst grenzt er sich ab gegen (seinen Intimfeind) Wittgenstein:

„Das ‚*Abgrenzungsproblem*' (Kants Frage nach den ‚Grenzen der wissenschaftlichen Erkenntnis') kann definiert werden als die Frage nach einem *Kriterium der Unterscheidung von ‚empirisch-wissenschaftlichen' und ‚metaphysischen' Behauptungen* (Sätzen, Satzsystemen). – Nach Wittgensteins Lösungsversuch leistet der ‚Sinnbegriff' die Abgrenzung: jeder ‚sinnvolle Satz' muß (als ‚Wahrheitsfunktion der Elementarsätze') logisch restlos auf (singuläre) Beobachtungssätze zurückführbar (aus diesen ableitbar) sein; erweist sich ein vermeintlicher Satz als unableitbar, so ist er ‚sinnlos', ‚metaphysisch', ist er ein ‚Scheinsatz': *Metaphysik ist ‚sinnlos'*. Durch dieses Abgrenzungskriterium schien dem Positivismus eine radikalere Überwindung der Metaphysik gelungen zu sein als durch die ältere Antimetaphysik. Aber dieser Radikalismus vernichtet mit der Metaphysik auch die Naturwissenschaft: Auch Naturgesetze sind aus Beobachtungssätzen logisch nicht ableitbar (Induktionsproblem!); auch sie wären somit bei konsequenter Anwendung des Wittgensteinschen Sinnkriteriums nichts anderes als ‚sinnlose Scheinsätze', als ‚Metaphysik'. Damit scheitert dieser Abgrenzungsversuch." (A.a.O., 255)

Daher sieht er in seinem „Falsifizierungskriterium" die einzige Möglichkeit, dem Dilemma zu entkommen:

„An Stelle des Sinndogmas und seiner Scheinprobleme kann als Abgrenzungskriterium das ‚*Kriterium der Falsifizierbarkeit*' (d.h. einer mindestens *einseitigen* Entscheidbarkeit) treten: Nur solche Sätze (Satzsysteme) sagen etwas über die ‚Erfahrungswirklichkeit' aus, die an ihr *scheitern* können; genauer: die man einer solchen *methodischen Nachprüfung* unterwerfen kann (und durch ‚methodologischen Beschluß' zu unterwerfen vereinbart), durch deren Ergebnisse sie *widerlegt* werden können." (A.a.O., 255)

Damit ist für Popper das Falsifizierungskriterium das Ei des Kolumbus der Wissenschaftstheorie:

„Die Annahme *teilentscheidbarer* Sätze löst somit nicht nur das ‚Induktionsproblem' (es gibt nur *einen* Typus von Schlüssen, die in induktiver Richtung fortschreiten, nämlich den – deduktiven – modus tollens), sondern auch das (so gut wie allen Fragen der ‚Erkenntnistheorie' zugrunde liegende) ‚Abgrenzungsproblem'; das ‚Kriterium der Falsifizierbarkeit' gestattet, die ‚Wirklichkeitswissenschaften', die empirisch-wissenschaftlichen Systeme gegen die metaphysischen (aber auch gegen die konventionalistisch-tautologischen) Systeme mit hinreichender Schärfe abzugrenzen – ohne jedoch die Metaphysik (als deren Niederschläge ja, historisch gesehen, die erfahrungswissenschaftlichen Theorien auftreten) für ‚sinnlos' erklären zu müssen. – Man könnte somit (um eine bekannte Formel Einsteins verallgemeinernd zu variieren) die ‚Wirklichkeitswissenschaften' etwa durch den Satz definieren: *Insofern sich die Sätze einer Wissenschaft auf die Wirklichkeit beziehen, müssen sie falsifizierbar sein, und insofern sie nicht falsifizierbar sind, beziehen sie sich nicht auf die Wirklichkeit.*" (A.a.O., 255f.)

Von hier aus geht Popper noch einen Schritt weiter und definiert „Theorie" neu. Er nimmt dabei Bezug auf das „Induktionsproblem". Seiner Sichtweise zufolge erledigt es sich von selbst:

„Wissenschaftliche Hypothesen können niemals ‚gerechtfertigt', ‚verifiziert' werden. Dennoch kann eine Hypothese *A* unter Umständen mehr leisten als eine Hypothese *B* – sei es, weil *B* gewissen Beobachtungsergebnissen widerspricht, d.h. durch diese ‚falsifiziert' wird, während *A* durch sie nicht falsifiziert wurde, sei es, daß z.B. mit Hilfe von *A* eine umfassendere Menge von Prognosen abgeleitet werden kann als mit Hilfe von *B*. Was wir von einer Hypothese im besten Fall sagen können, ist, daß sie (zwar grundsätzlich niemals gerechtfertigt, verifiziert oder auch nur als wahrscheinlich erwiesen werden kann, jedoch) sich bis heute gut bewährt hat und mehr leistet als andere vorliegende Hypothesen. Diese Beurteilung stützt sich ausschließlich auf die *deduktiven* Folgerungen (Prognosen), die aus der Hypothese abgeleitet werden können. Von *‚Induktion' braucht gar nicht gesprochen zu werden.*" (A.a.O., 255f.)

Dies war in der Tat ein radikaler Schritt: Wissenschaft hat nicht mit Theorien im klassischen Sinn – mit Systemen wahrer Aussagen über die Wirklichkeit – zu tun, sondern mit immer nur vorläufig akzeptierten Hypothesen – Annahmen – über die Logik der Wirklichkeit. Die Akzeptanz von Hypothesen ergibt sich nicht aus ihrem (letztlich nicht objektiv feststellbaren) Wahrheitsgehalt, sondern daraus, dass sie sich bewährt haben. Und diese Akzeptanz gilt so lange, bis eine andere Hypothese sich besser bewährt.

„Man wird sich wohl daran gewöhnen müssen, die Wissenschaft nicht als ein ‚System unseres Wissens', sondern als ein System von Hypothesen aufzufassen, d.h. von grundsätzlich unbegründbaren Antizipationen, mit denen wir arbeiten, so lange sie sich bewähren, ohne daß wir sie als ‚wahr' oder auch nur als ‚mehr oder weniger sicher' oder ‚wahrscheinlich' ansprechen dürfen." (A. a. O., 258)

Dieses Modell ist später als *„Kritischer Rationalismus"* bezeichnet worden. Man könnte sagen: Der Kritische Rationalismus ist die „moderne" Form des Empirismus. Seine „frühmoderne" Form – bei Comte und Mill – war noch grenzenlos optimistisch. Man hatte die Welt auf das, was wissenschaftlich erfassbar ist, eingeengt und das Spektrum des Gegenstandskontakts auf bestimmte Verfahren reduziert, war sich aber sicher, dass auf dieser Basis nicht nur Erkenntnis, sondern auch die Beherrschung der Welt möglich sei. Jetzt, nach der langen und intensiven Entwicklungsgeschichte des Paradigmas, hat sich dieser Optimismus reduziert. Popper verzichtet gänzlich auf den Wahrheitsanspruch. Den Anspruch auf Fortschritt und Verbesserung der Welt durch Erkenntnis behält er in gewisser Weise bei, aber er spricht nicht mehr vom Erreichen der Ziele (Wahrheit, Beherrschung der Wirklichkeit), sondern davon, dass sich wissenschaftlicher Fortschritt permanent diesen Zielen annähert (ohne sie je zu erreichen). Darin spiegelt sich einerseits die Skepsis, die sich auch hier bei Versuchen, das ursprüngliche Konzept zu realisieren, einstellte, aber andererseits auch der fortbestehende Glaube an den Fortschritt und die Perfektionierbarkeit des Projekts Wissenschaft. Wissenschaft ist gleichbedeutend mit Fortschritt; was sie nicht erreichen kann, ist nicht erreichbar. Und sie kann ihre Ziele nur durch das erreichen, was Popper als *Kritizismus* bezeichnete – durch ständige, hartnäckige Überprüfung von Interpretationen und Befunden.

Popper hat später noch einen neuen Anlauf zur Grundlegung von Erkenntnis unternommen, der eine Ergänzung und Erweiterung seines ursprünglich rein methodologisch angelegten Modells darstellt. Dazu entwarf er ein Konzept, das drei „Welten" unterscheidet:

- Welt 1 ist die *physikalische Welt*, zu der auch die Natur gehört. Sie stellt den Lebensraum des Menschen dar, in dem er (über)leben muss.

- Welt 2 ist das *Bewusstsein des Menschen* – entstanden im Zuge der biologischen Evolution als Modus der Anpassung an Welt 1.
- Welt 3 ist das *Reich der Gedanken*, der Vorstellungen, die sich Menschen von ihrer Wirklichkeit (Welt 1 und Welt 2) machen. Sie enthält sprachliche und symbolische Produktionen, ist ebenso real wie Welt 1 und 2 und allen Menschen zugänglich.

Erkenntnis gehört zu Welt 3. Ihren *Ausgangspunkt* hat sie in Welt 2 – als *Problem*, welches sich stellt und gelöst werden muss. Die Lösung spielt sich zunächst in Welt 3 ab. Das Problem wird (empirisch) untersucht, Theorien werden erstellt, geprüft und (vorläufig) akzeptiert, wenn sie besser sind als andere und mit dem vorhandenen Wissen über Probleme und Lösungen kompatibel sind. Erkenntnisfortschritt ergibt sich immer dort, wo neue Sachverhalte gefunden werden, die dazu zwingen, die bestehenden Theorien zu revidieren und/oder weiterzuentwickeln.

Das Besondere an der Erkenntnis ist dabei, dass sie zwar ein Produkt von Welt 2 und ein Teil von Welt 3 ist, aber Objektivität gewinnen kann. Objektivität heißt zunächst Autonomie, Unabhängigkeit von den Bedingungen der Erzeugung und den Intentionen der Erzeuger. Die so gewonnenen objektiven Erkenntnisse haben eine einzigartige Macht. Sie können in Welt 2 wirksam werden und Handlungen von Menschen beeinflussen, was wiederum auch dazu führen kann, dass Welt 1 (qua menschliche Handlung) verändert wird. – In dieser „Drei-Welten"-Konzeption von Popper tritt der Gedanke des Nutzens von Erkenntnis noch stärker in den Mittelpunkt der Argumentation. Damit betont er die Gebundenheit von Erkenntnis an praktische Prüfung, die jedoch immer nur vorläufig ist. Der Fortschritt der Erkenntnis sorgt dafür, dass Unzulänglichkeiten und Widersprüche erkannt und bearbeitet werden. Erkenntnisfortschritt hat daher eine objektive Seite, die unabhängig von den Intentionen und Vorstellungen der einzelnen Forscher dafür sorgt, dass sich Erkenntnis – und damit die Problemlösungskompetenz der Menschen – weiterentwickelt. – Gleichzeitig bewirkt dieses Modell in gewisser Weise eine

Rehabilitation des Subjekts, welches der Positivismus gänzlich aus der Wissenschaftstheorie ausgeschlossen hat. Auch Popper teilt die empiristische Annahme, dass die Person des Forschers, überhaupt Subjektivität im weitesten Sinn, in der Forschung nichts zu suchen hat. Er räumt aber ein, dass die Fragen von Subjekten gestellt werden, die in der Welt Probleme haben – die Beantwortung erfolgt jedoch – auf wissenschaftliche Weise – nur durch kritische Prüfung. Er trennt also ebenso wie Hans Reichenbach (1891–1953) *Entdeckungs-* und *Begründungszusammenhang*. Letzterer existiert nur in der unpersönlichen Welt 3. Popper betont die Notwendigkeit aktiven Engagements. Er kritisiert daher auch die implizite Vorstellung des Positivismus, dass Erkenntnisfortschritt allein durch ein ständiges Mehr an Wissen zustande kommt. Der „Kübeltheorie" der Erkenntnis (wie er sie nennt), derzufolge immer mehr in ein Gefäß gefüllt wird, bis es irgendwann einmal voll ist, stellt er seine „Scheinwerfertheorie" entgegen: In der Finsternis des Unwissens entsteht Erkenntnis durch gezieltes Beleuchten dessen, was man wissen will und muss.

Der Kritische Rationalismus hatte für Popper jedoch noch eine andere, eine politische Funktion. Er selbst engagierte sich schon früh politisch und stand den sozialdemokratischen Reformbemühungen der 20er-Jahre nahe. Seit den 30er-Jahren wandte er sich mit aller Schärfe gegen totalitäre Regime. Als Wissenschaftstheoretiker galt sein besonderes Augenmerk theoretischen Entwürfen, in denen er Grundlagen für Totalitarismus zu entdecken glaubte. Dabei sah er vor allem in „idealistischen" Entwürfen (von Platon bis Hegel) eine große Gefahr, weil sie dazu verführten, die Welt unrealistisch zu sehen oder gar irrationale Herrschaftssysteme zu errichten (Platon hatte eine Art von Gelehrtendiktatur propagiert; Hegel hatte hinter allem eine übermenschliche Vernunft wirken gesehen, der man sich letztlich nur unterwerfen kann). Alle Theorien, aus denen sich entweder die Sicherheit, zu wissen, was richtig und was zu tun sei, ableitete, lehnte er ebenso ab wie Theorien, die alles relativierten (den Marxismus daher ebenso wie den so genannten „Historismus"). Schließlich galt seine Kritik allen „Theorien", die wissenschaftliche Ansprüche vertraten, aber seinen Vorstellungen von Wissenschaftlichkeit nicht entsprachen. Das waren alle Erklärungen, die nicht falsifizierbar waren – also Erklärungen, aus denen sich widersprüchliche Hypothesen ableiteten oder die sich mit Aussagen verbanden, die nicht mit dem von ihm akzeptierten Instrumentarium empirisch überprüft werden konnten. Er selbst vertrat dagegen das Konzept einer vorsichtigen, Schritt für Schritt vorgehenden Entwicklung sozialer Technologien, die aufgrund von (falsifizierbaren und bewährten) Hypothesen entwickelt werden sollten. – Poppers Kampf gegen die von ihm als „unwissenschaftlich“ betrachteten Ansätze hat zwei Seiten. Auf der einen Seite steht seine energische Kritik am Totalitarismus und dem, was er als dessen „geistige Wurzeln“ ansah. Damit trug er zur Stützung einer wehrhaften Demokratie bei. Auf der anderen Seite tendierte er dazu, das Kind mit dem Bade auszuschütten. Er verdammte nicht nur wichtige Theoretiker viel zu pauschal; er konnte dadurch auch die Probleme, die diese erkenntnis- und wissenschaftstheoretisch zu lösen versuchten, (und erst recht deren Lösungsversuche) nicht angemessen behandeln. So mündeten seine Versuche, Objektivität und Vorurteilsfreiheit zu verteidigen, ihrerseits gelegentlich in Dogmatik.

Kritischer Rationalismus

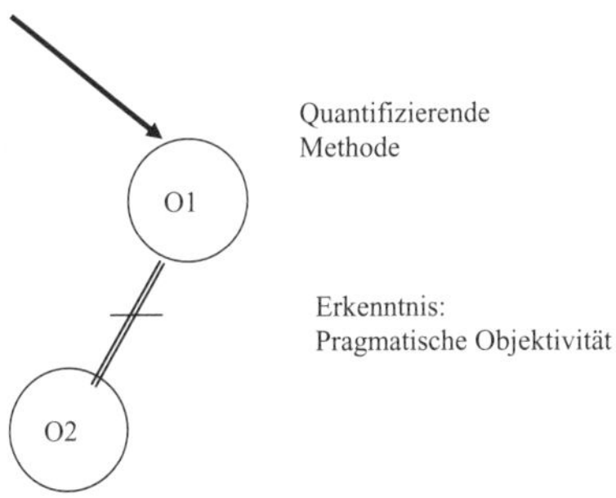

Wissen ist nie vollständig, immer vorläufig, wird durch permanente Kritik permanent verbessert.

6 Kritik des Kritischen Rationalismus

Poppers Kritischer Rationalismus wurde in weiten Kreisen der Wissenschaft als Nachfolger des traditionellen Positivismus akzeptiert. Sein „Kritizismus" wurde von vielen – besonders auch von jenen, die sich nur am Rande mit Wissenschaftstheorie beschäftigten – als Synonym für die Wissenschaftlichkeit, für die Einheit von Fortschritt und Wissenschaft und für die politische Vernunft verstanden. – Nicht alle waren jedoch dieser Meinung. Auch gegen Popper wurde zunächst die gleiche Kritik vorgebracht wie gegen den frühen Positivismus – nur in weiterentwickelter Form. Aus dem, was im 19. Jahrhundert noch unter dem Oberbegriff „Geisteswissenschaften" zusammengefasst war, hatte sich inzwischen eine Fülle von verschiedenen Wissenschaften weiter- und auseinanderentwickelt. Manche dieser Wissenschaften waren neu (so z.B. Ethnologie, Psychologie, Soziologie), andere veränderten unter dem Einfluss der wissenschaftlichen Entwicklung völlig ihr Profil (etwa die Literaturwissenschaften, Linguistik, Sprachwissenschaften). Jede dieser Wissenschaften entwickelte einen eigenen Methoden- und Theoriekanon, wodurch eine Vielfalt sehr unterschiedlicher Verfahren entstand, die oft qualitative und interpretative Methoden einschlossen – Methoden und Theorien, die nicht empirische Regelmäßigkeiten, sondern Sinnstrukturen, Relevanzen und Funktionen zum Thema haben. Viele dieser Methoden und Theorien passten nicht in das Bild des positivistischen Paradigmas. Daher wehrten sich die Vertreter diese Fächer bzw. dieser Verfahren heftig gegen den imperativischen Anspruch auch des Kritischen Rationalismus.

Positivismus-Streit
Auch die Ideologiekritik am Positivismus wurde erneuert. Wieder ging es vor allem darum, dass auch dem Kritischen Rationalismus vorgeworfen wurde, ein viel zu enges, zu einseitiges und vor allem ein politisch verzerrtes und einseitiges Bild der Wirklichkeit zu vertreten. Weder sei Wissenschaft „neutral“ noch lasse sich Erkenntnis auf quantitative Methoden reduzieren. Wer es dennoch versuche, sei nicht nur methodisch „einäugig“ und verliere wichtige Zugänge zur Realität, er/sie wirke zudem blind in einem Spiel mit, das er/sie nicht verstehe, weil der Positivismus keine Möglichkeit der Selbstkritik und Selbstreflexion enthalte. – Einen Höhepunkt erreichten diese Auseinandersetzungen im so genannten „Positivismusstreit“ der deutschen Soziologie. Die Kontrahenten waren Popper und die Anhänger des Kritischen Rationalismus auf der einen Seite, Adorno, Habermas und andere Vertreter der Kritischen Theorie auf der anderen Seite. Mit großem Aufwand wurden die mehr oder weniger bekannten Argumente bzw. Vorwürfe noch einmal wiederholt bzw. neu aufbereitet. Der Kritische Rationalismus warf den Vertretern der Kritischen Theorie vor, wild zu spekulieren und nie Beweise für ihre Thesen vorzulegen; ihrerseits bekamen sie zu hören, dass sie hirn- und sinnlos methodenfixiert seien und einen „methodologisch halbierten Rationalismus“ vertreten würden (so Habermas).

Die Auseinandersetzungen endeten wie das Hornberger Schießen – ohne Ergebnis. Jede Seite fühlte sich bestätigt und ermutigt, weiter wie bisher zu verfahren und bei den eigenen wissenschaftstheoretischen Überzeugungen zu bleiben. Insofern fügte sich auch diese Diskussion in die lange Tradition von ergebnislosen Kontroversen, des Missverstehens und des Beharrens auf bereits bezogene Positionen ein. – Ein einheitliches Gegenmodell wurde dabei nicht entwickelt, die Kritiker bezogen unterschiedliche Positionen. So sehr man sich darüber einig war, dass Theorie unabhängig von Erfahrung sei und dass sie zur Erfassung von Komplexität ein angemessenes internes Leistungsvermögen besitzen müsse, so sehr unterschieden sich die Begründungen und Ausformulierungen. Schlagworte, die in diesem Zusammenhang häufig Verwendung fanden, waren „Hermeneutik", „Dialektische Theorie" und „Qualitative Methodologie". Es bestand jedoch keinerlei Einigkeit darüber, was darunter genau zu verstehen sei.

Kuhn

Parallel dazu kam es noch zu einer weiteren, neuen Form der Kritik am Positivismus. Als Begründer dieser Form von Wissenschaftsforschung gilt Ludwik Fleck (1896–1961), der untersuchte, wie sich Wissenschaft aufgrund der (historisch bedingten) Dynamik von Denkstilen entwickelt. Daraus entwickelte sich im Werk von Thomas Kuhn (1922–1996) eine frontale Attacke gegen das herkömmliche Verständnis von Wissenschaft. Dieser beschäftigte sich mit der Idee des langsamen, aber stetigen (und unaufhaltsamen) Fortschritts der Wissenschaft, die schon der frühe Positivismus vertreten hatte und von Popper noch einmal dezidiert unterstrichen wurde. Anhand empirischer Untersuchungen – vorrangig aus dem Bereich der Naturwissenschaften – stellte er fest, dass die Theorie des stetigen Fortschritts der Wissenschaften ein Mythos ist. Um zu beschreiben, wie sich Wissenschaften wirklich entwickeln, verwendete er das Konzept des „Paradigmas". „Paradigma" bedeutet eigentlich Beispiel; Kuhn versteht darunter ontologische, methodologische und theoretische Leitvorstellungen und -konzepte. Die Wissenschaftsgeschichte versteht er als einen Prozess, in dem bestimmte Paradigmen eine Zeit lang „herrschen", dann aber abgelöst werden. Was er dabei feststellte, war eine Abfolge von typischen Phasen, die in etwa so aussieht:

- Am Anfang einer Wissenschaft steht eine *„Vorparadigmatische Phase"*: Eine Reihe von lose definierten, eher improvisierten Ansätzen stehen nebeneinander und konkurrieren, ohne dass einer sich durchsetzen kann.
- Was folgt, nennt Kuhn die *„Paradigmatische Phase"*: Ein Ansatz setzt sich durch und gewinnt allgemeine Anerkennung, seine Konkurrenten werden ausgegrenzt. Das nunmehr „herrschende Paradigma" wird der Bezugsrahmen für die Forscher eines Fachs. Es definiert, was „normale" Wissenschaft ist, gibt Themen, Fragen, aber auch die Möglichkeiten der Antwort vor. In dieser Phase wird kumulative normalwissenschaftliche Forschung betrieben, also mehr oder weniger geradeaus in die Richtungen marschiert, in die das Paradigma weist.
- Nach einer bestimmten Zeit kommt es zu einer *„Kritischen Phase"*: Das dominierende Paradigma ist erschöpft, Probleme und Fehlschläge häufen sich, „Anomalien" erschüttern den Glauben an das Paradigma. Diese Phase mündet in eine
- *„Revolutionäre Phase"*: Sie beginnt mit einem breiten Aufstand gegen das „herrschende Paradigma". Es werden neue Wege gesucht und propagiert, die alten geraten unter Beschuss. Die Vertreter des „herrschenden Paradigmas" halten dagegen.
- Der „Krieg" endet mit einer *„Neuen paradigmatischen Phase"*: Es kommt zu einer Machtergreifung eines der konkurrierenden Paradigmen, das zum neuen Leitmodell der Forschung wird; die Vertreter des nunmehr früheren Paradigmas passen sich an oder sterben aus. Was folgt, ist eine neue (Zeit der) Normalität. –

Kuhns Arbeit enthält eine Reihe von interessanten Ansätzen. Er fragt unter anderem, warum eigentlich die Tatsache, dass Wissenschaftsgeschichte eine Folge von Herrschaft und Revolution ist, so übersehen wurde. Seine Antwort darauf: Es liegt an der Geschichtsschreibung.

„Lehrbücher beginnen ... damit, daß sie den Sinn des Wissenschaftlers für die Geschichte seiner Disziplin abstumpfen. ... Charakteristischer Weise enthalten wissenschaftliche Lehrbücher nur wenig Geschichtliches, und zwar entweder in einem einführenden Kapitel oder häufiger in gelegentlichen Hinweisen auf die großen Helden eines früheren Zeitalters. Durch solche Hinweise erhalten Studierende und Fachleute das Gefühl, sie nehmen Teil an einer beständigen historischen Tradition." (Kuhn 1969, 139f.)

Dies ist jedoch eine Täuschung. Die Geschichtsbücher stellen nur die „Helden" dar, die in die eigene Geschichte passen. Und die dargestellt werden, werden in der Logik dieser Geschichte dargestellt:

„Teils durch Auslese und Teils durch Verzerrung werden die Wissenschaftler früherer Zeiten ausdrücklich so dargestellt, als hätten sie an der gleichen Reihe fixierter Probleme und in Übereinstimmung mit der gleichen Reihe fixierter Kanons gearbeitet, welchen die letzte Revolution in der wissenschaftlichen Theorie und Methode den Stempel der Wissenschaftlichkeit aufgeprägt hatte." (A.a.O., 140)

Die Lehrbücher schreiben also immer eine auf das herrschende Paradigma zentrierte Geschichte. Dadurch erscheint es als natürliches Ziel und als unvermeidbare Konsequenz dessen, was vorher passierte. Und nach jeder Revolution werden die Lehrbücher und Konzepte neu verfasst. – Nur durch ständiges Umschreiben erscheint die Geschichte der Wissenschaft als linearer Prozess. Der logische Nenner von Geschichtsbüchern dieser Art: „Die Wissenschaft hat ihren gegenwärtigen Stand durch eine Reihe von Einzelentdeckungen und Einzelerfindungen erreicht, die zusammengenommen den modernen Stand des Wissens ausmachen." (A.a.O., 151)

Bemerkenswert ist auch Kuhns Darstellung der Frage nach der Art und Weise, wie eine Revolution ausbricht, zum Abschluss kommt und eine neue Normalität erzeugt. Zunächst: Wer kommt überhaupt als „Revolutionär" in Frage? Es handelt sich laut Kuhn „gewöhnlich um Männer, die so jung oder auf dem von der Krise befallenen Gebiet so neu sind, daß ihre Arbeiten sie weniger tief als die meisten ihrer Zeitgenossen an die durch das alte Paradigma bestimmten Weltauffassungen und Regeln gebunden hat." (A.a.O., 155) Was sie anbieten, ist jedoch nicht unbedingt besser als das alte Paradigma, dafür aber weniger verschlissen und kompromittiert und bietet daher mehr Zukunft. Oft enthalten neue Paradigmen keine wirklich besseren Lösungen. Wenn sie bestimmte Probleme besser lösen, lösen sie dafür andere oft schlechter. Es kommt daher laut Kuhn auch zu keiner Verifikation von Theorien, noch nicht einmal zur Falsifikation von Theorien (das ist für Kuhn ebenso wenig möglich wie Verifikation). In Wahrheit wird die „Wahrscheinlichkeit im Lichte tatsächlich vorhandener Daten" geschätzt (a.a.O., 156). Dies ist jedoch keine logische Entscheidung, sondern eine, die zwischen verschiedenen Paradigmen getroffen wird. Verschiedene Paradigmen sind aber „inkommensurabel" – sie passen nicht zusammen, können sich nicht verständigen und nicht koexistieren. Sie leben, so Kuhn, in „verschiedenen Welten".

„Gäbe es nur eine einzige Menge wissenschaftlicher Probleme, nur eine Welt, in der man daran arbeitete, und nur ein System von Normen für ihre Lösung, dann könnte der Wettstreit der Paradigmata mehr oder weniger routinemäßig durch irgendeine Prozedur, zum Beispiel durch Auszählen der von jedem gelösten Probleme, erledigt werden. Aber in Wirklichkeit sind diese Bedingungen niemals voll gegeben. Die Befürworter konkurrierender Paradigmata bewegen sich immer in gewissem Grade auf verschiedenen Ebenen." (A.a.O., 159)

Beide Seiten basieren auf nicht-empirischen – also: metaphysischen – Bedingungen, die sie sich gegenseitig nicht zugestehen (können und wollen), weil sie jeweils anders sind als die eigenen. Der Effekt: „Der Wettstreit zwischen Paradigmata kann nicht durch Beweise entschieden werden." (A.a.O.)

Dass ein Paradigma besser sei, wird (so Kuhn) daher auch nicht bewiesen, sondern in der Gruppe der Forscher irgendwann unterstellt(!). Dann setzt sich das neue Paradigma, gestützt auf eine neue, ungebundene Generation durch. Diese gibt dann die Regeln vor – was vorher als Regel gegolten hat, ist jetzt „überholt“ und wird im obigen Sinne in die Geschichtsbücher verbannt. Die übrigen Wissenschaftler haben jetzt die Wahl, sich entweder anzupassen oder zum Außenseiter zu werden.

Kuhn zeichnete also ein alles andere als „lineares“ Bild der Wissenschaftsentwicklung. Das war starker Tobak für die meisten (Natur-)Wissenschaftler. Die These, dass die Aufgabe des „alten“ und die Akzeptierung des „neuen“ Paradigmas nicht sachlichen Kriterien folge, sondern eine Frage der Durchsetzungskraft sei, sorgte für Aufregung. Kuhn hat sie später etwas relativiert und davon gesprochen, dass ein neues Paradigma „so gut wie nie“ akzeptiert werde, wenn es „nicht alle oder fast alle quantitativen, zahlenmäßigen Rätselfragen löst“, die auch das alte gelöst hatte. (Kuhn 1977, 380) Und: „Im Laufe der Zeit wird die Gesamtheit der wissenschaftlichen Theorien offenbar immer artikulierter. Sie werden der Natur an immer mehr Punkten immer genauer angepasst. Auch steigt die Zahl der Gebiete, auf denen der Ansatz des Rätsellösens möglich wird, im Laufe der Zeit eindeutig an.“ (A.a.O.) Damit konnte Kuhn die Anhänger der Lehre vom akkumulativen, stetigen Fortschritt der Wissenschaften jedoch nur teilweise versöhnen, vor allem, weil er dabei blieb, dass es keinen definitiven Fortschritt gäbe, mehr noch: dass wir Fortschritt gar nicht genau bestimmen könnten. – Es gab jedoch auch noch andere Kritik an Kuhn. So stellte z.B. *Falter* (1984) fest, dass Kuhns Konzept auf das von ihm untersuchte Beispiel (die Durchsetzung eines neuen Paradigmas in der amerikanischen Politikwissenschaft) nicht passt. Er argumentierte weiter, dass Kuhn zwar über alle Wissenschaften rede, aber eigentlich nur die Problemlagen bestimmter Wissenschaften – etwa der Sozialwissenschaften – charakterisiere. Zu deren Situation passe jedoch das „Revolutionsmodell“ nicht.

In der Tat waren Kuhns Überlegungen Wasser auf die Mühlen vieler, die mit der herrschenden Wissenschaftsauffassung unzufrieden waren – insbesondere der Sozial- und Kulturwissenschaftler, die sich gegen die Vorherrschaft des Positivismus wandten. Sein Ansatz hat jedoch in vieler Hinsicht das Nachdenken über Wissenschaft angeregt. So hat beispielsweise *Imre Lakatos* (1922–1974) das „Paradigmen"-Konzept genauer untersucht und dabei unterschieden zwischen dem „harten Kern" eines Denkmodells und dem „protective belt", also den schützenden Zusatzannahmen, von denen es umgeben ist. Diese Unterscheidung eröffnete die Möglichkeit eines flexibleren Umgangs mit Theorien: Auch wenn sie Unzulänglichkeiten oder gar Fehler enthalten, bedeutet das nicht, dass sie zur Gänze falsch sind. – Kuhn war zudem einer der ersten Vertreter einer empirisch orientierten, kritischen Richtung der Wissenschaftsforschung, die sich der Entmythologisierung der Wissenschaft widmete. In der Folge kam es zu einer Fülle von Untersuchungen, die teils makrotheoretisch die allgemeine Entwicklung von Wissenschaft diskutierten, teils mikrotheoretisch einen genauen Blick auf die Wissenschaftspraxis warfen.

Was sich dabei zeigte, war ein wesentlich komplexeres Bild von Erkenntnis und Wissenschaft: Die Forschung konnte zeigen, dass und wie die Forschungspraxis und ihre Entwicklung *tief mit den jeweiligen Bedingungen verknüpft* war und ist, dass Forschung stets ein *multifaktorieller Prozess* ist, in dem sehr verschiedene Bedingungen zusammenspielen, und dass auch die *Kategorien*, die sie verwendet, und die *Prinzipien*, von denen sie sich leiten lässt, nicht etwa „natürlich" gegeben, sondern *Produkte der Umstände* sind und dementsprechend nicht immer gleich bleiben, sondern eine Geschichte haben, in deren Verlauf sie sich z.T. erheblich ändern. *Daston* (2001) hat z.B. gezeigt, dass „Objektivität" ein relativ spät entwickeltes Konzept ist und ursprünglich eine ganz andere Bedeutung hatte, dass selbst Tugenden, die an der Erkenntnis beteiligt sind (Neugier, Staunen), im Verlauf der Entwicklung erheblich anders bewertet wurden – und dass diese Entwicklung hartnäckig verleugnet wurde und wird (was auf Defizite in der Selbstreflexion und im Selbstverständnis verweist).

Knorr-Cetina
Eine Vertreterin dieser neuen, mikrologischen Wissenschaftsforschung ist Karin Knorr-Cetina. Sie praktiziert keine „positivistische" Sozialforschung, sondern „teilnehmende Beobachtung" – eine Methode, bei der von größter Wichtigkeit ist, im Feld, vor Ort, genau und aufmerksam zu beobachten, was wirklich passiert und sich dabei möglichst wenig von Vorschriften beeinträchtigen zu lassen. Ihr Bericht über die „Fabrikation von Erkenntnis" (1983) basiert auf einer solchen intensiven Beobachtung des Geschehens in einem biochemischen Labor. Der Titel des Buches ist Programm: Es geht ihr darum, zu zeigen, dass Erkenntnis *erzeugt* wird und dass dabei unentwegt Entscheidungen getroffen werden, die Einfluss auf die Richtung und die Art der Erkenntnis nehmen.

Sie beschreibt dabei die praktische Realität wissenschaftlicher Forschung in all ihren Facetten. Es handelt sich um ein Milieu, in dem es um viel Geld, das investiert und erwartet wird, geht, aber auch um Status und Anerkennung, um Karrieren und Konkurrenz, um Macht und Hierarchie – kurz: um alles, was das Leben so bietet. Zunächst geht es um die schwierigen Hürden, die ein Projekt nehmen muss, um realisiert zu werden – welche Koalitionen geschmiedet werden, mit wem gegen wen ein Projekt beantragt wird, wie eine Leerstelle im Forschungsfeld gesucht und verteidigt wird etc. Schon dieser erste Abschnitt ist massiv beeinflusst von den Zufälligkeiten der Umstände. Bei der Arbeit selbst sieht es kaum anders aus:

„Es ist der 9. Februar. … Dietrich erfährt durch einen Anruf von Jackie, seiner unmittelbaren Vorgesetzten, dass Watkins endlich die Benutzung des Großlabors zugestimmt habe, ‚nachdem er eine Menge Schwierigkeiten gemacht habe'. Die Experimente sind für den nächsten Tag angesetzt, was die Beteiligten unter beträchtlichen Druck setzt. Der angesetzte Zeitpunkt läßt sich nur unter extremen Umständen verändern. Außerdem ist man dankbar für *jede* Gelegenheit, das Großlabor zu benutzen." (Knorr-Cetina 1981, 212)

Unter diesem Druck wird improvisiert.

„Nach Dietrich besteht nun die Aufgabe darin, das Bentonit (ein Absorptionsmittel) für die Versuche aufzutreiben. Er macht sich auf die Suche ... Als er nach zwei Stunden zurückkommt, sagt er, er habe es (nirgends) finden können. ... Das Problem wird von den Anwesenden diskutiert. Anderson schlägt vor, Kalziumkarbonat zu benutzen. ... Dietrich sagt, sie würden es morgen probieren, da es keine andere Alternative gäbe." (A.a.O.)

Knorr-Cetina bezeichnet dieses pragmatische Herumprobieren mit dem Ausdruck „Labor-Opportunismus": Man richtet sich nach den Gegebenheiten und nutzt zufällige Chancen. Sie spricht von der Abhängigkeit der Laboroperationen von „der lokalen Situation sowie der Dynamik der lokalen Interaktion" (a.a.O., 213). – Von alledem steht jedoch nichts in dem Papier, welches schließlich über die Ergebnisse verfasst wird. Es enthält überhaupt keine Prozessbeschreibung mehr: „Im wissenschaftlichen Papier hat die experimentelle Methode keine eigene dynamische Struktur: Es gibt keine Probleme, keine Ressourcen, die diese Probleme in Lösungen überleiten, keine Interessensfusionen, die die Ausführung der technischen Operationen tragen könnten." (A.a.O., 214) Diese Darstellung legt ein von vornherein geplantes, sich selbst begründendes Geschehen nahe. Was durch Umstände erzwungen oder nahe gelegt wurde, erscheint im Papier „als *flow-chart* ausgewählter Selektionen, die mangels Kontextualisierung und Begründung den Eindruck von Nicht-Selektionen erwecken." (A.a.O.) Auffällig, dass im Papier auch

„*jede* (technische) Begründung ebenso fehlt wie jede Thematisierung alternativer Entscheidungsmöglichkeiten. Verglichen mit der Laborarbeit, in der das eine Vielzahl von Aktivitäten umfassende *Treffen* von Entscheidungen dominierte, offeriert das Papier eine kurios bereinigte *Residual*beschreibung. Ich meine damit eine Beschreibung, die hauptsächlich Dinge enthält, die im Labor höchstens *am Rande* interessieren (wie das Fabrikat eines Instruments oder der Herkunft einer Technik)." (A.a.O., 216)

Auf diese Weise entstehen Artefakte – künstlich erzeugte Sachverhalte. So ist beispielsweise die Trennung in Methoden und Resultate nichts, was der Forschungsrealität entspricht, sondern ein Resultat der Darstellungsweise. Während in Wahrheit (opportunistisch) Methoden gewählt und dadurch bestimmte Resultate erzeugt wurden, stellt das Papier den Vorgang so dar, als wären „neutrale" Methoden verwendet worden, die „objektiv" zu bestimmten Ergebnissen geführt hätten – die Trennung von Methoden und Resultat suggeriert also eine Unabhängigkeit, die so nicht existiert. – Für die Publikation wird das Papier erneut überarbeitet. Jetzt wird das in der ersten Version von den Spuren der Herstellung gereinigte, abstrakte Produkt erneut bearbeitet. Diesmal sind es mehr oder weniger wissenschaftspolitische Strategien, die die Bearbeitung steuern. Man versteckt sich hinter anderen Autoren, um nicht allein verantwortlich zu sein. „Die Endfassung *argumentiert* … zugunsten der vorgeschlagenen Alternative, aber sie *gibt* nicht länger zu, den Vorschlag gemacht zu haben. … (Man bedient sich) der Guerilla-Taktik, die durch literarische Zerstreuungsstrategien verdeckt wird." (A. a. O., 230) Das hängt auch damit zusammen, dass nun, wo das Papier veröffentlicht wird, alle als Mitverfasser aufgenommen werden, denen man verpflichtet ist oder auf die Rücksicht genommen werden muss. Diese „Co-Autoren" wiederum haben ihre Empfindlichkeiten, denken an neue, größere Forschungsprojekte, die finanziert werden müssen, wozu bestimmte Personen günstig gestimmt werden müssen usw. usw. Daraus ergibt sich ein ausgesprochen komplexes soziales Kalkül, ein schwieriger Drahtseilakt aus Interessenskoalitionen und -widersprüchen.

Was Knorr-Cetina damit zeigen will: Im Forschungsalltag kann überhaupt keine Rede davon sein, dass aus Theorien Hypothesen abgeleitet werden, die dann rigoros überprüft werden (womöglich nach dem Hempel-Oppenheim-Schema). Tatsächlich kam es zu einem permanenten Entscheidungsprozess, der auch ganz anders aussehen könnte und wesentlich von nicht-sachlichen Themen (verfügbare Technik, verfügbare Materialien, soziale Abhängigkeiten, Karriereinteressen usw.) mitbestimmt wird. Und was davon dargestellt wird, ist ein künstliches Produkt, das als „Ergebnis" bezeichnet wird und keine Spuren seiner Erzeugung mehr aufweist. – Auch diese Kritik ging zumindest indirekt an Poppers Adresse. Sie ergänzte die Kuhn-Kritik durch die Verdeutlichung, dass auch im Alltag die propagierte bzw. geforderte methodische und theoretische Strenge des Kritischen Rationalismus ein Mythos ist. –

Feyerabend
Die dritte neue Form der Kritik zielte noch grundsätzlicher auf die positivistische Grundphilosophie des hochdisziplinierten und -kontrollierten Gebrauchs von Theorien und Methoden ab. Sie wurde von *Paul Feyerabend* (1924–1994), einem ursprünglichen Schüler von Popper, auf den Punkt gebracht. In seiner wissenschaftstheoretischen Provokationsschrift mit dem Titel „Wider den Methodenzwang" rechnet er mit dem ab, was ihm an Positivismus und Kritischem Rationalismus als rigide Zwangsjacke des Denkens erschien. Er schreibt „in der Überzeugung ..., daß der *Anarchismus* vielleicht nicht gerade die anziehendste *politische* Philosophie ist, aber gewiß eine ausgezeichnete Arznei für die *Erkenntnistheorie* und die *Wissenschaftstheorie.*" (Feyerabend 1975, 28) Die Arznei ist nötig, weil beide restriktiv und unangemessen (geworden) sind und der Wirklichkeitskomplexität nicht entsprechen. „Sollen wir wirklich glauben, daß die naiven und biederen Regeln, von denen sich Methodologen leiten lassen, ein ... ‚Labyrinth von Wechselwirkungen' auflösen können?" (A.a.O., 28f.) Feyerabends Antwort darauf: nein. Erkenntnisfortschritt ist „nur einem rücksichtslosen Opportunisten möglich ..., der an keine bestimmte Philosophie gebunden ist und jede gerade geeignet erscheinende Methode anwendet." (A.a.O., 29)

Der Grund dafür, wieso die Wissenschaft dermaßen vom rechten Pfad der Tugend abkommen konnte, liegt in einer (mehr oder weniger absichtlichen) (Selbst-)Täuschung. In Zuspitzung der Kuhn'schen Thesen stellt Feyerabend fest, dass die Geschichte der Wissenschaft „komplex, chaotisch, voll von Fehlern und unterhaltend" sei, aber: „Ein wenig Gehirnwäsche (macht) die Geschichte der Wissenschaft sehr viel flacher, simpler, einförmiger, ‚objektiver' und strengen, unveränderlichen Regeln zugänglicher. Die wissenschaftliche Ausbildung, wie wir sie heute kennen, hat genau dieses Ziel. Sie simplifiziert die ‚Wissenschaft'" (a.a.O., 30f.) durch eine Kette von Festlegungen, Ausgrenzungen und Definitionen, durch die der Eindruck einer feststehenden Welt und einer ebenso feststehenden Wissenschaft erzeugt wird. Die Regeln, die dieses verzerrte Weltbild beherrschen, wirken „verdummend" und widersprechen dem eigentlichen Ziel der Wissenschaft. Sie funktioniert dann zwar, aber sie bleibt unproduktiv und ist sich dessen nicht einmal bewusst.

„Ganz wie ein gut dressiertes Haustier seinem Herren gehorcht, wie verwirrt es auch immer sein mag, genauso gehorcht ein gut dressierter Rationalist dem Vorstellungsbild *seiner* Herren, er hält sich an die Grundsätze des Argumentierens, die *er* gelernt hat, und zwar auch dann, wenn er sich in der größten Verwirrung befindet, und er kann überhaupt nicht erkennen, daß das, was er als die ‚Stimme der Vernunft' ansieht, nichts anderes ist als eine *kausale Nachwirkung seines Trainings.*" (A.a.O., 38)

Feyerabend kritisiert nicht zuletzt den Mythos, Forschung sei eine kausale Folge von Überlegung und Ausführung, von Problem und Lösung. In Wahrheit handle es sich um einen komplexen Prozess, der nicht auseinander dividiert werden könne.

„Die Schaffung eines *Gegenstands* und das vollständige Verständnis einer *richtigen Vorstellung* von dem Gegenstand *gehören sehr oft zu ein und demselben unteilbaren Vorgang*. ... Der Vorgang selbst wird von keinem wohldefinierten Programm geleitet, denn er enthält die Bedingungen für die Verwirklichung aller möglichen Programme." (A.a.O., 39)

Diese notwendigerweise offene Dynamik von Erkenntnis lässt für Feyerabend nur eine Konsequenz zu:

„Es ist ... klar, daß der Gedanke einer festgelegten Methode oder einer feststehenden Theorie der Vernünftigkeit auf einer allzu naiven Anschauung vom Menschen und seinen sozialen Verhältnissen beruht. Wer sich dem reichen, von der Geschichte gelieferten Material zuwendet und es nicht darauf abgesehen hat, es zu verdünnen, um seine niedrigen Instinkte zu befriedigen, nämlich die Sucht nach geistiger Sicherheit in Form von Klarheit, Präzision, ‚Objektivität', ‚Wahrheit', der wird einsehen, daß es nur *einen* Grundsatz gibt, der sich unter *allen* Umständen und in *allen* Stadien der menschlichen Entwicklung vertreten läßt. Es ist der Grundsatz: *Anything goes (Mach, was du willst).*" (A.a.O., 45)

Innerwissenschaftliche Entwicklungen

Man gelangte jedoch auch und gerade durch den Fortschritt des Typs von Wissenschaft, den der kritische Rationalismus vertritt, zu Erkenntnissen, die Zweifel an der Logik des empiristischen Denkens aufkommen ließen. Dazu drei Beispiele:

- Die nähere empirische Untersuchung des Zerfalls von radioaktiven Atomen führte zu dem Ergebnis, dass sich zwar eindeutige Kennziffern für den Ablauf des Zerfalls einer Menge von Atomen finden lassen („Halbwertszeit": Zeitdauer, innerhalb der von der ursprünglichen Zahl die Hälfte zerfallen ist; eine für jedes Nuklid charakteristische Konstante). Zugleich stellte man jedoch fest, dass *nicht* vorhersagbar ist, welches Atom wann zerfällt – es handelt sich beim radioaktiven Zerfall um einen *reinen Zufallsprozess*. Das bedeutet, dass hier die vom Empirismus zwingend verlangte Kausalität nicht vorhanden ist. – Diese Einsicht erschütterte die Annahme, dass Kausalität als *universelle* Logik gilt.
- Eine vergleichbare Wirkung hatte die „Heisenberg'sche Unschärferelation" auf die Annahme der Universalität des quantifizierenden Verfahrens. Heisenberg fand heraus, dass

in einem mikrophysikalischen System verschiedene Größen in einem Verhältnis zueinander stehen, das eine gleichzeitige, präzise Messung ausschließt. Wenn man also den Impuls eines Teilchens genau misst, ist sein Ort zur gleichen Zeit nicht mehr messbar (und umgekehrt). Je genauer eine Größe bestimmt wird, desto ungenauer wird die andere bestimmbar. Damit war eine Grenze der Messbarkeit erreicht, die nicht technisch, sondern systematisch bedingt ist, die also nicht durch bessere Instrumente überwunden werden kann, sondern ein Naturgesetz darstellt. – Die „natürliche" Grenze des Messens ist gelegentlich so interpretiert worden, dass in der Mikrophysik keine Kausalität, sondern Willkür herrsche, weil erst in und durch den Messvorgang bestimmte Eigenschaften festgelegt werden. Das stimmt so nicht. Dennoch zeigt die „Heisenberg'sche Unschärferelation", dass dem Messen und Zählen Grenzen gesetzt sind.

- Ein weiteres Argument stammt aus der formalen Logik. Seit deren Entwicklung im 19. Jahrhundert war man auf der Suche nach einer alles umfassenden Grundlage jeglicher Logik. Dies war das Ziel des so genannten „Hilbert"-Programms (benannt nach dem Mathematiker *David Hilbert*; 1862–1942). Der Österreicher *Kurt Gödel* (1906–1978) wies jedoch nach, dass dieses Programm nicht realisierbar ist. Er zeigte (mit Mitteln der formalen Logik!), dass es kein abschließbares Kalkül geben kann, das „hinreichend komplex" ist, d. h.: so komplex, dass es sich selbst einschließen kann. Damit bleibt formale Logik jedoch auf willkürliche Weise axiomatisch – es gibt keine Möglichkeit, sie intern, nur mit eigenen Mitteln, vollständig zu formulieren. Anders gesagt: Eine voraussetzungslose Logik ist nicht möglich.

Alle drei Beispiele zeigen, dass dem Programm des Methodologischen Empirismus Grenzen gesetzt sind, die mit dessen Mitteln weder diskutierbar noch behandelbar sind – und beweisen damit die Notwendigkeit, weitere Mittel zu verwenden.

Äußere Entwicklungen: Wirtschaft, Politik und Wissenschaft

Noch eine weitere Art der Kritik traf das wissenschaftstheoretische Selbstverständnis des Positivismus. Die Kritische Theorie hatte ja bereits beanstandet, dass das positivistische Wissenschaftsverständnis keine Selbstkritik, keine kritische Auseinandersetzung mit den Bedingungen seines Denkens, aber auch keine mit dessen Folgen einschloss. Auch ohne die theoretische Position der Kritischen Theorie zu teilen, mehrten sich in der zweiten Hälfte des 19. Jahrhunderts wissenschaftskritische Stimmen, die die Willfährigkeit und Bedenkenlosigkeit des Positivismus aufs Korn nahmen. Während am Anfang der gesellschaftlichen Modernisierung Wissenschaft als Garant des Fortschritts erschien (und nur von hoffnungslos Konservativen abgelehnt wurde), nahm parallel zum wissenschaftlichen Fortschritt selbst die Skepsis zu – auch und gerade unter denen, die sich dem Fortschritt verpflichtet fühlten. Diese Parallele ist kein Zufall, wenn man bedenkt, wie sich die Wissenschaft selbst, aber auch die Beziehung zwischen Wissenschaft und Gesellschaft entwickelt hat. Zwar unterschied sich die Wissenschaft von Anfang an von vorwissenschaftlicher Forschung aufgrund der Systematik ihrer Intentionen und der Form ihrer sozialen Institutionalisierung. Dennoch waren die Anfänge quantitativ wie qualitativ eher bescheiden. Die Universitäten waren kleine Einrichtungen mit wenigen Professoren und Studenten und bescheiden ausgestattet. Zu diesem Zeitpunkt war Forschung vorrangig eine bestimmte Art von „Grundlagenforschung" – im wörtlichen Sinn: Man suchte noch nach Grundlagen. Da jedoch weite Bereiche der Wirklichkeit völlig unbekannt waren und keine rechten Vorstellungen über die Systematik von Wirklichkeit und Forschung vorhanden waren, bestand diese Art von Forschung oft in einem mehr oder weniger erratischen Sammeln von Informationen, punktuellem Überprüfen und probeweiser Verkoppelung.

Noch hatte Forschung also mehr mit Abenteuer als mit praktischer Verwertung zu tun. Das vorhandene Grundlagenwissen war noch wenig technisch nutzbar und die wenigen Studierenden waren nur begrenzt daran interessiert, einen „Job" zu bekommen. Es gab auch noch keinen „Akademiker-Arbeitsmarkt". Produktion und Reproduktion funktionierten auf so einfachem Niveau, dass es noch keiner Spezialisten, keiner hochqualifizierten Experten bedurfte, um sie in Gang zu halten und vorwärts zu bringen. Wer studierte, tat dies aus Neugier und/oder um im akademischen Betrieb zu bleiben. – In der zweiten Hälfte des 19. Jahrhunderts geht die Pionierphase der modernen Wissenschaft über in eine Phase der Konsolidierung und gezielten Expansion. „Wissenschaft" hat sich als gesellschaftliches Subsystem etabliert und intern geordnet. Gleichzeitig etabliert sich eine *engere Verbindung mit Wirtschaft und Politik*, was die weitere Entwicklung entscheidend prägen sollte. Die enge Verbindung mit der Wirtschaft ergibt sich von zwei Seiten. Produktion und Distribution werden mehr und mehr umgestellt auf wissenschaftlich begründete Techniken und Verfahren. Dadurch steigt jedoch der Bedarf an Experten erheblich. Es entsteht der neue Typ der akademisch gebildeten Fachleute, die bestimmte Themenbereiche theoretisch und technisch beherrschen; die Universität wird zum Ort, an dem diese Fachleute ausgebildet werden. Das Verhältnis von Wissenschaft und Politik ändert sich, sofern die Politik Wissen als Machtmittel begreift und nutzt. Damit wird Erkenntnis zum Gegenstand politischer Interessen (und entsprechend gesteuert).

Diese neue Verbindung von organisierter Produktion von Erkenntnis und gesellschaftlicher Verwertung bringt die Modernisierung erst richtig in Gang und beschleunigt sie erheblich. Erst dadurch wird die Wirklichkeit systematisch zum Material, welches geformt und instrumentalisiert werden kann und auch wird. Die Reichweite menschlicher Aktivitäten dehnt sich quantitativ wie qualitativ erheblich aus; „natürliche" Grenzen menschlichen Tuns werden überschritten und die „Natur“ wird mehr und mehr von menschlichen Aktivitäten geformt und vor allem erweitert: Aus den natürlichen Vorgaben werden gänzlich neue, „unnatürliche“ Produkte erzeugt, die die Reichweite der Praxis exponentiell ausweiten. Dies ist zunächst ein Segen: Es gelingt, Krankheiten zu heilen und die Lebensbedingungen vieler Menschen wesentlich zu verbessern. Aber zugleich sind die Produkte der Wissenschaft auch ein potenzielles Risiko, vor allem dann, wenn sie eigens zu problematischen Zwecken erzeugt werden und/oder wenn ihre Auswirkungen nicht kontrolliert werden können. Die Frühphase der wissenschaftlichen Expansion ist auch das Zeitalter des Imperialismus, das zum Ersten Weltkrieg führt. Für die Eroberung und Ausbeutung von Kolonien liefern die (jeweils nationalen) Wissenschaften ebenso unbekümmert oder gar begeistert „Grundlagen“-Wissen wie für die Militärtechnik, die Millionen von Menschen das Leben kostet.

Die Verbindung von Wirtschaft, Politik und Wissenschaft wird in der Folge noch enger. Dies schon deshalb, weil Forschung immer mehr kostet, je weiter sie voranschreitet. Die nunmehr erforderlichen großen Investitionen werden naturgemäß strategisch gesteuert, also von Unternehmen, die sich davon Erträge erwarten und/oder von Politikern, die in ihre Vorstellung von der Zukunft (bzw. der ihres Klientels) investieren. Dies führt tendenziell dazu, dass Forschung sozusagen außerhalb von Wissenschaft betrieben wird: in Industrielaboratorien und in Einrichtungen, die privat organisiert und universitätsfern sind. Zugleich werden Ergebnisse stärker sortiert. Viele Erkenntnisse werden geheim gehalten (aus politischen Gründen, aber auch, damit sie die Konkurrenz nicht nutzen kann). Es gibt Schätzungen, die davon ausgehen, dass inzwischen etwa die Hälfte aller neuen Erkenntnisse nicht mehr der (wissenschaftlichen) Öffentlichkeit frei zugänglich sind, sondern geheim gehalten oder privatisiert werden.

Anders formuliert: Die Annahme, Wissenschaft diene „dem Fortschritt“ schlechthin, ließ sich in dem Maße nicht mehr aufrechterhalten, in dem sie völlig neue Risiken erzeugte und partikularen Interessen diente. Die Gleichsetzung von Erkenntnis und Fortschritt, mit der die Wissenschaft angetreten war, löste sich durch Differenzierungen auf beiden Seiten auf – weder ließ sich „Fortschritt" eindeutig bestimmen noch ließen sich wissenschaftliche Erkenntnisse immer eindeutig einer bestimmten (und nur dieser einen) Wirkung zuordnen. Der Fortschritt von Erkenntnissen brachte Möglichkeiten der Manipulation von Wirklichkeit mit sich, die strukturell mehrdeutig bis ambivalent waren/sind. Beinahe noch harmlose Beispiele: Die Entwicklung von FCKW ermöglichte technisch bessere Lösungen in manchen Bereichen der Produktion, trug aber zugleich zur Zerstörung der schützenden Ozonschicht der Atmosphäre bei. DDT half, landwirtschaftliche Monokulturen vor „Schädlingen" zu schützen, erwies sich jedoch als schlecht abbaubar und sammelte sich am Ende der Nahrungskette – im menschlichen Fettgewebe, z.B. in der weiblichen Brust, wodurch die Muttermilch mit Insektiziden verseucht wurde. Noch ganz andere Folgen hat die Entdeckung der Spaltbarkeit des Uranatoms mit sich gebracht – nicht nur Waffen, die alle bis dato bekannten Möglichkeiten der Tötung von Menschen bei Weitem übertreffen (wir leben heute mit der Gefahr eines vielfachen „overkills"), sondern auch zivile Nutzungen, deren Restrisiko (siehe Harrisburg oder Tschernobyl) verheerend sein kann. Und was die Gentechnologie nicht nur an Segen, sondern auch an Risiken bringen wird, ist heute noch nicht einmal zu erahnen.

Kurz: Die Wissenschaft hat schon lange „ihre Unschuld verloren" (Hermann 1984). Problem- und risikolos waren Erkenntnisse, solange es sich noch um erste, suchende Schritte ohne unmittelbaren Nutzungseffekt handelte. Je weiter sich Erkenntnis ausdehnt, desto problematischer wird ihre praktische Anwendung. Einerseits, weil viele Chancen, die sie bietet, mit Risiken verbunden sind, andererseits jedoch vor allem, weil viele Erkenntnisse hochspezieller Art und unmittelbar nur auf bestimmte Teile der Realität bezogen sind. Sie anzuwenden bedeutet jedoch stets eine Intervention in ein komplexes System, was weitreichendere Folgen hat als ursprünglich intendiert (DDT wurde nicht erfunden, um Muttermilch zu vergiften) und worauf das System auf komplexe, „nicht-lineare“ Weise reagiert (die Veränderung der Ozonschicht hat weitreichende Konsequenzen in vielen Bereichen, die heute noch nicht wirklich absehbar sind). Es besteht also in modernen Gesellschaften eine systemische Diskrepanz zwischen *der Partikularität von Erkenntnis* und der *Systematik ihrer Auswirkungen*. Folgen treten dort auf, wo sie nicht erwartet und erwünscht sind, und selbst erwünschte Folgen sind für manche positiv, für andere aber negativ. Dies alles führt dazu, dass Erkenntnis nicht mehr einfach nur Fortschritt ist, sondern von vielen Richtungen aus als Problem gesehen wird. Eingefordert wird häufig Transparenz und gesellschaftliche Kontrolle der Produktion und Verteilung von Erkenntnissen; mehr oder weniger heftig kritisiert wird dabei die Abstinenz des Positivismus in Bezug auf die Diskussion dieser Themen. –

7 Alternativen zum Positivismus: Neo-Konstruktivismus

Gegen den Positivismus und seine Weiterentwicklung, den Kritischen Rationalismus, entwickelte sich also eine breite Front der Kritik. Während dessen Anhänger emsig weiter mit seiner Ausarbeitung beschäftigt waren (mit dem üblichen Resultat: die Vorstellungen gingen und gehen weit auseinander), wurden ihnen von den Kritikern schwere Fehler vorgehalten:

- Der Positivismus ist eine ideologisch einseitige und verzerrte Form von Wissenschaftstheorie, der einen Großteil der Wirklichkeit nicht erfassen kann/will, weil er Theorien überhaupt keine Selbständigkeit zuerkennt und sich zugleich unnötig einengt auf bestimmte (quantitative) Methoden. Zudem ist er unfähig, seine eigenen Bedingungen zu reflektieren (Kritische Theorie).
- Der Positivismus vertritt eine naive und primitive Vorstellung von der Entwicklung und Funktionsweise von Wissenschaft und fällt dabei seinem selbst erzeugten Eindruck zum Opfer. Weder entwickelt sich Erkenntnis geradlinig (Stein – auf Stein), wie dies das Fortschrittsmodell unterstellt, noch kann man davon ausgehen, dass stets nur das jeweils bessere Modell aus jeweils nur sachlichen Gründen akzeptiert wird (Kuhn).

- Die reale Wissenschaftspraxis hat mit dem idealisierten Schema der Ableitung von Hypothesen aus Theorien und deren rigorosen empirischen Überprüfung wenig zu tun. Forschung ist ein permanenter Entscheidungsprozess, der sich im Prinzip nicht von anderen unterscheidet. Die Ergebnisse müssen daher als Resultate von praktischen Entscheidungen und damit zusammen mit den Bedingungen, unter denen sie getroffen werden, gesehen werden (Knorr-Cetina).
- Der Verhaltenskodex des Positivismus ist viel zu simpel und disziplinierend; er regt nicht zur Kreativität und zum Voranschreiten an, sondern sorgt im Gegenteil dafür, dass das Gleiche immer wieder reproduziert wird. Auf diese Weise wird der Eindruck von Einheitlichkeit, Homogenität und Effizienz erzeugt, während in Wahrheit der Ertrag dürftig und eindimensional ist (Feyerabend).
- Der Universalitätsanspruch des empiristischen Paradigmas stößt auch intern an Grenzen, weil man auch mit dessen Mitteln auf Grenzen und Phänomene stößt, die damit nicht mehr behandelbar sind, so dass auch ein konsequenter Empirismus ergänzungsbedürftig ist (Atomphysik, Heisenberg, Gödel).
- Die Wissenschaft erzeugt in Abhängigkeit von Geld und Politik Produkte, die für bestimmte Interessen funktional, für andere aber dysfunktional und für das gesellschaftliche Ganze unter Umständen sogar gefährlich sind, weil sie blind agiert und keinem vernünftigen Plan folgt bzw. imstande ist, ihre Folgen zu begreifen und zu kontrollieren (Wissenschaftskritik).

Selbstverständlich muss einiges an der Kritik relativiert werden. Es ist fraglich, ob Kuhns Modell wirklich auf jede Form von wissenschaftlicher Entwicklung zu jeder Zeit zutrifft oder ob er nicht das, was sich in bestimmten Bereichen bzw. bestimmten Phasen von Wissenschaften ereignet, (über)generalisiert. Es ist auch fraglich, ob die Untersuchungen von Knorr-

Cetina den gesamten Wissenschaftsprozess charakterisieren (und nicht nur bestimmte, pragmatische Formen) und auch, ob Feyerabends Kritik an der Dogmatik des Positivismus dessen Nutzen nicht zu klein schreibt. Dennoch: Die Perspektiven machen deutlich, dass der Positivismus weder als Erkenntnistheorie noch als Theorie der Wissenschaft ausreicht bzw. zutreffend ist. – Damit stellt sich die Frage nach Alternativangeboten. Tatsächlich mangelt es daran nicht, im Gegenteil: Es gibt mehr als genug. Aber es ist unübersehbar, dass es wesentlich einfacher ist Kritik zu üben als eine Alternative zu entwickeln, die konsensfähig ist. Die Gegner des Positivismus sind sozusagen in viele verschiedene Strömungen und Subströmungen gespalten. Es gibt zwar eine Reihe von identifizierbaren Traditionen, auf die man sich oft beruft, aber keine einheitliche Gegenposition mit der (einfachen) Prägnanz des Positivismus und des Kritischen Rationalismus.

Dies ist alles andere als ein Zufall. Der Hintergrund, vor dem sich der Positivismus und seine Variationen entwickelte, war der Erfolg eines bestimmten Modells von wissenschaftlicher Forschung: das der quantitativen, experimentellen Analyse und die damit verbundene Form der Theorie. Dieses Modell hat zwar den Nachteil, dass es nicht überall passt und sich auf bestimmte Ausschnitte der Wirklichkeit beschränken muss. Aber es hat den Vorteil, dass es standardisierbar und parallelisierbar ist. Dadurch sind auch wissenschaftstheoretische Aspekte auf Standardprobleme reduzierbar. Ebenso (relativ) einfach ist die Kritik an diesem standardisierten Programm – eben weil es für viele Problemlagen nicht passt. Die Sache sieht allerdings anders aus, wenn man versucht, ein umfassendes Gegenprogramm zu entwerfen. So sind sich viele Theoretiker darin einig, dass humane Realität interpretationsbedürftig ist, wobei diese Interpretationen sich nicht aus empirischen Gegebenheiten ableiten lassen. Aber wie solche Interpretationen aussehen sollen, wie man sie durchführt und wie sie überprüft werden können, war nicht festzustellen. So sehr also „Hermeneutik" als Verfahren propagiert und verwendet wird, so wenig ist es gelungen, zu bestimmen, welche Form von Interpretation nun korrekt ist. Ein Kriterium zur klaren Unterscheidung, welche richtig und welche falsch ist, wurde nicht gefunden. Einigkeit besteht auch über die Komplikation des Subjekt-Objekt-Verhältnisses, wenn Erkenntnis selbstreflexiv wird, also das erkennende Subjekt sich selbst zum Gegenstand macht. Wie die Folgen aussehen und wie mit ihnen umzugehen ist, darüber gibt es jedoch unterschiedliche Ansichten. Und so sehr viele Theoretiker der Ansicht sind, dass der Blick sich auf Zusammenhänge, die Totalität, das Gesamtsystem usw. richten muss, so wenig konnte daraus eine einheitliche Methodologie oder ein einheitliches Theorieverständnis abgeleitet werden.

Pragmatismus

Es besteht also in bestimmten Bereichen der Wissenschaft eine Gegenbewegung zu den Grundannahmen des Positivismus, die sich in dessen Ablehnung einig ist, aber keine einheitliche Gegenposition entwickelt. Es wird die Dialektik von Subjekt und Objekt angenommen, es wird methodologisch von einer aktiven Leistung der Erkenntnis ausgegangen, es wird unterstellt, dass nur theoretische Komplexität der Wirklichkeit gewachsen ist – aber wie genau dies alles ausformuliert werden soll, ist umstritten. Trotzdem gibt es Ähnlichkeiten und Parallelen in den Bemühungen um eine Alternative zum Positivismus. Einige versuchen, die Theorie stärker an die Praxis zu binden und daraus Begründungen zu entwickeln. Eine wichtige Rolle spielen in diesem Zusammenhang die Anregungen, die vom *„Pragmatismus"* ausgehen. Ein für die Erkenntnistheorie zentraler Autor ist *C. S. Peirce* (1839–1914). Er sieht eine anthropologische Begründung von Forschung darin, dass der Zweifel ein unangenehmer Zustand sei, den der Mensch zu überwinden trachte. Ziel sei stets ein Zustand der Überzeugung, der es erlaubt, Verhaltensregeln – „habits of behaviour" – zu entwickeln, mit deren Hilfe man unter gegebenen Umständen bestimmte Ziele erreicht. Forschung ist also ein Mittel, um Unsicherheit zu überwinden, indem sie praktische Orientierung anbietet. Daher ist für Peirce das Denken (und damit die symbolische Verarbeitung von Wirklichkeit) im Kern nichts anderes als die Herstellung von praktischen Wirkungen. Seine „Pragmatische Maxime" des Erkennens lautet daher: „Überlege, welche Wirkungen, die denkbarerweise praktische Relevanz haben könnten, wir dem Gegenstand unseres Begriffes in der Vorstellung zuschrieben. Dann ist unser Begriff dieser Wirkungen das Ganze unseres Begriffs des Gegenstandes." (Peirce 1976, 195) Wir denken also in praktischen Wirkungszusammenhängen.

Interpretatives Paradigma

Eine strukturell ähnliche (wenn auch inhaltlich anders angelegte) Argumentation wird von vielen Vertretern des *„interpretativen Paradigmas"* der empirischen Forschung vertreten. Sie beruft sich oft auf *Alfred Schütz* (1899–1959), den Begründer der *„Sozialphänomenologie"*. Schütz hat sich mit der Frage beschäftigt, wie Menschen sich in ihrer Welt orientieren. Entscheidende Bedeutung hatte für ihn dabei die Funktionsweise des Alltagsbewusstseins (s. u.): Es hebt aus der Fülle der vorhandenen Reize einige wenige hervor und verbindet sie zu einem sinnvollen Bild von der Realität. „Wirklichkeit" wird also nicht abgebildet, sondern aktiv „erzeugt". Dabei lässt sich das Alltagsbewusstsein von den lebensgeschichtlich erworbenen Vorstellungen leiten, die wiederum eng verflochten sind mit den Vorgaben, die gesellschaftlich vermittelt werden. Es enthält also „Deutungsmuster" und „Typisierungen", mit deren Hilfe Ereignisse und neue Situationen geordnet und interpretierbar werden. Aus dieser Sicht ist Wissenschaft zunächst nur eine von vielen möglichen Formen der Deutung und Typisierung; ein Sonderfall, weil sie besondere Ansprüche stellt, aber nichts vom Alltagsgeschehen systematisch Verschiedenes. Es stellt sich daher eine doppelte Frage: Wie sieht die besondere Leistung der Interpretation aus? Und in welchem Verhältnis steht diese besondere Leistung zum „normalen" Interpretieren? Auch diese Fragen werden (wiederum) unterschiedlich beantwortet. Viele Ansätze heben hervor, dass wissenschaftliches Interpretieren auf den Leistungen des Alltagsbewusstseins aufbaut, aber sich methodisch davon distanziert und es seinerseits kritisch reflektiert.

Aus dieser Perspektive ist jede wissenschaftliche Forschung immer auch ein Akt des Verstehens. „Verstehende Ansätze stellen ... *wissenschaftstheoretisch* gesehen, keine Ergänzung, sondern eine Alternative zu allen nicht-verstehenden Richtungen" (Hitzler 1993, 232) dar, weil sie nicht nur ergänzende Methoden begründen, sondern die Grundoperationen von Forschung und Theoriebildung untersuchen (a.a.O., 233). – Was sich im Pragmatismus und in der Sozialphänomenologie andeutet, ist eine grundsätzlich andere Sichtweise von Wissenschaft. Erkenntnis ist das Resultat eines aktiven Erzeugungsvorganges, der sich zwar methodisch kontrolliert vollzieht, aber seine Wurzeln im praktischen Lebensvollzug, im alltäglichen Leben hat und sich davon auch nur begrenzt löst. Dieses Denken zielt in eine ähnliche Richtung wie die Kritik am Positivismus (und bildet in gewisser Weise deren Grundlage).

Radikaler Konstruktivismus

Beides, die Kritik am Positivismus und die Bemühungen um eine Alternative, tragen bei zu einer breiten Bewegung, die unter dem Oberbegriff „Konstruktivismus" zusammengefasst wird. Ganz neu ist der Kerngedanke des Konstruktivismus – Wirklichkeit wird nicht einfach erfasst und abgebildet, sondern symbolisch konstruiert – nicht. Kant hat ihn bereits unmissverständlich entwickelt. Daher spricht man besser vom Neo-Konstruktivismus. – Auch ihn gibt es in vielen Spielarten. Eine Richtung nennt sich *„Radikaler Konstruktivismus"*. Radikal ist vor allem der „Abschied von der Objektivität" (so der Titel eines Aufsatzes von Ernst v. Glasersfeld, 1999). „Was immer wir unter ‚Erkenntnis' verstehen wollen, es kann nicht mehr die Abbildung oder Repräsentation einer vom Erleben unabhängigen Welt sein." (A.a.O., 17) Objektivität, so Heinz von

Foerster, ist nur die Illusion, dass Beobachtungen ohne einen Beobachter gemacht werden können. Der Radikale Konstruktivismus vertritt hier die pragmatische Perspektive: „Die Rolle von Wissen (besteht) nicht darin, objektive Realität widerzuspiegeln, sondern darin, uns zu befähigen, in unserer Erlebniswelt zu handeln und Ziele zu erreichen. Daher rührt der ... Grundsatz, daß Wissen *passen,* aber nicht übereinstimmen muß." (A. a. O., 24)

Diese Verschiebung schränkt nicht nur die Genauigkeit der Übereinstimmung von Theorie und Welt ein, sondern bedeutet auch eine – eben „radikale" – Trennung von beidem. „Anpassung (ist) nie eine Angleichung, sondern die Entwicklung von Strukturen, ... die in der Erlebniswelt den erwarteten Dienst tun. Und die Erlebniswelt ist immer und ausschließlich eine Welt, die wir aus Begriffen aufbauen, die wir selbst ... hervorbringen." (A. a. O., 25) Der Radikale Konstruktivismus beruft sich bei dieser Argumentation auf Befunde der Wissenschaft selbst. Die Kommunikationsforschung beispielsweise habe bewiesen, dass Hören nicht etwa die (passive) Registrierung von externen Reizen sei, sondern eine aktive Organisation von Aufmerksamkeit. Neurobiologische Forschung habe gezeigt, dass Nerven nicht etwas über den Gegenstand, der sie reizt, sagen, sondern eine Information erzeugen, die im Gehirn zu einem Bild des Gegenstandes zusammengesetzt wird. Schließlich sei die moderne Physik in Bereiche vorgestoßen, die zeigen, dass „die menschliche Vernunft sich von der Beschaffenheit der ontischen Welt keine kohärente Vorstellung machen kann". (A. a. O., 27) – Dies alles, so v. Glasersfeld, zeige eins unabweisbar: „Die Annahme, daß unsere Sinne uns irgend etwas Objektives aus der ontischen Welt übermitteln könnten, wird hinfällig." (A. a. O., 28) Es zeigt sich, „daß alle Kenntnis in der Erlebniswelt konstruiert werden muß, sich ausschließlich auf eben diese Erlebniswelt bezieht und keinerlei ontologischen Ansprüche auf Objektivität erheben kann." (A. a. O.) Entsprechend dürfen „empirische Bestätigungen weder in der Wissenschaft noch in der konstruktivistischen Wissenschaftstheorie jemals als Beweis hingestellt werden ..., denn hier wie dort konstruiert man Modelle, die sich in der erlebten Gegenwart und den selbstgewählten Situationen als erfolgreich zu erweisen haben." (A.a.O.)

Für den Konstruktivismus steht also die Einsicht im Zentrum der Überlegungen, dass es keine direkte Verbindung zwischen der Welt und dem Bild der Welt – Erkenntnis – gibt. Alle Theorie ist daher eine eigene Wirklichkeit, die von der, auf die sie sich bezieht, völlig getrennt ist (und unabhängig von ihr, nach eigenen Regeln, funktioniert). Ein bekannter Protagonist des Neo-Konstruktivismus, *Humberto Maturana*, hat dieses Prinzip im Rahmen seiner Theorie *„autopoietischer Systeme"* – Systeme, die ihre Bestandteile selbst erzeugen und sich selbst steuern – bildlich formuliert: Wir sind wie U-Boote, die sich im Meer bewegen – wir sitzen in einem vollkommen geschlossenen Gehäuse, haben keinen Realkontakt mit der Umgebung und reagieren nur auf das, was uns unsere Instrumente anzeigen. Echolot, Geschwindigkeitsmesser und Höhenanzeige enthalten jedoch nichts aus der Umwelt selbst, auch keine Informationen über die Umwelt, sondern nur systemeigene Ausdrucksweisen für Umweltreize, die auf systemeigene Weise interpretiert werden. – Dass das Navigieren im Meer funktioniert, sagt nichts darüber aus, ob die Anzeigen auf den Messgeräten „die Wahrheit" über die Umwelt sagen, sondern besagt nur, dass sich unsere Reaktionen und Interpretationen (bisher) mit den Verhältnissen vertragen. „Das Urteil, daß eine Theorie *paßt*, beruht in der Praxis einzig und allein darauf, daß sie bisher nicht gescheitert ist." (A.a.O., 25)

Evolutionäre Erkenntnistheorie

Der Radikale Konstruktivismus bezieht sich auf Argumente, die einem eigenen erkenntnistheoretischen Ansatz entstammen: der *„Evolutionären Erkenntnistheorie"*. Dieses Konzept baut seine Überlegungen auf biologischen Einsichten auf, vor allem auf die von Darwin begründete Evolutionstheorie. Ein Grundgedanke von Darwin ist, dass alle biologische Entwicklung nach dem Prinzip der Zweckmäßigkeit – im Sinne der Anpassung an gegebene Umstände – erfolgt. Das Zusammenspiel von (genetischer) Mutation und ökologischer Selektion sorgt dafür, dass das am besten angepasste Lebewesen sich fortpflanzen kann und so als Art überlebt. – Als einer der Stammväter der Evolutionären Erkenntnistheorie gilt *Konrad Lorenz* (1903–1989), der Mitbegründer der *Humanethologie*. Er übertrug Darwins Prinzip der Optimierung von Anpassung an die Umwelt auf das menschliche Erkenntnisvermögen. Da der Mensch ein Produkt der Evolution ist, ist auch sein Gehirn nichts Außerirdisches, sondern Ergebnis einer langandauernden Anpassung. Es ist entstanden, hat sich erhalten und weiterentwickelt, weil es dem Menschen einen Anpassungsvorteil verschafft. Dieser Anpassungsvorteil besteht in der höheren Komplexität der Informationsverarbeitung: Aufgrund der Fähigkeit der reflexiven Verarbeitung von Wirklichkeit lassen sich die Grenzen der sinnlichen Wahrnehmung weit überschreiten.

Zu den Grundannahmen der Evolutionären Erkenntnistheorie zählt jedoch auch, dass diese evolutionär entwickelte und angepasste Fähigkeit zur Erkenntnis nicht bedeutet, dass das, was Menschen als Erkenntnis betrachten, auch „die Wahrheit“ über die Wirklichkeit darstellt. Die Evolution sorgt sowieso nicht für 100%ige Perfektion, sondern kann – schon wegen der Heterogenität der Milieus, auf das hin die Anpassung erfolgt – immer nur annähernde Wahrheit garantieren. Die Ressourcen der Evolution sind (im Vergleich zu den Anpassungsanforderungen) immer knapp. Im Zweifelsfall beschränkt sie sich daher darauf, ausreichend zu funktionieren. Das bedeutet, dass auch die menschliche Erkenntnis nicht optimal, sondern funktional operiert. Zunächst insofern, als der Horizont der Erkenntnis durch die Grenzen der Wahrnehmbarkeit eingeschränkt ist. Wir erkennen im Prinzip das, was für uns in unserer Lebenswelt unmittelbar bedeutsam ist. Lorenz verglich daher die humane Erkenntnisfähigkeit mit anderen Anpassungsleistungen der Evolution: Sie passt zu unserer Lebensweise wie der Huf des Pferdes auf den Steppenboden oder die Flosse des Fisches ins Wasser. Das hat zur Folge, dass wir für das Geschehen, welches sich in Dimensionen humanen Handelns abspielt, gut gerüstet sind. Dagegen haben wir für die für uns nicht unmittelbar relevanten Dimensionen – für das Universum, den atomaren und subatomaren Bereich – überhaupt keine Wahrnehmungsfähigkeiten und unsere Versuche, sie uns zugänglich zu machen (d.h. die in Dimensionen humanen Handelns passenden Kategorien darauf anzuwenden), führen unausweichlich zu unlösbaren Aporien.

Eine weitere Konsequenz ist, dass das Denken niemals voraussetzungslos funktioniert. Es ist gebunden an die Erfordernisse des menschlichen Lebens, setzt sie also immer schon voraus. Die Anschauungsformen spiegeln die Welt, in der wir leben. Damit wird der Gedanke von Kant – die Kategorien des Verstandes seien eine Voraussetzung jeglichen Denkens und daher ein nicht hintergehbares Resultat jeder gedanklichen Ordnung – biologisch begründet. Wir denken also in Kategorien wie „Raum", „Zeit" und „Kausalität", weil diese Orientierungen für uns sinnvoll sind, nicht, weil sie objektiv „richtig" sind. Das bedeutet beispielsweise, dass die Annahme einer externen Realität nicht logisch zwingend, aber für unser Leben nützlich ist – genauso ist jedoch die Annahme einer Welt der Götter (auf andere Weise) nützlich. – Dazu kommt als weitere systematische Einschränkung, dass wir in dem Bereich, der für unser (Über-)Leben wichtig ist, stets nur über (zu) knappe und unterentwickelte Mittel verfügen. Jede Optimierung von Erkenntnis ist „kostenintensiv" und geht daher zu Lasten anderer, lebenswichtiger Funktionen. Daher „reichen" uns Näherungslösungen.

Genetische Erkenntnistheorie

Lorenz thematisierte die Entwicklung des menschlichen Erkenntnisvermögens von den Hominiden zum homo sapiens sapiens, also anhand der Evolution einer Gattung, d.h. anhand der Phylogenese. Ebenso interessant und aufschlussreich ist ein anderer Aspekt: die Entwicklung des Erkenntnisvermögens eines einzelnen Menschen von seiner Geburt an. Diese wichtige Ausarbeitung der Erkenntnistheorie hat der schweizerische Psychologe *Jean Piaget* vorgenommen, der damit zum Begründer der *„Genetischen Erkenntnistheorie"* wurde. Anhand empirischer Untersuchungen beschreibt sie, wie das Kind im Kontakt mit seiner Umwelt nach und nach seine kognitiven Strukturen denen der Wirklichkeit anpasst (Akkomodation) und umgekehrt die Umwelt, z.B. die Eltern, ihre Strukturen an diejenigen des Subjekts anpassen (Assimilation). Beide Vorgänge erzeugen ein Gleichgewicht (Äquilibration), das jeweils eine Stufe der Entwicklung markiert. –

Piagets Absicht war, die Kant'sche Theorie der Voraussetzung jeder Erkenntnis – der „transzendentalen Apperzeption" – auf eine neue Basis zu stellen. Er untersuchte, wie sich das kognitive Vermögen des Menschen von der Geburt an entwickelt und welche Stufen des Denkens darauf aufbauen. Kern seiner Theorie ist die Feststellung, dass diese Stufen nur über Erfahrung zu erreichen sind. Mit fortschreitender Entwicklung seiner senso-motorischen Fähigkeiten (Wahrnehmungssinne und Eigenbeweglichkeit) steigert der Mensch seine Aktivität und somit die Möglichkeit der Erfahrung. So lässt das Kind das frühe, so genannte konkrete Stadium hinter sich, um schließlich auf der formal-operationalen Stufe anzulangen, auf der es mathematische Aufgaben lösen kann. Dabei unterstellt Piaget, dass nicht nur das Denken des Einzelnen, sondern auch das der Wissenschaft diese Stufen durchläuft. Es gibt Untersuchungen, die zu dem Schluss kommen, dass die griechische Philosophie tatsächlich physikalische Bewegung strukturell ähnlich begriffen haben muss wie dies entwicklungspsychologisch vorgezeichnet ist (Wenzel 2000).

Piaget geht in seiner Theorie von einer gegebenen Realität aus, anhand der der Mensch seine Schemata entwickelt. Trotzdem wird das Ding-an-sich für den Menschen nie erkennbar sein – darin ist sich Piaget mit Kant einig. Seine neo-konstruktivistische Theorie ist noch um einen wichtigen Schritt radikaler als die Kants: Sogar die Apriori werden noch einmal hinterfragt und als Konstruktionen kenntlich gemacht. Sein Versuch, die Erkenntnistheorie von der Philosophie abzukoppeln und auf eine experimentelle Basis zu stellen, hat ihm auch Kritik eingebracht. Dem Vorwurf, in den bloßen Empirismus zurückzufallen, entgegnet er, dass auch eine empirische Betrachtung zu Apriori führen kann. Der Kritik, er psychologisiere Probleme der Logik nur und tue nicht mehr, als sie in eine andere Disziplin zu übersetzen, anstatt sie zu lösen, kontert er mit dem Hinweis auf die Interdisziplinarität seines Ansatzes.

Psychoanalyse

Die psychologischen Grundlagen der Erkenntnis wurden noch von anderen Denkschulen untersucht. Die von *Sigmund Freud* (1856–1939) begründete psychoanalytische Theorie geht ebenfalls davon aus, dass das Denken sich erst im Laufe des Lebens entwickelt. Sie untersucht jedoch nicht die kognitiven Muster und deren Entwicklung, sondern den psychischen Sinnzusammenhang ihrer Verwendung. Das Denken ist Teil eines komplexen psychischen Prozesses, der nicht nur bewusst abläuft und in seinen Anfängen und Grundlagen nicht „rational" strukturiert ist. Am Anfang steht die ursprüngliche „Einheit" der Erfahrung, d.h. der Säugling unterscheidet weder „innen" und „außen" noch „lebendig" und „unbelebt", sondern erlebt einen Fluss von ungeordneten Eindrücken teils angenehmer, teils unangenehmer Art, die verarbeitet und integriert werden müssen. Der Aufbau der Persönlichkeit und der Kontakt mit der Welt vollzieht sich zunächst auf der Basis so genannter „primitiver" Mechanismen: Erleben wird in die Umwelt projiziert, Erlebtes wird in die Psyche hineingenommen (introjiziert). Gleichzeitig werden real zusammenhängende Dinge aufgespalten und die Erfahrungsfragmente getrennt behandelt: Die Mutter erscheint dann im Erleben als zwei getrennte Personen – als „gute" und als „böse" Mutter, je nachdem, wie sie erlebt wird. Auch im weiteren Verlauf der psychischen Entwicklung kommt es zur Entwicklung von problembewältigenden Mechanismen des Umgangs mit Wirklichkeit, die die Erfahrung und Wahrnehmung manipulieren. Die Psychoanalyse spricht von Verleugnung, von Rationalisierung und Verdrängung und beschreibt weitere Formen der Konfliktbewältigung, die das Erkenntnisvermögen beeinträchtigen.

Unter günstigen Bedingungen entwickelt sich das Erleben weiter in Richtung eines besseren, differenzierteren und stabileren Umgangs mit der Innen- und Außenwelt, das Erleben entwickelt sich zum Vermögen, Wirklichkeit als solche – unabhängig von eigenen Bedürfnissen, Problemen und Konflikten – wahrzunehmen und zu verarbeiten. Erfahrungen zeigen jedoch, dass die Tendenz zur Verwendung der frühen/primitiven/verzerrenden Mechanismen des Umgangs mit der Wirklichkeit keineswegs verloren geht, d.h. auch Erwachsene projizieren und spalten, leugnen und manipulieren die Wirklichkeit. Dann beherrschen Wünsche und Ängste die Gedanken – eine Erfahrung, die im Alltag problemlos gemacht werden kann. So ist es üblich, für unliebsames Geschehen jemanden verantwortlich zu machen, nicht zuletzt auch, um (sich selbst und andere) von eigenen Beteiligungen abzulenken. Die Jagd nach dem Sündenbock gehört zweifellos zu den beliebtesten Formen der Bewältigung von Problemen; ebenso wie wirklichkeitsverzerrende Interpretationen, mittels derer Sachverhalte umdefiniert, je nach Bedarf hochgepuscht oder verniedlicht werden, und ebenso wie die Beschwörung von Göttern, Geistern und sonstigen Produkten der Phantasie.

Kurz: Menschen tendieren dazu, an Stelle von wirklichkeitsangemessenem Denken mit verzerrenden Modalitäten zu arbeiten, vor allem, wenn sie psychisch unter Druck stehen und/oder die Entwicklung ihres Erlebens biografisch erheblich beeinträchtigt wurde. In diesen Fällen wird die Wahrnehmung von Wirklichkeit und ihre kognitive Verarbeitung getrübt und gestört, weil sie von inneren Zwängen (die sozial provoziert und vorgegeben sein können) bestimmt werden. – Objektive Erkenntnis, damit auch Wissenschaft, setzt voraus, dass diese

Subjektivität und Erkenntnis

Marx (und in der Folge die Wissenssoziologie) hat die gesellschaftliche Bedingtheit und Abhängigkeit von Erkenntnis verdeutlicht. Piaget und Freud haben die subjektiven Grundlagen der Erkenntnis untersucht. Piaget hat herausgearbeitet, wie sich kognitives Vermögen von den Frühformen über bestimmte Stufen bis hin zur Reife entwickelt; Freud hat gezeigt, dass das Denken am Anfang völlig vom Erleben bestimmt ist und in gewisser Weise in der Abhängigkeit von subjektiven Konflikten bleibt bzw. bleiben kann. Auf diesen Grundlagen haben sich einige allgemeine Überlegungen zu subjektiven Grundformen und Grundbedingungen des Denkens entwickelt. Erkennen basiert auf subjektiven Schemata, die aus der Entwicklungslogik von Emotionen und Kognitionen stammen und sozial programmiert werden. Daraus ergeben sich typische Muster und Denkformen. So wird das Denken in Kausalitäten anhand früher Beziehungserfahrungen gebildet: Das Kleinkind nimmt jedes Ereignis als Handlung seiner Bezugspersonen wahr. In der Folge übergeneralisiert es dieses so genannte *subjektivische Schema*, so dass es zum grundlegenden kognitiven Schema überhaupt wird. Da auch komplexere theoretische Leistungen letztlich auf diesen Grundlagen beruhen, bleiben sie im Hintergrund immer wirksam. Dagegen hilft nur ständiges Aufpassen, dass man nicht dem Schein der Denkschemata und ihrer Beeinträchtigungen durch Ideologien, subjektive Bedürfnisse und Konflikte erliegt.

Problematik unter Kontrolle gehalten werden kann. Die Sachlage ist zwar etwas komplizierter, weil unter bestimmten Umständen gerade subjektive Verstricktheit in Probleme die Motive und den Scharfsinn bereitstellen kann, Probleme besser zu erkennen (wer misstrauisch ist, zweifelt eher an scheinbaren Selbstverständlichkeiten...). Aber im Prinzip stellt eine Neutralisierung von subjektiven Wahrnehmungsverzerrungen die Bedingung für objektive Erkenntnis dar.

Das ist allerdings eine normative Forderung und keine empirische Gesetzmäßigkeit. Solange Wissenschaft von Menschen betrieben wird, besteht immer das Risiko, dass sich auch ihre Vorlieben, Ängste und Phantasien in die Theorie einschleusen. Hierbei reicht das Spektrum von bewusster Manipulation bis hin zu unbewusster Abwehr. So hat etwa der Zwillingsforscher Sir Cyril Burt die empirischen Grundlagen seiner Theorien schlicht gefälscht – vermutlich sogar im Glauben, damit der Forschung nur etwas auf die Sprünge zu helfen, und so haben Erforscher „fremder“ Kulturen immer wieder deren Sitten und Gebräuche mehr oder weniger selektiv wahrgenommen, mit eigenen Vorstellungen vermischt und zur Stabilisierung des eigenen Weltbildes benutzt. So wurde Einsteins Relativitätstheorie zunächst abgelehnt, weil sie angeblich auf typisch teutonischen Vorurteilen basierte, um später abgelehnt zu werden, weil sie „typisch jüdisch“ sei. – Auch Wissenschaft ist also nicht davor gefeit, in den Sog verzerrender Formen der Wahrnehmung und Interpretation zu geraten. *Georges Devereux* (1967) hat in diesem Zusammenhang die These vertreten, dass, wenn die Beziehung zum Thema affektiv aufgeladen ist oder affektive Probleme mit sich bringt, Methoden immer auch unbewusste Bewältigungsfunktionen haben. Die scheinbare Objektivität und Nüchternheit des Vorgehens dient dann dazu, die prekäre Identität des Wissenschaftlers und der Institution Wissenschaft zu schützen, und/oder es kommt zu einer Verhüllung der wissenschaftsfremden Motive und Interessen. Ein bedrückendes Beispiel: die Pseudo-Wissenschaftlichkeit, mit der Rassismus und Ethnozentrismus begründet worden sind (und gelegentlich noch werden).

Aus der Sicht der Evolutionären wie Genetischen Erkenntnistheorie und der modernen Theorien von Kognition und Emotion sind unsere Erkenntnismöglichkeiten also *strukturell begrenzt*: Sie sind pragmatisch dimensioniert und in ihrer Reichweite eingeschränkt. Auf der anderen Seite müssen sie

Wirklichkeit mindestens so gut erfassen, dass wir uns in unserer Welt erfolgreich orientieren können. Dies ist eindeutig der Fall, da sonst die Gattung Mensch nicht so erfolgreich sein könnte. Daher muss in unseren Erkenntnissen eine Annäherung an die Wahrheit gegeben sein. Dies gilt den meisten Vertretern der Evolutionären Erkenntnistheorie zufolge auch ausdrücklich für die Bereiche, die unseren Horizont überschreiten. Wir können in gewisser Weise die Brille, die uns die Natur aufgesetzt hat, abnehmen, indem wir wahrnehmungsunabhängige Modelle entwerfen, die wir dann mit kontrollierter Wahrnehmung vergleichen. Dies gewährleistet nicht Wahrheit, aber hinreichend leistungsfähige Erkenntnis. – Evolutionäre Erkenntnistheorie und moderne Subjekttheorien sind in gewisser Weise eine Art Mittelweg zwischen Kritischem Rationalismus und Neo-Konstruktivismus. Sie verbinden die Annahme einer strukturellen Relativität der Erkenntnis mit derjenigen der systematischen Optimierbarkeit. Das Besondere liegt darin, dass hier die Erkenntnis auf eine „materielle", genauer: biologische Grundlage aufgebaut wird. Damit wird versucht, den Zirkel der Begründungen durch eine empirische Fundierung zu durchbrechen. Kritiker waren damit nicht zufrieden (was nicht verwunderlich ist). Bemängelt wurde vor allem, dass auch die Evolutionäre Erkenntnistheorie eine unbeweisbare Hypothese sei, so dass sie sich eine wirkliche Begründung nicht leisten könne. Kritisiert wurde zudem, dass eine inhaltliche Bearbeitung von erkenntnis- und wissenschaftstheoretischen Fragen auf dieser allgemeinen Basis kaum möglich sei. –

Systemtheorie

Ein weiterer konsequent neo-konstruktivistischer Ansatz ist im Rahmen der „*Systemtheorie*" entwickelt worden. Vor allem *Niklas Luhmann* (1927–1998) hat den Versuch unternommen, systemtheoretisches Denken auf Erkenntnisprobleme anzuwenden, und dabei eine Reihe von Überlegungen angestellt, die die Diskussion erheblich angeregt haben. Er erklärt zunächst, dass mit der bloßen Feststellung, „Wirklichkeit" sei ein kognitives oder soziales Konstrukt, noch nicht viel erreicht ist: „Es genügt nicht, von der (unbestreitbaren) Mitwirkung bestimmter (sprachlicher, psychologischer, sozialer) *Ursachen* am Zustandekommen von Erkenntnis auszugehen und daraus zu schließen, daß das *Resultat* Erkenntnis nichts anderes ist als eine … Konstruktion." (Luhmann 1990, 521) Er setzt daher allgemeiner an, nämlich bei der Frage, wieso solche Einflüsse überhaupt wirken. Um dies zu klären, benutzt er sein Modell der generellen Funktionsweise von Systemen. Systeme, so Luhmann, müssen sich in ihrer Umwelt orientieren können. Sie tun dies, indem sie ihre Umwelt beobachten und daraus Schlüsse ziehen. Diese grundlegende Operation der Beobachtung besteht aus zwei Teilen: Sie unterscheidet und bezeichnet die bis dahin sozusagen undifferenzierte Welt (und erzeugt dadurch eine kognitive Ordnung, auf deren Basis dann Entscheidungen getroffen werden können). Systeme existieren also in einer Umwelt, die für sie jedoch erst zugänglich wird, wenn sie sie qua Beobachtung strukturiert haben. Sie erzeugen ihre Umwelt erst, indem sie unterteilen und bezeichnen. Die so entwickelten Vorstellungen von der Realität dienen intern als Bezugspunkte für weitere Aktivitäten. Umgekehrt werden Systeme erst zu Systemen, wenn sie ihre Beziehung zur Umwelt auf diese Weise organisieren. Indem sie „order from noise" (Heinz von Foerster 1993, 211ff.) erzeugen, erzeugen sie sich selbst.

Diese Operation der Beobachtung, bei der „die Unterscheidung zur Gewinnung von Informationen über das Bezeichnete benutzt wird" (Luhmann 1984, 597), liegt also jedem funktionierenden System zugrunde. Die auf diese Weise gewonnenen Vorstellungen sind systeminterne Konzepte, keine Abbilder der Umwelt. Was sich als Gegenstand darstellt, ist eine bezeichnete Einheit im beobachtenden System, kein Element der Umwelt. – Systematisierte Erkenntnis ist dieser Perspektive zufolge nichts anderes als eine Professionalisierung dieser grundlegenden Operation. Wenn Systeme sich selbst und andere Systeme beim Beobachten beobachten, wird Beobachtung reflexiv. Sie fängt an, Bedingungen und Formen der Beobachtung in die Beobachtung einzubeziehen. Dies geschieht durch Differenzierung: Systemintern werden spezielle Leistungen dafür entwickelt; es wird ein eigenes Subsystem eingerichtet, das sich auf die entsprechenden Aktivitäten spezialisiert. Das ändert nichts daran, dass sich auch systematisierte Erkenntnis immer nur auf die innere Logik des beobachtenden Systems bezieht. Aber durch Professionalisierung und Ausdifferenzierung erhöht sich das Reflexionspotenzial, die „Anschlußfähigkeit" der Ergebnisse sowie das „Auflösungs- und Rekombinationsvermögen" (Luhmann 1990, 185) der gewonnenen Vorstellungen nimmt zu.

Dieser Sichtweise zufolge ist Wissenschaft also ein Beobachten von Beobachten bzw. ein „Beobachten 2. Ordnung", sofern sie sich an organisierte Regeln hält. Und Wissenschaftstheorie ist ein „Beobachten 3. Ordnung", weil sie die Regeln, nach denen Wissenschaft funktioniert, beobachtet. Dabei sind „Objektivität" und „Wahrheit" Kategorien, mit denen das Beobachten funktioniert, aber keine wie auch immer gearteten Feststellungen über eine Übereinstimmung von Vorstellungen und Realität. Dies ist aus prinzipiellen Gründen nicht möglich: Das System kann sein Gehäuse nicht verlassen; die Beobachtung bleibt immer ein Teil des Systems. Dass Erkenntnisse praktisch genutzt werden können, ist kein Beweis für die „Richtigkeit" der Erkenntnis, sondern nur dafür, dass etwas machbar ist: „Es geht bei Technik ... um das Ausprobieren von Kombinationsspielräumen. ... Daß es funktioniert, wenn es funktioniert, ist ... der einzige Anhaltspunkt dafür, daß die Realität so etwas toleriert." (A.a.O., 263)

Der systemtheoretische Neo-Konstruktivismus gibt also eine andere Antwort auf die Frage, was Erkenntnis ist. Er nimmt keinen Bezug auf materiale (biologische) Befunde, sondern setzt nur die Funktionsweise von Systemen voraus, aus deren Logik wissenschaftliche Erkenntnis als ein Sonderfall bzw. eine Spezialisierung abgeleitet wird. Aber auch diese Variante ist – wie der Neo-Konstruktivismus generell – dadurch gekenn-

Neo-Konstruktivismus

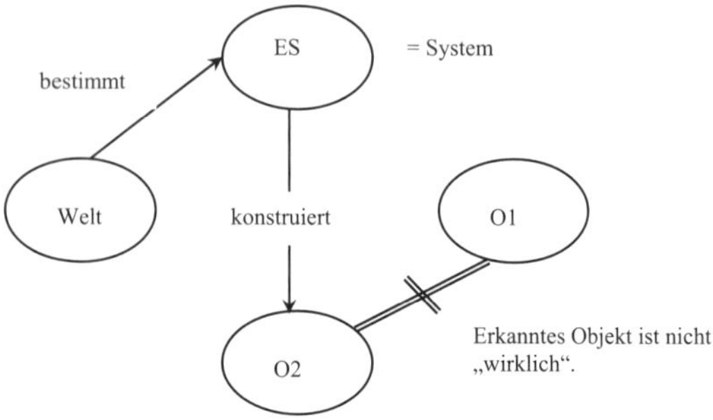

zeichnet, dass auf jeden Versuch einer Begründung von Erkenntnis verzichtet wird. Stattdessen steht die Annahme der (System-)Relativität von Vorstellungen im Zentrum, so dass zwar über eine bessere Funktionalität von Vorstellungen, aber nicht mehr über ihren Wahrheitsgehalt gesprochen werden kann. Erkenntnistheorie und Wissenschaftstheorie sind daher auch (nur noch) Beschreibungen von Beobachtungen, aus denen sich keine Objektivitätskriterien (mehr) ableiten lassen. –

War der Kritische Rationalismus die moderne Variante der Wissenschaftstheorie, so kann der Neo-Konstruktivismus als *„postmoderne" Erkenntnistheorie* verstanden werden. Die „Post-Moderne" ist eine weitere Steigerung der Moderne, die zugleich deren Brechung bedeutet. Während für die „Hochmoderne" noch eine gewisse Geschlossenheit der Gesamtentwicklung angenommen wurde – alles entwickelt sich in die gleiche Richtung und auf die gleiche Weise –, bringt die „Post-Moderne" gewissermaßen eine „Dezentrierung" mit sich. Teils als Gegenbewegung, teils aber auch, weil die vorangetriebene Modernisierung wieder neue Spielräume für Differenzierungen eröffnet, kommt es zu einer Vielfalt der Entwicklungen. Man spricht davon, dass die „Einheitlichkeit der Erzählung" sich auflöst und einer Fülle an verschiedenen Geschichten Platz macht. Gleichzeitig macht sich Skepsis gegenüber jeder

Art von Zentralismus und Sicherheit breit: Der „Dekonstruktivismus" – eine Art von „postmoderner" Ideologiekritik – bemüht sich, hinter allem Festen und Festgelegten implizite Voraussetzungen, Brüche und Risse aufzustöbern. – Dazu passt bzw. daraus entstammt das neo-konstruktivistische Denken, das das Bemühen um Eindeutigkeit, Klarheit, Verlässlichkeit selbst einer Kritik unterzieht, als Selbsttäuschung bezeichnet und ersetzt durch eine Beschreibung dessen, wie es funktioniert – wie sozusagen der Schein von Wissenschaft erzeugt und wozu er genutzt wird.

8 Denotative und konnotative Theorien

Mit dem Neo-Konstruktivismus ist die Darstellung der bisherigen erkenntnis- und wissenschaftstheoretischen Entwürfe und Angebote zwar nicht vollständig, aber in gewisser Weise abgeschlossen. Es gibt gegenwärtig kein Modell, das an Prominenz mit dem Kritischen Rationalismus und dem Neo-Konstruktivismus mithalten kann. Aber dies bedeutet mit Sicherheit nicht den Abschluss der Diskussion selbst. Man kann mit großer Wahrscheinlichkeit davon ausgehen, dass sie weitergeführt wird, auch wenn sich gegenwärtig nicht abschätzen lässt, in welche Richtung, genauer gesagt: in welche Richtung*en* sie gehen wird. Denn die Wahrscheinlichkeit, dass es zu einer Vereinheitlichung der Diskurse kommt, ist gering. Jedenfalls gibt es keinen logischen Grund dafür, warum jetzt das passieren sollte, was in ca. 2500 Jahren nicht passiert ist – auch wenn es seit genauso vielen Jahren immer wieder versucht wurde.

Damit stellt sich die Frage: Wieso ist es so schwer, eine einheitliche Basis für die Erkenntnis- und Wissenschaftstheorie zu finden? In diesem Kapitel sollen zwei Gründe diskutiert werden:

- Erkenntnis- und Wissenschaftstheorien beschäftigen sich nicht mit einer einzigen, sondern mit *verschiedenen Problemlagen*;

- Erkenntnis- und Wissenschaftstheorien stellen selbst einen *Theorietyp* dar, der bestimmte Eigenschaften/Probleme hat, die *keine Vereinheitlichung ermöglichen.*

Beide Aspekte hängen eng zusammen. Um sie zu erläutern, sollen einige der bereits angesprochenen Diskussionen weiterentwickelt werden (vgl. Schülein 2002). – Im 19. Jahrhundert hatte sich schon bald eine Opposition gegen den Positivismus gebildet. Dilthey hatte, wie erwähnt, gegen dessen universalen Anspruch, das allein gültige Modell objektiver Erkenntnis zu sein, das Modell einer „geisteswissenschaftlichen Methodologie“ gestellt. Seine wichtigsten Argumente: Während die Naturwissenschaften die Natur erklären, verstehen die Geisteswissenschaften die Gegebenheiten der humanen, kulturellen Welt. Diese sind von den Menschen selbst geschaffen, haben daher einen Sinn und diesen Sinn zu entschlüsseln ist eine Frage der Interpretation, die möglich wird aufgrund der Tatsache, dass jeder Mensch an dieser Kultur teilhat und daher ein inneres Verständnis entwickeln kann. Das aus dieser Diskussion entstandene Konzept der Hermeneutik als systematischer Methode der Interpretation ist nach wie vor aktuell (wenn auch in vielfach modifizierter und weiterentwickelter Form). Dagegen gilt Diltheys erkenntnis- und wissenschaftstheoretisches Modell als gescheitert, und zwar schon deshalb, weil es die von ihm angenommene Einheit der „Geisteswissenschaften“ nicht mehr gibt (und eigentlich nie gab). Tatsächlich war (und ist) die Zuordnung von wissenschaftstheoretischen Konzepten zu Wissenschaften problematisch. Wissenschaften sind immer auch Ergebnisse von willkürlichen Abgrenzungen und Zuordnungen, die sich im Laufe der Zeit ändern. So ist zum Beispiel die völlige Trennung von Medizin und Psychologie historisch verständlich, aber thematisch nicht sinnvoll, weil sich inzwischen gezeigt hat, in welchem Ausmaß somatische und psychische Prozesse ineinander greifen. Genauso wenig sinnvoll ist die Trennung von Ökonomie und Soziologie: Wirtschaft und Gesellschaft sind nur im Gesamtzusammenhang verständlich. Dennoch hält sich im Wissenschaftssystem (aus Gründen, die nichts mit dem Thema zu tun haben) hartnäckig die Tendenz zur scharfen Abgrenzung.

Logisch unterschiedliche Gegenstände

Trotzdem sind die von Dilthey aufgezeigten Unterschiede nicht an den Haaren herbeigezogen. Es gibt sie, aber sie können nicht auf die „Wissenschaften" zurückgeführt werden. Die Unterschiede sind sachlich bedingt, nämlich durch die *Logik des Gegenstandes,* mit dem die Wissenschaften es zu tun haben. Aber auch eine Gegenüberstellung von „Geist" und „Natur" (wie Dilthey sie betrieb) ist nicht sinnvoll, weil beide bei näherer Betrachtung keine homogenen, sondern komplexe Sachverhalte sind, die nicht auf (nur) eine Logik reduzierbar sind. Zudem ist eine strikte Trennung, ein Entweder-Oder, mit einem Zuordnungszwang verbunden, der dazu führt, dass alle „Mischungen", Überschneidungen usw. nicht angemessen behandelt werden können. – Es ist daher nicht verwunderlich, dass die Versuche, gegenstandslogische Differenzen auf dieser Ebene festzumachen, gescheitert sind. Daher gab es auch eine Reihe von Vertretern einer „differenztheoretischen" Position (so Heinrich Rickert oder Wilhelm Windelband), die den Unterschied zwischen Natur- und Geistes- (oder Kultur-)Wissenschaften nicht im Gegenstand, sondern nur in der Fragestellung („nomothetische" Suche nach allgemeinen Gesetzen oder „idiographische" nach der Individualität des Einzelfalls) und der Methode (Erklären oder Verstehen) sahen. – Auch diese Vorschläge ändern nichts an der strukturellen Problematik: Es bleibt bei einer Gegenüberstellung, die zwei unverbundene und unverbindbare Seiten hinterlässt. – Wenn man die Differenzen, um die es geht, nicht mit dem Dogma einer „Einheitswissenschaft" überspielen will, muss man sie abstrakter fassen. Dabei ist der Bezug auf die Sache, um die es geht, sinnvoll, aber eine systematische Analyse kann nicht von einer geteilten empirischen Welt ausgehen, sondern muss bei der Logik der Realität ansetzen. Dadurch abstrahiert man von der konkreten empirischen Realität, die oft eine Mixtur aus verschiedenen Logiken darstellt und somit nicht homogen ist. Feststellungen über die Logik des Gegenstandes betreffen dann nicht mehr irgendwelche empirischen Gegebenheiten („Natur"), sondern beziehen sich auf deren logische Komponenten.

Folgt man diesem Konzept, so kann man (mit Blick auf die Vorschläge, die in den verschiedenen Diskussionen gemacht wurden) auf der Ebene der Logik von Realität zwei Typen unterscheiden, die sich empirisch auf unterschiedliche Weise mischen (können):

- Auf der einen Seite steht der Typ von Realität, der innerhalb bestimmter Grenzen konstant und unveränderlich gegeben ist, der immer und überall auf die gleiche Weise funktioniert. Dies wird in der Literatur als *nomologische* Realität bezeichnet.
- Auf der anderen Seite steht der Typ von Realität, der veränderlich und immer verschieden ist, der sich selbst entwickelt und steuert und dabei mit seiner Umwelt interagiert und der einen offenen Entwicklungshorizont besitzt. Auf diesen Realitätstyp passt der Begriff *autopoietische* Realität.

Empirisch sind diese beiden Typen nur in *Mischformen* vorhanden. Reine Nomologie existiert nur in Lehrbüchern, in denen nomologische Zusammenhänge unabhängig von den jeweiligen Bedingungen dargestellt werden. Aber bereits das Zusammenspiel von verschiedenen nomologischen Prozessen bringt eine Realität hervor, die – zunächst noch begrenzte – autopoietische Züge hat: So sind z. B. die bekannten physikalischen und chemischen Prozesse, auf denen unser Wetter basiert, in ihrer Entwicklung nicht mehr genau berechenbar und bestimmbar, da sie eine eigendynamische Entwicklung haben, die sich jeder genauen Vorhersage entzieht. Diese Art von Autopoiesis ist noch *zyklisch*, weil zwar die genauen Entwicklungen unvorhersehbar, die Formen, die das Wetter annehmen kann, jedoch begrenzt sind. Das Zusammenspiel von verschiedenen Formen zyklischer Autopoiesis (Klima und Geologie) ergibt einen noch stärkeren eigendynamischen Prozess: *dynamische* Autopoiesis, die immer neue Formen von Realität hervorbringen kann (biologische Evolution). Auch dynamische Autopoiesis ist noch begrenzt in ihren Möglichkeiten, weil sie gewissermaßen „blind“ nach bestimmten Steuerungsprinzipien (Mutation und Selektion) verfährt. Sie kann allerdings ihrerseits wieder gesteigert werden, wenn die beteiligten Akteure handlungsfähig werden, also ihr Verhaltenspotenzial selbst kontrollieren und entwickeln können. Dann wird Autopoiesis *reflexiv*, d.h. die autopoietische Realität steuert sich selbst und erzeugt auch die Regeln ihrer Selbststeuerung. Dies trifft auf die humane Realität zu, weil Menschen, aber auch von Menschen erzeugte und auf menschlichen Handlungen basierende Systeme aktiv eine Eigenwelt gestalten und entwickeln.

Logisch unterschiedliche Theorien

Stellt man nun die Frage, welche Art von Theorie benötigt wird, um die jeweiligen Formen der Realität zu erfassen, so ergeben sich eine Reihe von unterschiedlichen Mölichkeiten.

Denotative Theorien

Solange sich Theorie mit rein nomologischer Realität beschäftigt, hat sie die Möglichkeit, sie methodisch zu fixieren und zu manipulieren (weil diese Art von Realität nicht durch Manipulationen verändert wird). Zugleich kann sie nomologische Realität aus allen Zusammenhängen herauslösen und in beliebige Kontexte einbetten (aus dem gleichen Grund). Dies bedeutet, dass nomologische Realität mit Hilfe methodischer Arrangements experimentell bearbeitet und dadurch systematisch und kontrollierbar untersucht werden kann. Auf diese Weise lässt sich aus der empirischen Realität reine – kontextunabhängige – Logik herauspräparieren: Das, was immer und unter allen

Umständen gleich abläuft, kann von dem, was jeweils nur die Rahmenbedingung darstellt, getrennt werden.

Zugleich lassen sich die auf diese Weise erhaltenen Ergebnisse ebenfalls kontextunabhängig darstellen. Was gezählt, gemessen, gewogen (also *metrisiert*) werden kann, kann mathematisch und statisch weiterverarbeitet werden. Dabei wird der Gegenstand aus allen empirischen Konstellationen herausgelöst. Durch den Ausschluss von allen nicht zum Thema gehörenden Rahmenbedingungen bleibt nur die Logik der Sache übrig, die, da sie invariabel – immer gleich – ist, sich in Form eines ihr zugrunde liegenden verbindlichen Kalküls beschreiben lässt. *Nomologische Realität* lässt sich, anders ausgedrückt, *algorithmisch reduzieren*. Sie lässt sich daher in der Sprache der formalen Logik ausdrücken. Die formale Logik ist eine Kunstsprache, die mit einem begrenzten Vorrat an Zeichen (die eindeutige Bedeutungen haben) und mit einer festgelegten Grammatik (also Regeln, wie Verbindungen von Zeichen hergestellt werden können) arbeitet. Theorien, die nomologische Realität behandeln, sind daher *denotativ*: eindeutig abgrenzend, zuordnend und festlegend (allerdings nicht voraussetzungsfrei, vgl. v. Kutschera 1973). Sie bieten stabile und exklusive Muster von nomologischer Realität. Dabei führt die Verwendung von denotativen Theorien immer zu den gleichen Ergebnissen, wer immer sie wo auch immer (richtig!) verwendet. Beides, die systematische Begründung und die korrekte Entwicklung denotativer Theorien, ist allerdings ein schwieriges Geschäft. Das moderne Programm des Empirismus ist anspruchsvoll. Denotative Theorien haben aber große Vorteile: Sie sind einheitssprachlich verfassbar, daher homogen, eindeutig und zuverlässig konstant. Das vereinfacht den Umgang mit der Realität und mit Theorien. – Der Weg vom Messen zum Zählen bis z.B. zu $g/2\ t^2$ oder erst recht bis zur DNS und den Quarks ist sehr weit und mühsam, aber wenigstens sind die Erkenntnisinstrumente zuverlässig und stabil. Denotative Theorien können einen einheitlichen Kontext und eine themenunabhängige Methodologie verwenden (z.B. Kriterien zur Entwicklung, Akzeptierung und Verwerfung von Hypothesen). Damit können sie die Ansprüche an die Objektivität von Erkenntnis – bei genauer Definition der Bedingungen und innerhalb eines bestimmten Rahmens – erfüllen.

Konnotative Theorien

Autopoietische Realität hingegen stellt andere Anforderungen an Theorien. Autopoietische Realität ist das Ergebnis eines Zusammenspiels von vielen verschiedenen Faktoren. Dabei verläuft dieses Zusammenspiel nicht immer gleich, sondern variiert. Sei es die Entwicklung von Gesellschaften, Erfolg und Misserfolg einer Firma, der Verlauf eines Abends zu zweit, das Schicksal einer Familie oder eines Menschen – alles hängt von vielen Umständen ab und entwickelt sich zugleich selbständig, unvorhersehbar und auf immer verschiedene, immer besondere Weise. Das bedeutet auch, dass allgemeine Logik und konkrete Logik nicht identisch sind. Autopoietische Realität ist immer etwas Besonderes und diese Besonderheit kann nicht allein aus dem, was für alle Fälle gilt, abgeleitet werden. In gewissem Sinne ist jeder Fall ein Fall für sich – folgt seiner eigenen Logik

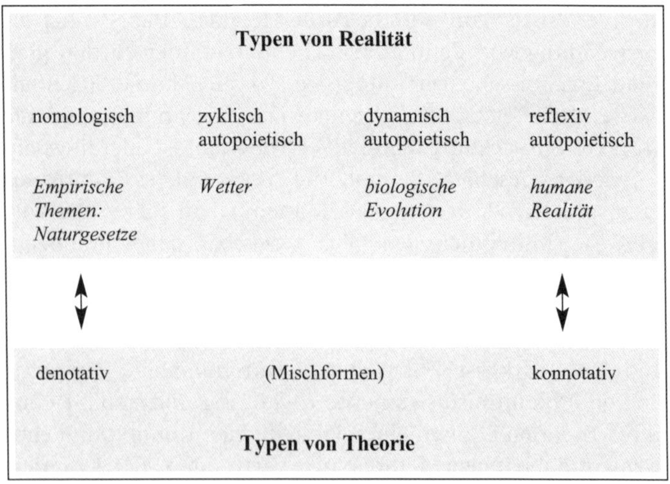

und bestimmt daher selbst, was die verschiedenen beteiligten Faktoren jeweils bedeuten. Das, was in einem Fall förderlich ist, kann in einem anderen Fall behindern; was dem Einen hilft, ruiniert den Anderen – und in vielen Fällen haben Ereignisse und Umstände zugleich unterschiedliche Effekte. Mit anderen Worten: Autopoietische Realität ist nicht nur *eigendynamisch* und bringt ständig neue Variationen hervor, sie ist auch *widersprüchlich*, also nicht auf einen einzigen Nenner zu bringen.

Damit müssen Theorien, die autopoietische Realität bearbeiten, andere Aufgaben bewältigen und dabei auf andere Weise verfahren, als dies im Umgang mit nomologischer Realität der Fall ist. Sie sind *konnotativ*. Zunächst ist die Fülle der beteiligten Faktoren und die der möglichen Variationen theoretisch nicht zu bändigen. Es ist kaum möglich, alle relevanten Faktoren (angemessen) zu erfassen. Daher lässt sich das Prinzip des Experimentierens mit Realität nur begrenzt anwenden, da autopoietische Wirklichkeit zu umfangreich ist, um vollständig manipulierbar zu sein, und zudem mit dem experimentellen Arrangement interagiert, so dass im Experimentieren eine jeweils eigene Wirklichkeit erzeugt wird. Man kann z. B. Familienleben nicht im Labor simulieren, einzelne Teile isolieren und unter variierenden Bedingungen prüfen. Das bedeutet nicht, dass es keine Möglichkeiten der empirischen Untersuchung von Familienleben gäbe, aber es bedeutet, dass eine *methodologische Fixierung* des Gegenstands nur *begrenzt* möglich ist.

Dies hat zur Folge, dass es in Bezug auf autopoietische Realität keine eindeutigen methodologischen Verfahren geben kann, sondern immer nur „Rezepte" für den Umgang mit empirischer Komplexität, die unterschiedlich aussehen können. Es gibt also nicht nur *eine* Form von Hermeneutik, sondern deren *viele*; nicht nur *eine* Form qualitativer Sozialforschung, sondern *verschiedene*. Jedes dieser methodologischen Rezepte hat seine Vor- und Nachteile. Das Gleiche gilt für die Theorien. Angesichts der Fülle von Faktoren und Beziehungsmöglichkeiten besteht immer die Möglichkeit, Unterschiedliches hervorzuheben bzw. das Gleiche unterschiedlich zueinander in

Beziehung zu setzen und zu gewichten. Es gibt also nicht nur eine Möglichkeit der theoretischen Konzeptualisierung, sondern verschiedene Möglichkeiten der Einschätzung und Zuordnung. Ob also die moderne Arbeitswelt das Familienleben fördert oder erschwert (oder beides), kann – je nach Perspektive – unterschiedlich gesehen werden. Dadurch wird jedoch Theoriearbeit auch unabschließbar: Da es immer Unzulänglichkeiten und Möglichkeiten der Kritik gibt, da immer Faktoren noch anders gewichtet, Zusammenhänge noch anders gesehen werden können und da es immer wieder Neues und Unerwartetes zu verarbeiten gibt, bleiben Theorien chronisch unabgeschlossen, bleiben sozusagen eine „Dauerbaustelle".

Dies wiederum zwingt konnotative Theorien, ihre Möglichkeiten systematisch zu überschätzen. Schließlich sollen und wollen sie Erklärungen abgeben. Wenn sie alle Unwägbarkeiten und Unbestimmtheiten ständig präsent halten, werden sie unfähig, überhaupt Aussagen treffen zu können. Daher müssen sie ihr Thema künstlich stärker festlegen als es real ist und ihre Interpretationen in ihrer Leistungsfähigkeit kontrafaktisch so behandeln, als wären sie besser als sie es sein können. Sonst kommen sie mit einem heterogenen, sich ständig bewegenden und verändernden Gegenstand ebenso wenig zurecht wie mit den konkurrierenden Theorien, da nur der Ansatz eine Überlebenschance hat, dem es gelingt, als leistungsfähiger als andere zu *gelten*. Konnotative Theorien müssen also ihre Schwächen kompensieren, aber sie dürfen sie nicht verleugnen, weil sie sonst rigide und damit unproduktiv werden. Dies ist ein ständiger Drahtseilakt. –

Ein weiteres Problem in diesem Zusammenhang ergibt sich daraus, dass autopoietische Realität heterogen ist, also aus einem Zusammenspiel qualitativ unterschiedlicher Faktoren besteht. Theorien können unmöglich alle verschiedenen Faktoren, die beteiligt sind, zugleich und gleich gut bearbeiten. Eine Organisation beispielsweise basiert auf rationalen und irrationalen, bewussten und unbewussten, externen und internen Bedingungen. Eine Theorie, die sich auf einen dieser Aspekte spezialisiert, kann nicht zugleich alle anderen genauso gut behandeln – wenn die Theorie die zweckrationale Logik besser erfasst, ist sie zugleich weniger geeignet, die irrationalen Aspekte angemessen zu erkennen. Die Leistungen von Theorien sind daher unvermeidlich mit dem Risiko verbunden, dass sie andere – ebenfalls erforderliche – Leistungen nicht mehr erbringen können.

Aus diesen Gründen gibt es nicht nur eine, sondern mehrere Theorien autopoietischer Prozesse – Theorien der Familie, der Firma, des Managements, der Therapie, der Politik usw. Es besteht immer die Möglichkeit (und auch die Notwendigkeit!), autopoietische Realität aus einem anderen Blickwinkel und in einer anderen Dimension zu sehen. *Multiple Thematisierbarkeit* hat *Multiparadigmatik* zur Folge. – Dabei präsentieren sich die jeweiligen Theorien keineswegs als klar identifizierbare Einheiten. Ein wichtiger Grund dafür ist, dass sie anschlussfähig bleiben müssen für jeweils besondere Problemstellungen und Verwendungszusammenhänge. Sie bleiben daher als Thematisierungsstrategien strukturell unscharf. Deswegen sind diese Theorien bei näherem Hinsehen kein in sich geschlossenes, eindeutiges Modell, sondern eine Art *Thematisierungskorridor*, der unscharfe Grenzen hat. Daher gibt es beispielsweise nicht eine Systemtheorie, sondern verschiedene Formen der Systemtheorie und diese verschiedenen Formen werden von ihren unterschiedlichen Vertretern jeweils unterschiedlich ausgelegt. „Die“ Systemtheorie erweist sich daher bei näherem Hinsehen als ein Paradigma (im Kuhn'schen Sinn) und nicht als eindeutige, scharf abgegrenzte Theorie.

Damit wird deutlich, dass Theorien, die autopoietische Realität behandeln, nur begrenzt denotative Strategien verwenden können. Algorithmische Reduzierung hat hier den Effekt, dass relevante Faktoren und Variationsmöglichkeiten ausgeblendet werden, d. h. sie gehen auf Kosten der Leistungsfähigkeit der Theorie. Je stärker davon Gebrauch gemacht wird, desto mehr wird Wirklichkeit auf Allgemeinheiten reduziert – etwa, dass „Risikokapital“ mehr Gewinn und mehr Verlust bedeuten kann, dass familiäres Zusammenleben von intensiven Affekten geprägt ist, dass große Organisationen formale Strukturen entwickeln usw. Eine Aussage über konkrete Einzelfälle ist damit nicht mehr verbunden. Anstatt denotativ zu verfahren, muss Theorie hier also *konnotativ* verfahren. Sie muss sich der Eigenlogik ihres jeweiligen Gegenstandes anpassen, ohne die reflexive Distanz zu verlieren. Sie muss imstande sein, eine hinreichende Allgemeinheit von Aussagen mit der Möglichkeit zu verbinden, die jeweilige besondere Logik zu erfassen. Dabei muss sie auch den gesamten Variationshorizont von Realität einschließen und gleichzeitig den Zugang zu den jeweils besonderen Konfigurationen offen halten.

Diese Kontaktaufnahme mit der Eigenlogik der autopoietischen Realität, dieser Spagat zwischen Allgemeinheit und Besonderheit, zwischen Regel und Abweichung, zwischen Typik und Individualität erfordert aktive und flexible Verbindungsleistungen, die auch mit Unerwartbarem, mit Widersprüchen und Exzentrik umgehen können. Zu diesem Zweck ist eine reine Zeichenlogik und eine fixierte, eingeengte Grammatik, wie sie denotative Theorien verwenden, ungeeignet. Daher verwenden konnotative Theorien Begriffe, die die Wirklichkeit aktiv erfassen, kombinieren und in spezifische Zusammenhänge integrieren können. Sie benutzen dazu eine Sprache, die zwar logisch kontrolliert ist, aber fähig sein muss, die erforderlichen Sätze zu bilden. Darin ähneln sie der Umgangssprache. Das bedeutet jedoch auch, dass konnotative Theorien ihren Gegenstand nicht nur rekonstruieren, sondern unvermeidlich erst konstituieren: Sie entscheiden selbst darüber, was als Gegebenes, was als feststehend und als variabel angesehen wird und welche Verbindungen welche Bedeutung haben.

Konnotative Theorien sind *gebrauchsabhängig*. Erst in der und durch die Anwendung werden sie produktiv. Da sie ein offenes Relationierungspotenzial haben, sind ihre Ergebnisse kein automatisches Resultat der Vorgaben (wie bei denotativen Theorien). Das bedeutet, dass die Theorie selbst noch nichts über die Qualität der Ergebnisse aussagt – man kann mit guten

Theorien aufgrund schlechter Verwendung uninteressante Ergebnisse erhalten, aber auch unterentwickelte oder einseitige Theorien durch intelligenten Gebrauch produktiv werden lassen. Zudem ist damit zu rechnen, dass Theorien immer Stärken und Schwächen beinhalten, also nie nur gut oder nur schlecht sind. Noch dramatischer ist jedoch die Tatsache, dass es für konnotative Theorien *keine eindeutigen Kriterien* gibt, was „gut" oder „schlecht" überhaupt bedeutet. Dass es konnotative Theorien nur im Plural gibt, also unterschiedliche Ansätze möglich sind, bedeutet auch, dass sich jedes Konzept selbst begründet, also seine jeweils besonderen Entscheidungen selbst legitimiert. Das Neben- und Gegeneinander verschiedener Theorien spiegelt sich also auf der Ebene der Theoriebegründungen, sprich: auf der der Erkenntnis- und Wissenschaftstheorien. Nicht nur die Theorien selbst, sondern auch ihre Grundlagen bleiben eine „Dauerbaustelle".

Daher haben konnotative Theorien keine einheitliche Grundlage. Jede Theorie muss sich selbst begründen, weil mit der Begründung bereits Entscheidungen über die jeweilige Theorie getroffen werden. Anders als bei denotativen Theorien sind hier die Theorien selbst und ihre metatheoretische Begründung nicht zu trennen. Eine Textinterpretation, Organisationstheorie o. Ä. enthält jeweils eine bestimmte (eigene) Begründung, die sich von anderen unterscheidet. Das wiederum setzt sie – angesichts der ständigen Möglichkeiten an Alternativen – unter dauerhaften Legitimationsdruck. Daher sind konnotative Theorien im *Dauerstress der Selbstbegründung und -behauptung*, weshalb sie ständig über den „richtigen" Weg streiten.

Zwei weitere Konsequenzen sollen noch kurz behandelt werden. Erstere betrifft das Verhältnis von *Theorie und Praxis*. Denotative Theorien legen eindeutig fest, welche praktischen Konsequenzen sich aus ihnen ergeben (können). Dabei verändern sie die nomologische Realität nicht, sondern entwickeln Möglichkeiten ihrer Nutzung. Dies ist bei konnotativen Theorien anders. Zunächst gilt: Praktische Konsequenzen aus konnotativen Theorien sind immer *politisch*. Immer, wenn es Alternativen gibt, müssen Entscheidungen darüber getroffen werden, welches Ziel wie erreicht werden soll. – Das ist Politik. Welche praktischen Konsequenzen aus konnotativen Theorien gezogen werden, kann sehr unterschiedlich aussehen. Dieselbe wirtschaftliche Entwicklung wird von verschiedenen Theoretikern unterschiedlich eingeschätzt und entsprechend unterschiedlich fallen die jeweiligen wirtschaftspolitischen Vorschläge aus. Dazu kommt, dass die praktischen Konsequenzen, die sich aus ihnen ergeben, nicht genau vorhersehbar sind. Da autopoietische Realität immer eigendynamisch ist, kann nicht präzise vorausgesagt werden, welche Effekte eine praktische Wirkung haben werden. Konnotative Theorien *verändern* die Wirklichkeit, weil sie das Reflexionspotenzial der Akteure verändern, aber ihre Wirkungen sind *nicht kontrollierbar*.

Der zweite Punkt betrifft die andere Seite des Verhältnisses von Theorie und Realität. Nomologische Realität kann von denotativen Theorien nicht beeinflusst werden, sie kann sie aber ihrerseits auch nicht beeinflussen. Theorie und Realität sind und bleiben getrennte Welten. Auch dies ist bei konnotativen Theorien anders. Sie verändern die Wirklichkeit, auf die sie sich beziehen nicht nur, sie werden auch von ihr beeinflusst und gesteuert. Da die Voraussetzungen und die Auswahl einer konnotativen Theorie nicht allein durch ihren Gegenstand begründbar sind, spielen gegenstandsfremde Faktoren eine wichtige Rolle: Sie beeinflussen die Entscheidungen, welche Prämissen genutzt und welche Paradigmen akzeptiert werden und welche nicht. Es sind also auch kulturelle und institutionelle Faktoren, die konnotative Theorien konstituieren und steuern. Traditionen und der „Zeitgeist" beeinflussen daher Entscheidungen über präferierte Denkweisen. Aus diesem Grund haben konnotative Theorien die Form von „Soziolekten" – amerikanische Systemtheorien sehen anders aus als französische oder deutsche.

Theorie und Institution

Darüber hinaus spielen institutionelle Faktoren bei der Theoriewahl und -begründung eine wichtige Rolle. Das Schicksal von konnotativen Theorien hängt auch davon ab, wie die Machtverhältnisse in den entsprechenden Institutionen aussehen – also welche Vertreter welcher Paradigmen die Verteilung von Ressourcen, Stellen und Anerkennung bestimmen. Dies ist ein sich selbst verstärkender Mechanismus: Wer neu in die Institution kommt, wird sozialisiert unter dem Einfluss der jeweils herrschenden Paradigmen, übernimmt ihre Orientierungen und lernt, in den entsprechenden Vorgaben zu denken. Dies haben Kuhn und Feyerabend zutreffend beschrieben. Da die Institutionen jedoch selten von einem einzigen Paradigma beherrscht werden, sondern im Allgemeinen von verschiedenen Ansätzen, spielt sich die Wahl des jeweiligen Paradigmas und seiner Verwendung auch unter den Vorzeichen der Konkurrenz von Theorien ab. Diese Konkurrenz wird von einer Reihe von Faktoren gesteuert. Was Kuhn zu Recht beschreibt, ist beispielsweise die „generative" Struktur der Theoriewahl: Jede Generation orientiert sich sozusagen neu und grenzt sich gegen die vorherige ab. Was Kuhn nicht berücksichtigt hat, ist die Logik von *Theoriemoden und -karrieren*. Ohne erkennbaren sachlichen Grund machen bestimmte Theorien eine steile Karriere und verschwinden dann wieder weitgehend aus der Diskussion. So ist vom Behaviorismus heute nicht mehr viel zu sehen und ebenso wenig vom Strukturalismus – vielleicht bis zu dem Zeitpunkt, an dem sie wieder ausgegraben und neu formuliert als Gegenentwurf zu herrschenden Modellen ins Feld geführt werden. –

Fazit

Theorien, die sich mit autopoietischer Realität beschäftigen, unterscheiden sich also von denen, die nomologische Realität behandeln. Sie verfahren konnotativ, was einige besondere Strukturmerkmale verursacht (methodologische Uneindeutigkeit, fehlende algorithmische Reduzierbarkeit, Unabgeschlossenheit, schwierige Balance zwischen Allgemeinheit und Besonderheiten, Multiparadigmatismus, Mehrdeutigkeit, dauerhafte Begründungsproblematik, Anwendungsabhängigkeit, Verwendung von relativ unscharf definierten Begriffen und einer offenen Grammatik) und mit einem komplexen Austausch zwischen Theorie und Realität verbunden ist. Je ausgeprägter der autopoietische Charakter der Realität ist, auf die sich eine Theorie bezieht, desto stärker machen sich auch die oben genannten Merkmale und die damit verbundenen Folgeprobleme bemerkbar. Während z. B. Theorien des Wetters sich noch weitgehend auf identifizierbare nomologische Kalküle stützen können, die sie mit erfahrungsgestützten „Daumenregeln" verwenden, stehen Theorien der Wirtschaftsentwicklung vor dem Problem, dass sie die Fülle der sich wechselseitig beeinflussenden Faktoren nicht definitiv erfassen und „bändigen" können. Sie haben daher nur die Wahl zwischen verschiedenen Risiken und Inkompetenzen.

Konsequenzen

Welche Konsequenzen haben diese Überlegungen für die Interpretation der Probleme von Erkenntnis- und Wissenschaftstheorie? Vor allem vier Konsequenzen können zum besseren Verständnis beitragen.

Unterschiedliche Ebenen von Theorie
Der erste Punkt: Der Begriff „Theorie" ist zu vieldeutig. Man muss erkenntnistheoretisch genauer unterscheiden, auf welche *Ebene von Theorie* sich die Argumentation bezieht. Dabei kann man differenzieren zwischen:

- der *allgemeinen Ebene*: Hier geht es um Merkmale, die jede Theorie hat und die eine Theorie von anderen Formen kognitiver Modelle (Meinung, Glauben etc.) unterscheidet;
- der *Ebene der strukturellen Differenzen*: Hier geht es um Merkmale, die sich aus systematischen Unterschieden (etwa des Gegenstandes, mit dem Theorien zu tun haben) ergeben;

- der *Ebene der singulären Theorie*: Hier geht es um Merkmale, die eine bestimmte Theorie (und nur diese) aufgrund der besonderen Umstände, denen sie unterliegt, betreffen.

Wenn man diese Ebenen unterscheidet, wird deutlich, dass daraus eine ganze Reihe von Problemen und Kontroversen der erkenntnis- und wissenschaftstheoretischen Diskussionen resultiert und dass die Ebenen, auf denen argumentiert wird, nicht deutlich genug gekennzeichnet bzw. vermischt werden. So ist unübersehbar, dass der Positivismus eine spezielle Methodologie (die für nomologische Realität entwickelt wurde) als universalen Anspruch auf der allgemeinen Ebene formuliert und damit die Problemlage anderer Theorien nicht erfasst. Der Neo-Konstruktivismus tendiert dagegen dazu, ein allgemeines Merkmal (jede Theorie ist eine symbolische Konstruktion) auch auf der Ebene der strukturellen Differenzen anzusetzen. Dadurch kommt er zu dem (unangemessenen) Ergebnis, alle Theorien seien auf die gleiche Weise Konstruktionen – was so nicht stimmt.

Etwas allgemeiner ausgedrückt: Erkenntnis- und wissenschaftstheoretische Kontroversen leiden oft darunter, dass der Status der jeweiligen Überlegungen nicht deutlich genug ist, so dass sich zwangsläufig Missverständnisse ergeben. Ein Positivist und ein Neo-Konstruktivist können sich nicht verstehen, weil sie über Verschiedenes reden: der Positivist über den Anspruch auf die Vergleichbarkeit von Theorien (auf der allgemeinen Ebene) und über ein Verfahren, das nomologische Realität erfasst; der Neo-Konstruktivist über den prinzipiellen Aspekt der symbolischen Erzeugung von Realität im Rahmen jeder Erkenntnis (auf der allgemeinen Ebene) und – in mancher Hinsicht – über die besondere Problemlage konnotativer Theorien im Umgang mit autopoietischer Realität. Beide sind also selektiv und bleiben in Bezug auf die Themen, die die jeweils andere Perspektive anspricht, unproduktiv: Ein Positivist hat für die Beschäftigung mit autopoietischer Realität nur den Rat, ihre nomologischen Bestandteile herauszufiltern, aber kein grundlegendes Verständnis dafür; die konstruktivistische Generalklausel hingegen (jede Theorie ist relativ) wirkt angesichts nomologischer Sachverhalte reichlich konstruiert.

Gemischte Realität und Wahl der Methoden
Empirische Realität besteht in vielen Fällen aus einer Mischung von nomologischen und autopoietischen Elementen. Entsprechend kann sie *sowohl* mit quantitativen *als auch* mit qualitativen Methoden sinnvoll erfasst werden. – Quantitative Methoden beschäftigen sich mit zählbaren und messbaren Eigenschaften oder transformieren Eigenschaften so, dass sie zähl- und messbar werden. Das setzt entsprechende Einheiten und deren Registrierbarkeit voraus – die Zahl der Telefonate pro Anschluss z. B. lässt sich auf diese Weise problemlos erfassen; die Gefühle beim Telefonieren hingegen lassen sich nicht so leicht erfassen und auch nicht so leicht vergleichen. Die so gewonnenen quantifizierten Daten können dann auf ihre Gültigkeit hin überprüft, verglichen und weiterverarbeitet werden. Wenn sich eindeutige Zahlenwerte ergeben, lassen sich daraus – siehe oben – gesetzmäßige Zusammenhänge ableiten und in Form von geschlossenen Kalkülen formulieren. – Gesetze erlauben zuverlässige Prognosen (wenn – dann). Wenn es sich um statistische Werte handelt, lassen sich daraus Wahrscheinlichkeiten ableiten (z. B. ein Telefonat dauert durchschnittlich 20 Minuten). Beide Arten von Aussagen erlauben weitere Verarbeitungen und Verknüpfungen nach bestimmten Regeln, lassen sich also höher aggregieren. Daraus ergeben sich denotative Theorien – systematische, begründete und zuverlässige Aussagen über nomologische Zusammenhänge.

Qualitative Verfahren beziehen sich dagegen auf die Besonderheiten, Differenzen und die Eigenlogik – die Autopoiesis – von Realität. Sie verwenden Typisierungen, die es erlauben, Allgemeinheit und Besonderheit in Verbindung zu bringen. Dazu müssen sie Zusammenhänge herstellen, Intentionen entschlüsseln und Bedeutungen interpretieren. Statt vergleichbare Einheiten zu suchen und zu zählen/messen, stellen sie spezifische Sinnzusammenhänge her, untersuchen deren innere Logik, Dynamik, Widersprüche und beschäftigen sich mit dem Verhältnis von eigener Interpretation und Wirklichkeit: Was bedeuten z. B. Telefonate für die Akteure? Wie entwickeln sich Gespräche? Wie überredet man jemand anderen, warum lässt er/sie sich überreden? Wie kommt man zum Konzept „Überredungskommunikation“ und wie ordnet es das Geschehen? – Die Ergebnisse sind nur begrenzt generalisierbar (s. o.); ihre Verbindung bleibt spekulativ. Dafür behandeln sie Themen, die anders nicht zugänglich sind.

Wenn nun „Mischrealität“ erfasst wird, erscheint zwangsläufig ein ganz anderes Bild, wenn quantitative Methoden verwendet werden. Beide Vorgehensweisen – quantitative als auch qualitative Methoden – sind prinzipiell möglich und sinnvoll. Die jeweiligen Ergebnisse sind jedoch weder kompatibel noch substituierbar und können sich auch nicht unmittelbar ergänzen. Das hängt damit zusammen, dass diese beiden Methoden ihren Gegenstand grundsätzlich anders behandeln. Daher bedarf es eines Konzepts der Integration – inklusive der Fähigkeit, sich in beide Methodologien hineindenken zu können. Nur dann ergibt sich die Möglichkeit, die Leistungen beider zu kombinieren. Gerade dies erweist sich jedoch (zu) oft als unüberwindliche Schwierigkeit. Dafür ist primär die Tatsache verantwortlich, dass eine solche Meta-Methodologie nur hybrid sein kann – genauso gemischt und mehrdeutig wie die Realität, auf die sie sich bezieht. Sekundär kommt es dann zu Folgeproblemen: Identifikationen, die unfähig oder zumindest unwillig machen, noch anders zu denken, Abwertungen von fremden Perspektiven und Idealisierungen des eigenen Denkens, nicht zuletzt auch des strategischen (etwa der Blick auf Vorteile im Kampf um Ressourcen, Positionen etc.). – Nichtsdestotrotz liegt hier die Zukunft. Jeder Weg, der zu neuen Erkenntnissen führt, ist wertvoll; einen zu beschreiten darf aber nicht bedeuten, die anderen Möglichkeiten zu ignorieren oder gar zu diffamieren. Je mehr Methoden die Wissenschaft hat, desto mehr Chancen hat sie. Der Zwang, ein „methodologisches Glaubensbekenntnis" abzulegen, führt auch hier zur Einengung des Horizonts. Der Blick auf die Wissenschaftsgeschichte zeigt, in welchem Ausmaß sich der Glaube an Methoden und an das Denkvermögen einschränken kann (dass also auch in der Wissenschaft der Bedarf an Glaubenssicherheit groß sein kann).

Gemischte Realität, gemischte Theorie

Die gleiche Problematik stellt sich auf der Ebene der Theorie. Reale Theorien sind (fast) immer Mischtypen. Logisch lassen sich nomologische und autopoietische Realität und, darauf bezogen, denotative und konnotative Theorien unterscheiden. Meistens enthält die zu erfassende Wirklichkeit sowohl nomologische als auch autopoietische Aspekte in einem spezifischen Mischungsverhältnis. So unterliegen z. B. Sonnensysteme und Planeten feststehenden Gesetzen, die berechenbar sind – ob und wann aus einer Sonne ein „roter Riese" oder „weißer Zwerg" wird, ist (unter gleich bleibenden Bedingungen) ebenso vorhersehbar wie die Umlaufbahn eines Planeten (ebenfalls unter gleichen Bedingungen). Aber auch die Entwicklung von Planeten beinhaltet die Möglichkeit von überraschenden, unerwartbaren Wendungen – siehe das Beispiel Erde, ohne deren überraschende Entwicklung es auch keine Wissenschaft und keine Wissenschaftstheorie gäbe. Diese Entwicklungen sind nicht denotativ begründ- und erklärbar. Auf der anderen Seite unterliegt auch reflexive Autopoiesis einer logischen Konstruktion, die dazu dient, ein Prinzip zu verdeutlichen. Reine Autopoiesis gibt es empirisch nicht, weil es keine Realität geben kann, die *nur* aus Offenheit und willkürlicher Selbstbestimmung besteht. Auch die humane Realität, Gesellschaften, Organisationen, Familien und Kaffeehausbesuche enthalten zumindest Regelmäßigkeiten und typische Muster. Auch da, wo es keine Nomologie (gesetzmäßige Ordnung) gibt, ist Realität daher logisch strukturiert. Man müsste daher genauer (aber umständlicher) von dominant autopoietischer Realität sprechen.

Die Leistung – die Kunst –, die von einer Theorie verlangt wird, ist also, das jeweilige Verhältnis zwischen denotativer und konnotativer Theoriestruktur zu finden und zu formulieren. Dies ist alles andere als leicht. So hat sich die Physik z.B. lange Zeit lieber mit Dingen beschäftigt, die sich im Labor behandeln lassen, statt sich auf die empirische Realität der Welt einzulassen. Schwerkraft und Wellenbewegungen waren also längst genauestens untersucht, aber die Art und Weise, in der sich ein Bach seinen Weg bergab bahnt, in der sich Strudel bilden und in der die Talfahrt eines Blattes abläuft, wurde ebenso sorgfältig ausgeklammert wie eine Beschäftigung mit makroskopischen Systemen wie dem Geoklima. Der Grund: Diese Phänomene ließen sich nicht wie rein nomologische Sachverhalte manipulieren, sie folgen zudem einer komplexen Logik, die sich mit herkömmlichen positivistischen Mitteln nicht behandeln ließ. Erst durch die Entwicklung neuer Modelle, die die autopoietischen Anteile der Realität berücksichtigen konnten (Chaostheorie, fuzzy logic, Systemtheorie u.Ä.) fand man Möglichkeiten, diese Art komponierter Realität besser zu erfassen. Analoges gilt für dynamische Autopoiesis. Die Theorie der Evolution setzt eine völlig andere Denkweise voraus als die, die rein positivistisches Denken anbietet. Und sie ist bis heute nicht „abgeschlossen".

Theorien, die sich mit reflexiver autopoietischer Realität – humaner Realität – beschäftigten, haben diese Problemlage schon immer behandelt. Für sie ist also der Umgang mit Vielfalt, Heterogenität und offener Systemdynamik von Anfang an unvermeidlich gewesen. Erkenntnistheorie, geisteswissenschaftliche Methodologie usw. sind also immer auch Antworten auf die Probleme mit der Behandlung autopoietischer Realität. Wie sich gezeigt hat, gibt es hier jedoch keine abschließenden Lösungen; das Problem der Theoriebalance bleibt dauerhaft bestehen. Aus den genannten Gründen können konnotative Theorien nicht definitiv fertiggestellt werden. Ihre Unsicherheit zwingt sie, ihre Leistungsfähigkeit zu überschätzen bzw. zu übertreiben (z.B. durch besondere Hervorhebung der allgemeinen Logik oder der

Autonomie des Besonderen). *Konnotative Theorien* – und damit auch Erkenntnis- und Wissenschaftstheorien – haben also ein doppeltes Problem zu bewältigen, wenn sie die spezifische *Mischung von Realitätstypen* erfassen und dabei mit vorrangig autopoietischer Realität zurechtkommen müssen.

Erkenntnis- und Wissenschaftstheorien sind konnotativ

Die dritte Konsequenz, die sich aus dieser Perspektive ergibt, ist, dass *jede Erkenntnis- und Wissenschaftstheorie konnotativ ist* und daher die oben skizzierten Probleme hat. Dies hängt vor allem damit zusammen, dass sich diese Theorien nicht auf (nomologische) Sachverhalte beziehen, sondern Erkenntnis zum Gegenstand haben. Erkenntnis steht jedoch immer in Beziehung zu (nomologischen, autopoietischen) Sachverhalten. Eine (offene) Beziehung ist interaktiv. Interaktionen sind jedoch autopoietische Prozesse, d. h. sie besitzen eine multiple Eigenlogik, sie können so oder auch anders aussehen und werden von verschiedenen Seiten beeinflusst, wobei die unterschiedlichen Faktoren nicht definitiv festzumachen und zu gewichten sind. Theorien selbst begründen sich durch ihre Leistungen: dadurch, dass sie einen Sachverhalt klären (wobei sich gezeigt hat, dass dies in Bezug auf nomologische einfacher ist als bei der Beschäftigung mit autopoietischen). Eine Begründung, wie Theorien funktionieren, muss dagegen das ganze Spektrum an Faktoren, die Theorie ermöglichen, sowie deren Zusammenspiel einbeziehen.

Als *Meta-Theorien* – Theorien über Theorien – stehen *Erkenntnis- und Wissenschaftstheorien* vor dem Problem, *Begründungen* liefern zu müssen für eine *bestimmte Form autopoietischer Realität.* Daher haben sie, auch wenn sie sich auf die Begründung von denotativen Theorien beziehen, unvermeidlich die angesprochenen Schwierigkeiten. Auch wenn die experimentellen Methoden und die darauf basierenden Theorien noch so erfolgreich sind – ihre Begründung ist (unabhängig von der Leistungsfähigkeit der Theorien selbst) ein prinzipiell nicht lösbares Problem und bedingt Diskussionen, die nicht abschließbar sind. Das hat das Schicksal des Logischen Positivismus in aller Deutlichkeit vorgeführt. Auch wenn man sich grundsätzlich über die Ausgangspunkte und Ziele einig war, zeigte sich, dass kein Weg, der beschritten wurde, alle Mitdiskutanten überzeugte, dass jeder Versuch einer Problemlösung neue Probleme verursachte oder die alten in neuer Form wiederkehren ließ. Daher endeten auch die intensivsten Bemühungen in gewisser Weise wieder dort, wo sie begonnen hatten. Davon abgesehen war das vom Logischen Positivismus vorgeschlagene Lösungsprinzip für Vertreter anderer Denkweisen überhaupt nicht akzeptabel. Daher war die ganze Diskussion von der typischen Problematik konnotativer Theorien geprägt: Man war sich zwischen den verschiedenen Schulen nicht einig und konnte sich beim Versuch, über grobe Orientierungen hinauszukommen, auch innerhalb der einzelnen Schulen nicht einigen. Erst recht gilt dies für die modernen Beiträge zur Wissenschaftstheorie. Wissenschaft als soziale Institution, die eine Fülle von verschiedenen logischen, strukturellen und empirischen Aspekten umfasst, die sich gegenseitig beeinflussen, ist ein reflexiver autopoietischer Prozess. Es liegt daher auf der Hand, dass Wissenschaftstheorie konnotativ ist.

Kurz: Es ist nicht verwunderlich, dass sich Erkenntnis- und Wissenschaftstheorie in so hohem Maße als Dauerkontroverse, als intensiv in Zeitgeist und gesellschaftliche Bedingungen verstrickt und als breites Spektrum von verschiedenen Konzepten, die in sich zersplittert und untereinander zerstritten sind, präsentieren. Aber dieser Dissens hat auch etwas Produktives: Er zwingt zur Ausarbeitung und Legitimation und damit zur Erhöhung des Niveaus und zur Differenzierung des Theorieangebots. Andererseits sind viele Kontroversen auch unproduktiv, unterliegen irrationalen Verfestigungen und Steigerungszwängen und versperren den Blick auf das Gesamtproblem. Es hat den Anschein, als wären dies die (unvermeidlichen?) „Betriebskosten" eines differenzierten Diskurses. – Die Entwicklung der Erkenntnis- und Wissenschaftstheorie entspricht insgesamt dem typischen *Schicksal konnotativer Theorien*. –

9 Wozu also Wissenschaftstheorie?

Es ist also nicht zu erwarten, dass die Diskussionen in absehbarer Zeit zu einem Abschluss kommen werden. Wahrscheinlicher ist, dass die jetzt herrschenden Diskurse und Auseinandersetzungen irgendwann ins Stocken geraten, an Schwung und Attraktivität verlieren und durch Neuauflagen und/oder neue Perspektiven ersetzt werden.

Dieser Befund ist zunächst enttäuschend – wenn man mit der Erwartung an Erkenntnis- und Wissenschaftstheorien herangeht, dass sie alle Fragen eindeutig und endgültig klären können. Sie können es nicht, aber das liegt nicht an etwaigen Versäumnissen, Fehlern oder an Inkompetenz, sondern am Thema selbst. Es kann mit den (bisher) verfügbaren Mitteln nicht abschließend behandelt werden. Das bedeutet jedoch keineswegs, dass man von der Beschäftigung mit Erkenntnis- und Wissenschaftstheorien nichts hätte. Auch wenn sie Probleme nicht lösen, ermöglichen ihre Leistungen den Blick auf ein wesentlich besseres Problemverständnis. Immerhin haben sich viele der besten Denker ihrer Zeit mit den Themen der Erkenntnis- und Wissenschaftstheorie beschäftigt – mit einer Intensität und Ausdauer, die äußerst eindrucksvoll ist. Was sie dabei erarbeitet haben, gehört zu den bleibenden Großtaten des menschlichen Geistes.

Theorie und Praxis

Im Laufe der Zeit wurden dabei eine Fülle von produktiven Perspektiven erarbeitet, die allerdings nicht unbedingt unmittelbar „verwendbar“ sind. Für Erkenntnis- und Wissenschaftstheorien gilt zunächst, was für *alle* Theorien gilt: Sie sind nicht direkt auf praktische Bedürfnisse zugeschnitten. Das Ziel von Theorien ist ein *logischer* Zugang zur Welt. Dies ist, wie oben beschrieben, gerade *kein* praktischer Zugang, sondern setzt Praxis zunächst einmal außer Kraft, um sich überhaupt entwickeln zu können. Praxis soll funktionieren; Theorie soll stimmen – das sind unterschiedliche Ziele, die auf unterschiedlichen Wegen erreicht werden.

Theoretische Erkenntnis wird dementsprechend in einer praxisfernen Form ausgedrückt und ist unmittelbar auf sich selbst zentriert, auf die innere Logik von Theorien. In dieser Innenwelt gelten andere Kriterien, andere Maßstäbe als in der Welt der Praxis. Daher wirken theoretische Befunde für Außenstehende doppelt fremd: Sie sind in einer anderen, nicht unbedingt verständlichen Sprache formuliert und sie beschäftigen sich mit Fragen, die in der Außenwelt vielleicht gar keine Bedeutung haben – und das in einer Ausführlichkeit, die von außen gesehen oft unverständlich ist. – Genauso ergeht es der Erkenntnis- und Wissenschaftstheorie. Ihre Themen wirken für Außenstehende hin und wieder exzentrisch, die Diskussionen esoterisch und überflüssig. Sie erschließen sich erst, wenn man sich auf die Problemlagen einlässt, die sich durch den Anspruch auf ein theoretisches Verständnis ergeben. Erst dann wird sichtbar, was es wirklich bedeutet, das Problem einer systematischen Begründung von Erkenntnis und Wissenschaft in Angriff zu nehmen; erst dann wird verständlich, warum ein Mann wie Wittgenstein ein ganzes Leben lang mit bestimmten Fragestellungen ringt und dicke Folianten mit Notizen, Überlegungen und Argumenten füllt. Ohne dieses Verständnis muss er wie ein Besessener, geradezu wie ein Verrückter wirken, der seine Zeit mit Fragen verschwendet, die praktisch ohne Belang sind.

Aber dies ist der einzige Weg, den Theorie gehen kann: Sie muss sich von der Praxis entfernen, um sich auf Probleme einlassen zu können, die sich in der Praxis selbst nicht behandeln lassen. Und sie muss dies mit allem gebotenen Einsatz tun, weil sie sonst nicht die Leistung erbringen kann, die nötig ist, um die Probleme systematisch zu behandeln. Dass sie sie – wie beschrieben – nicht lösen kann, ist ein weiteres Problem, das „von außen" nur dann verständlich ist, wenn man die Schwierigkeiten konnotativer Theorien kennt und berücksichtigt. Praxis ist zwar kein nomologischer, sondern ebenfalls ein autopoietischer Prozess, aber sie trifft definitive Entscheidungen. Sie legt sich fest, wählt eine Option aus, realisiert sie und schafft dadurch eine neue Wirklichkeit, die durch die Entscheidung bestimmt ist. Dazu muss unterstellt werden, dass es gute (bessere) Gründe für die Entscheidung gibt. Dies simuliert gewissermaßen Nomologie, indem die Wirklichkeit so behandelt wird, als ob eine Entscheidung für eine Alternative (gegen andere) möglich ist. Jeder Form von Praxis liegt daher in gewisser Weise diese Simulation von Nomologie zugrunde. Gehandelt und entschieden kann nur werden, wenn davon ausgegangen wird, dass es identifizierbare und eindeutige Zusammenhänge gibt, auf die man sich verlassen kann. Das setzt beispielsweise die Gewissheit in Bezug auf die eigenen Annahmen voraus. Dazu sind Skrupel, der spezielle Legitimationsdruck, den Theorien haben (müssen!), nicht hilfreich, sondern sogar störend. Dies stellt eine unerschöpfliche Quelle von Missverständnissen und Auseinandersetzungen zwischen „Praktikern" und „Theoretikern" dar.

Dazu kommt ein zweiter Punkt. Jede Theorie muss ihr Thema idealisieren. Realität ist überhaupt nur theoretisch bearbeitbar, wenn aus der Fülle des empirischen Geschehens einige wenige Aspekte hervorgehoben und andere vernachlässigt werden. Die so ausgewählten Aspekte werden weiterverarbeitet, vereinfacht und neu formatiert, um handhabbar und kompatibel zu werden. Dies gilt bereits für denotative Theorien.

Konnotative Theorien haben es (s. o.) noch schwerer und gehen daher oft noch riskantere Vereinfachungen ein. Dies zeigen die Bemühungen um eine Theorie des Marktes. Reines Marktgeschehen gibt es nicht, weil immer „intervenierende Variablen“ wirksam sind. Um die Logik des Marktes aber überhaupt erfassen zu können, muss davon abstrahiert werden, so dass in Modellen unvermeidlich ein kontrafaktisches Bild von Realität entsteht. Das kann dazu führen, dass die Theorie stimmig ist, aber die Realität nicht mehr erfasst.

Daher muss Theorie für die Praxis immer erst übersetzt und neu formatiert werden. Dies gilt auch für die Erkenntnis- und Wissenschaftstheorie. Man muss die richtigen Erwartungen an sie haben und ihre Ergebnisse für den Eigenbedarf adaptieren. Dabei treten allerdings die beschriebenen Probleme im Umgang mit konnotativen Theorien auf: Man muss sie erst anwenden, damit sie produktiv werden, und diese Anwendung ergibt sich nicht aus den Theorien selbst. – Die „Anwendung“ von Erkenntnis- und Wissenschaftstheorie verlangt also zwei Leistungen, die sich ergänzen und wechselseitig bestimmen:

- Man muss sich darüber im Klaren sein, *welcher Begründungsbedarf* mit den Theorien verbunden ist, die man verwenden will, um Realität zu erfassen und
- man muss mit den *Besonderheiten der Erkenntnis- und Wissenschaftstheorie umgehen* können, also sich im Labyrinth der Angebote und Versuche zurechtfinden und die Gründe dafür kennen.

Dabei kann der Begründungsbedarf je nach Fragestellung und Forschungsthema sehr unterschiedlich sein. Als Daumenregel gilt: Je weiter die Fragestellung über definierte Zwecke und Mittel hinausgeht und je komplexer und heterogener der Sachverhalt ist, desto größer ist der Begründungsbedarf. Idealisierend lassen sich drei (bzw. vier) Anspruchsniveaus unterscheiden:

- Wenn es sich um einen rein nomologischen Sachverhalt handelt, der isolierbar und kontrolliert behandelbar ist oder/ und wenn es sich um einen Sachverhalt mit klar definierbaren Zwecken und Mitteln, die in eindeutigen Beziehungen zueinander stehen, handelt, ist der Begründungsbedarf gering. Hier reicht als Absicherung, was Methodologischem Empirismus an Modellen zur Verfügung steht.
- Bei der Behandlung von „Mischthemen" und/oder Fragestellungen, deren Ziele wie Zwecke definitionsbedürftig sind und unterschiedliche Optionen enthalten, ist der Bedarf systematisch höher: Hier muss begründet werden, wie man das Themenprofil festlegt (bzw. warum so und nicht anders), welche Modelle aus welchem Grund verwendet werden (und andere nicht), warum die Ergebnisse so und nicht anders interpretiert werden usw. Dementsprechend bedarf es eines Überblicks über vorhandene Angebote und einer Legitimation des eigenen Vorgehens.
- Noch anspruchsvoller sind in dieser Hinsicht alle Ansätze zur Modell-, Methoden- und Theoriekonstruktion, insbesondere, wenn es sich um ausgeprägt autopoietische Sachverhalte handelt. Dazu bedarf es neben passiv-rezeptiven Fähigkeiten (ohne die kein Anschluss an die Diskussion möglich ist) der Fähigkeit zum aktiv-produktiven Umgang, was wiederum den Begründungs- und Kontrollbedarf erhöht.
- Wer sich dezidiert mit erkenntnis- und wissenschaftstheoretischen Fragen allgemeiner Art oder eines bestimmten Fachs auseinandersetzen will, was vermutlich eher selten der Fall ist (und wer solche Ambitionen hat, wird kaum dieses Buch lesen) –, braucht naturgemäß professionelle Kenntnisse dieses Spezialthemas, was den Begründungsbedarf exponentiell erweitert.

Dabei ist der Begründungsbedarf ein (autopoietisches) Thema für sich. Es hängt von der jeweils spezifischen Wissenschaftskultur ab, ob man überhaupt dazu ermuntert, ermutigt oder gedrängt wird, sich mit Erkenntnis- und Wissenschaftstheorie zu beschäftigen. Wenn die Wissenschaftskultur ein gut funktionierendes, homogenes Selbstverständnis besitzt und es keine thematischen „Krisenfälle“ gibt, besteht auch wenig Anlass, sich auf Themen dieser Art einzulassen. Dies ist dann wahrscheinlich, wenn Theoriearbeit auch ohne metatheoretische Begründung zufrieden stellt bzw. als zufrieden stellend betrachtet wird – etwa in Bereichen, in denen mit rein nomologischer Realität gearbeitet – oder so definiert! – wird. Dies gilt aber auch dann, wenn Unsicherheiten, Probleme oder Schwierigkeiten so extrem sind, dass sie durch Ausgrenzung entschärft werden müssen. Dies ist dort wahrscheinlich, wo die Mittel zur Verarbeitung von Komplexität unterentwickelt sind und man sich mit Dogmatik gegen Überlastung schützen muss (also etwa im Bereich von Wissenschaften, die einen Mischtyp von Realität erfassen, aber das Problem autopoietischer Realität und konnotativer Theorien nicht behandeln oder behandeln können). Solche Umstände verhindern bzw. behindern sowohl institutionelle Reflexion als auch die Entstehung von persönlichem Interesse. Das kann weitreichende Folgen haben. So hat sich etwa das Medizinsystem lange Zeit ausschließlich auf die physiologischen (= nomologischen) Aspekte seines Themas beschränkt und die autopoietischen Aspekte (z. B. die Beteiligung psychischer Faktoren) ausgeklammert. Das ist kein Problem, solange der jeweilige Gegenstand diese Strategie ohne großes Risiko verträgt (z. B. bei einer Polioimpfung). Anders sieht es aus, wenn die Eigendynamik des Gesamtsystems tangiert wird (wie bei psychosomatischen Vorgängen, in der Perinatalmedizin u. Ä.). – Damit wird, allgemeiner betrachtet, die Frage nach *möglichen Definitionsspielräumen* angesprochen. Es ist nicht nur möglich, sondern in gewisser Hinsicht sogar nötig und unvermeidlich, Mischtypen von Realität selektiv zu behandeln, also nicht die volle Komplexität zu thematisieren, sondern nur bestimmte Aspekte hervorzuheben. Die Verarbeitungskapazitäten von Theorien und Methoden sind quantitativ wie qualitativ beschränkt, so dass *jede* Erkenntnis auswählt und das Ausgewählte auf spezifische Weise gewichtet. Dies hat jedoch unterschiedliche Konsequenzen und Hintergründe. Rein nomologische Realität kann, wie beschrieben, algorithmisch reduziert werden, ohne dass damit ein Informationsverlust verbunden wäre. Die jeweiligen Umstände können also risikolos weggelassen werden. Anders sieht dies bei autopoietischem Geschehen aus. Es kann nur in Verbindung mit einem Verlust an Erklärungspotenzial reduziert werden. Hier bleiben, wie erwähnt, Selektionen riskant und Leistungen mit Problemen verbunden; sie sind zugleich unvermeidlich (so dass es keinen allein seligmachenden Weg gibt und geben kann).

Zu den möglichen Vorgehensweisen zählt auch, autopoietische Realität auf ihre nomologischen und/oder quantifizierbaren Bestandteile zu reduzieren. Man kann also z.B. durchschnittliche Geburtenzahlen, Scheidungsquoten oder Anteile an Firmenpleiten im ersten Jahr nach der Gründung errechnen und diese Ergebnisse dann als Faktoren bzw. Konstanten der Systemdynamik interpretieren. Es ist also sinnvoll – wenn man sich der Möglichkeiten und Grenzen bewusst bleibt –, autopoietische Realität mit denotativen Mitteln zu behandeln (umgekehrt ist dies *nicht* sinnvoll). Das wird allerdings zum Problem, wenn dieses Vorgehen nicht sachlich begründet und dogmatisiert bzw. substitutiv verwendet wird, z.B. wenn ökonomische Theorien ihre Vorstellung von menschlichem Handeln auf die Logik des „homo oeconomicus“ beschränken, weil sie dieses Konzept für wissenschaftlicher und/oder praktischer halten, da es berechenbare Muster bietet. Einem solchen Vorgehen liegen sachliche Vorentscheidungen zugrunde, die weitreichende Konsequenzen haben. Wenn unterstellt wird, dies sei die einzig richtige und wichtige Methode, wird mit dieser Entscheidung der Zugang zur realen Komplexität menschlichen Handelns versperrt. Dann wird aus einem legitimen und sinnvollen modelltheoretischen Vorgehen ein reduktionistisches Verfahren, das – wenn es seine Grenzen nicht kennt – Erkenntnis hemmt.

Entscheidend ist also, ob ein Vorgehen sich seiner Möglichkeiten und Grenzen bewusst ist. Nur dadurch können die Risiken von Vereinseitigungen und Beschränkungen (einigermaßen) kontrolliert werden.

Wenn die Problemlage von Theorien offensichtlich ist und nicht verleugnet wird, besteht ein manifester Bedarf an Erkenntnis- und Wissenschaftstheorien. Bedarf ist allerdings nicht gleich Bedarf. Es kommt wiederum auf die Fragestellung an. Dabei können sowohl die Fragestellungen als auch die Möglichkeiten, die Fragen zu beantworten, durch die wissenschaftstheoretischen Diskussionen angeregt werden. Der weiter oben erwähnte „Nachteil" von Erkenntnis- und Wissenschaftstheorien, nämlich dass sie sich als bunte, heterogene Vielfalt ohne eindeutige, wasserdichte Ergebnisse präsentieren, ist zugleich ein Vorteil: Es wird viel angeboten und damit ergeben sich auch Möglichkeiten, etwas Passendes für die jeweils eigene Fragestellung und den eigenen Zugang zu finden. Das Spektrum der Erkenntnis- und Wissenschaftstheorien ist eine Fundgrube voll hochinteressanter Ansätze und Angebote, in der sich für jede Problemlage intelligente Ansätze und Überlegungen finden – auch wenn die Diskussionen immer noch weitergeführt werden (müssen).

Ein Blick zurück

Was kann man in diesem Zusammenhang aus den bisherigen Diskussionen an interessanten und relevanten Perspektiven und Einsichten besonders hervorheben? Der lange Weg vom Mythos über die Theologie und Philosophie bis zur modernen Wissenschaft(stheorie) hat eine Fülle von Ideen und Erkenntnissen hervorgebracht.

Bestimmte Formen von Gesellschaft haben zu bestimmten Formen von Erkenntniskonzeptionen geführt.

Formen von Gesellschaft und Erkenntnis

Archaische Gesellschaft	Mythos
Agrargesellschaft	Religion/Theologie
Bürgerliche Gesellschaft (Antike)	Philosophie
Mittelalterliche Feudalgesellschaft	Scholastische Philosophie
Bürgerliche Gesellschaft (Neuzeit)	Klassische Erkenntnisphilosophie
Frühe Moderne	Positivismus, Geisteswissenschaftliche Hermeneutik
Hochmoderne	Analytische Philosophie Kritischer Rationalismus Kritische Theorie
Postmoderne	Kritik des Krit. Rationalismus, Neo-Konstruktivismus Wissenschaftsforschung
Post-Postmoderne	?

Die Ergebnisse der Diskussionen, die im Lauf der Geschichte geführt worden sind, sind für die heutige Situation der Erkenntnis- und Wissenschaftstheorie nach wie vor relevant.

Ohne Anspruch auf Vollständigkeit können hier kurzgefasst eine Reihe von Ergebnissen genannt werden:

- Zunächst zeigt die Diskussion vor allem eins: Erkenntnis- und Wissenschaftstheorie sind keine denotativen Theorien, die einen ein für alle Mal feststehenden Sachverhalt von außen behandeln und dabei zu definitiven Kalkülen kommen. Ihr Gegenstand entwickelt sich und dementsprechend entwickeln sie sich selbst mit ihm. Daher sind Vorstellungen von Objektivität und Wahrheit auch nichts Feststehendes, sondern zumindest zum Teil und in ihren Konnotationen bezogen auf die jeweiligen Umstände, Produkt dieser Umstände und Teil ihrer Entwicklung (siehe Hegel). Daher ist eine definitive Lösung der Probleme wissenschaftlicher Erkenntnis nicht in Sicht; es ist sogar zu befürchten, dass sie aus prinzipiellen Gründen nicht gefunden werden kann. Bereits Jakob Friedrich Fries (1773–1843) beschrieb in seiner Auseinandersetzung mit Kant eine Problemlage, die Hans Albert als „Münchhausen-Trilemma" jeder Erkenntnistheorie bezeichnet hat: Entweder sie mündet (auf der Suche nach der Begründung von Begründungen) in einen *unendlichen Regress* oder sie behauptet irgendwann nur noch etwas (und wird *dogmatisch*) oder aber sie ist *tautologisch,* weil sie in ihren Begründungen wiederholt, was sie bereits vorausgesetzt hat. – Die Probleme sind also *nicht definitiv lösbar*. Die Aufgabe der Erkenntnis- und Wissenschaftstheorie besteht darin, sie besser zu verstehen, damit man besser mit ihnen umgehen kann. Sie ist ein *begleitendes Medium der Reflexion,* keine technisierbare Routine und daher konnotative Theorie.

- Einen einleuchtenden *empirischen Rahmen* bietet das auf Darwin und in die Sozialpragmatik zurückgehende, von Lorenz und anderen ausgearbeitete Modell der „Evolutionären Erkenntnistheorie" mit dem Konzept einer „Biologie der Erkenntnis". Was einleuchtet, ist der Kerngedanke, dass Erkenntnisfähigkeit ein Produkt der Evolution ist und von den „Produktionsbedingungen" dimensioniert ist. Was ebenso einleuchtet, sind die Hinweise auf die physiologischen Grundlagen der Erkenntnis, vor allem der Nachweis, dass keine Wirklichkeit abgebildet, sondern externe Reize intern interpretiert werden. Die damit verbundenen weiterführenden Überlegungen sind, soweit sie zum Reduktionismus (Rückführung von Erkenntnis auf Biologie) tendieren, allerdings nicht unbedingt geeignet, die weiterreichenden Problemlagen – vor allem die Dialektik von Erkenntnis und Gegenstand sowie Erkenntnis und Gesellschaft – zu begreifen. Die historisch-genetische Theorie Piagets hat den evolutionären Ansatz weiterentwickelt, um ihn auf die Themen Kants – die Apriori – anzuwenden, damit sie als Konstruktionen verständlich werden.

- Der erste *systematische Rahmen* muss nach Kant und den Befunden des Neo-Konstruktivismus die Einsicht sein, dass Erkenntnis *immer* eine eigenlogische Konstruktion ist. Theorie ist stets eine symbolische Reproduktion von Wirklichkeit und darf nicht mit Wirklichkeit gleichgesetzt werden. Sie schafft eine eigene Wirklichkeit, die eigenen Regeln folgt. Hier muss jedoch berücksichtigt werden, dass symbolische Reproduktion nicht gleich Theorie und Theorie nicht gleich Theorie ist. Insofern sagt diese allgemeine Feststellung noch nichts über die Art und Leistungsfähigkeit von Konstruktionen aus. Kant hat in diesem Zusammenhang gezeigt, dass jede Erkenntnis (die über bloßes Meinen hinausgeht) auf dem Zusammenspiel von Erfahrung und Reflexion basiert, also auf zwei verschiedenen Formen des Zugangs zur Realität, die aufeinander angewiesen sind, weil sie allein nicht ausreichen.
- Ein geeigneter Zugang für die Differenzierung von *Typen symbolischer Reproduktion* der Realität ergibt sich aus der Theorie des Alltagsbewusstseins, die die normale Funktionsweise von Bewusstsein als pragmatischen und egozentrischen Umgang mit Wirklichkeit unter den vorrangigen Zielen der Aufrechterhaltung von Handlungsfähigkeit und der Identitätsbalance beschreibt. Dabei verwendet das Alltagsbewusstsein verschiedene kognitive Modi, ohne sie immer zu trennen: Glauben, Meinen, Wissen, Fühlen. In Krisensituationen und/oder unter Entlastung von Handlungs- (bzw. Identitäts)druck kann der Modus des Alltagsbewusstseins auf Reflexion umgestellt werden: Die Aufmerksamkeit wendet sich bestimmten Themen zu und orientiert sich am Ziel der Gewinnung von objektiver Erkenntnis.
- *Objektive Erkenntnis* unterscheidet sich von anderen Formen symbolischer Reproduktion von Wirklichkeit grundsätzlich dadurch, dass sie sich *legitimiert* und legitimieren muss (wenn Glauben sich einfach voraussetzt und Meinen eine

relativ beliebige Entscheidung bleibt). Dazu bedarf es spezieller *Methoden* zur Gewinnung und Überprüfung von Informationen sowie einer besonderen Form der Erklärung. *Theorien* sind vom Anspruch her in sich logisch konsistent und enthalten nur die Logik der Sache – und dies perfekt. Theorien sind also logisch korrekte Reproduktionen von Wirklichkeit – theoretisch. Nach allem, was diskutiert wurde, muss dazu ergänzt werden, dass die bloße Form einer theoretischen Aussage noch nichts über ihre inhaltliche Angemessenheit aussagt (auch das Evolutionsverständnis christlicher Fundamentalisten präsentiert sich als Theorie). Ergänzt werden muss außerdem, dass es weder einheitliche Methoden noch eine einheitliche Form von Theorie gibt und geben kann, weil empirische Realität nicht identisch und homogen ist. Während denotative Theorien eindeutig sind und – wie auch immer vorläufig – exklusive Geltung gewinnen können, sind konnotative notwendig vielfältig und bedürfen steten Augenmerks.

- Auch Erkenntnis wird – wie jede soziale Aktivität – *gesellschaftlich formatiert*. D.h. es gibt Rahmenbedingungen, unter denen sie sich entwickelt und operiert, es gibt soziale Formen, in denen objektive Erkenntnis entwickelt, ausgedrückt, anerkannt und nachgefragt wird. Diese sozialen Formen ermöglichen und begrenzen, was an Erkenntnis zustande kommen kann. Dies gilt für alle Theorien: Jede Theorie setzt voraus, dass es einen Kontext gibt, in dem sie entstehen und sich entwickeln kann. Während sich jedoch denotative Theorien unabhängig von ihren Rahmenbedingungen entwickeln können, bleiben konnotative in ihrem Kontext verstrickt. Entsprechend unterliegen sie immer auch der Logik von „Theoriebiografien" und der Konkurrenz von Modellen, den Auswirkungen der Kämpfe zwischen den verschiedenen Schulen usw. Dies hat wiederum Sekundärfolgen. Ohne sichere Kriterien der Beurteilung und Entscheidung – siehe oben – sind sie ständig damit beschäftigt, sich nach innen und außen zu legitimieren, Politik zu betreiben und mit allen Mitteln Stabilität zu gewinnen. Dies ist bei denotativen Theorien nur dann der Fall, wenn sie gänzlich unreif sind (also Pseudo-Gesetze – die dann ideologisch sind – propagieren) oder aber falsch verwendet werden (etwa mit Alleinvertretungsanspruch, wenn aufgrund des autopoietischen Charakters des Themas auch andere Sichtweisen möglich und nötig sind). Solche Strategien lassen Theorien rigide und dogmatisch werden.

- Vor allem die neueren wissenschaftssoziologischen Untersuchungen beschäftigten sich mit *Formen*, in denen die *soziale Wirklichkeit Erkenntnis konstituiert und steuert*. Es sind die jeweiligen gesellschaftlichen Bedingungen, die die Themenhorizonte definieren, auf die sich Erkenntnis bezieht. Sie geben vor, welche Theoriesprache benutzt und verstanden werden kann. Der gesellschaftliche Status von Wissen gibt Motive vor, er definiert, wer wo und wie an Erkenntnis arbeiten darf. Vor allem aber bestimmen Gesellschaften, welche Mittel in welcher Weise in Erkenntnis investiert werden, wobei herrschende Bedingungen (Politik, Moral, Wirtschaft, Ideologie) naturgemäß auch beeinflussen, was wie gedacht und ausgedrückt werden kann. Gesellschaften, die ideologisch zentriert sind, kontrollieren daher auch die Produktion und Verteilung von Wissen, was u.a. zu Monopolisierungen und thematischen Tabus bzw. Interpretationsvorschriften führt. Anders in modernen Gesellschaften: Sie öffnen auch die Wissensproduktion und –verteilung den Mechanismen von Angebot und Nachfrage. Entsprechend erfolgt hier die Steuerung wesentlich stärker über Angebot und Nachfrage, Investitionen und Interessen (von verschiedenen Gruppen und Akteuren).
- Die vielfältigen Bemühungen haben das traditionelle *Konzept des „erkennenden Subjekts“* entscheidend weiterentwickelt. Die frühen Formen von Weltsicht (Mythos, rationale Theologie) starteten mit dem Konzept eines kollektiven Erkenntnissubjekts. Auf dem Weg von der Erkenntnisphilosophie zur klassischen Erkenntnistheorie entwickelte sich dar-

aus die Idee eines personalen Erkenntnissubjekts – zunächst empirisch (etwa bei Locke), dann transzendental (bei Kant). Dies war bereits die Vorstufe zu einem institutionellen Verständnis. Im Positivismus verschwand allerdings zunächst die konkrete Person aus dem Modell von (nunmehr wissenschaftlicher) Erkenntnis; Wissenschaftskritik und vor allem die Anwendung wissenschaftlicher Forschung auf die Wissenschaft selbst führten dazu, dass die Bedingungen, unter denen Erkenntnisse produziert werden, deutlicher wurden. Ein modernes Verständnis des „Erkenntnissubjekts" ist entsprechend ausgeweitet und differenziert. Es umfasst alle Faktoren, die aktiv an der Produktion von Erkenntnis beteiligt sind. Dies bedeutet für die Antike, dass die Form, in der Erkenntnis ausgedrückt wird (Philosophie) in Verbindung gebracht wird mit gesellschaftlichem Bedarf (an „kontemplativem" Bildungswissen einer bestimmten sozialen Gruppe) und konkreter sozialer Organisation (in Form von Privatschulen). Für die Moderne bedeutet dies entsprechend, dass das „erkennende Subjekt" all jene Einrichtungen umfasst, die mit der Erzeugung und Verteilung von Erkenntnissen beschäftigt sind – Universitäten, aber auch private Forschungseinrichtungen. Die Aktivitäten dieses komplexen und heterogenen erkennenden Subjekts sind dementsprechend vielfältig und umfassen weit mehr als nur persönliche Entscheidungen darüber, wie man sich womit beschäftigt. Moderne Erkenntnis- und Wissenschaftstheorie ist ohne Blick auf die vielfältigen konkreten Bedingungen der Steuerung und Entscheidung kaum denkbar.

- In Bezug auf *die Auswahl von Methoden und Theorien*, denen zugetraut wird, dass sie objektive Erkenntnis garantieren, lassen sich unterschiedliche Problemlagen feststellen. Für denotative Theorien gibt es ein eindeutiges Konzept, das (bei aller notwendigen Relativierung) allgemeine Anerkennung gefunden hat. Zwar hat sich gezeigt, dass sich beim Versuch der Begründung dieses Modells Abgründe auftun (siehe Wittgenstein, Logischer Positivismus usw.) und dass

Methoden und theoretische Prämissen nicht indifferent sind, aber sie verändern ihren Gegenstand nicht, sondern wählen Perspektiven, Aspekte und Optionen aus – die Theorien funktionieren davon unabhängig und zuverlässig. In Bezug auf konnotative Theorien, die sich mit autopoietischer Realität beschäftigen, ist dagegen eine solche Einheit nicht zu erkennen. Ganz im Gegenteil gibt es hier ein breites Spektrum an verschiedenen Paradigmen und Konzepten, die jeweils eigene Prämissen und Kriterien entwickeln. Das erschwert die Theorieprüfung ganz erheblich und erweckt zunächst den Eindruck einer babylonischen Sprachverwirrung. Es ist daher nicht verwunderlich, dass viele (Wissenschafts-)Theoretiker versucht haben und versuchen, als Heilmittel auch hier das Ideal einer denotativen Theorie anzunehmen. Aber: So sinnvoll es ist, alle nomologischen Anteile so präzise wie möglich herauszuarbeiten, es löst die Probleme konnotativer Theorien nicht. In jedem Fall müssen jedoch Methoden und Theorien – da Erkenntnis ein autopoietischer Prozess ist – nicht nur ausgewählt, sondern auch intelligent angewendet werden.

- Zu einem wesentlich besseren Verständnis haben die Diskussionen in Bezug auf das *Prozessieren von Methoden und Theorien* beigetragen. Dies betrifft zum einen den logischen Transformationsprozess. Es hat sich gezeigt, dass Methoden die Wirklichkeit zuschneiden, sortieren und (neu) zusammensetzen und auf diese Weise „Daten“ erzeugen. Gezeigt hat sich auch, dass Theorien im symbolischen Reproduzieren (neue) Wirklichkeit erzeugen (wobei sich algorithmische Reduzierung und logische Modellierung in Verfahren und Auswirkung unterscheiden). Dazu kommt auch hier die institutionelle Perspektive: Der Blick auf die konkreten sozialen Bedingungen, unter denen Erkenntnis zustande kommt, hat zudem gezeigt, wie konkrete Umstände – Zufälle, Karrierepläne, Koalitionen – die „Produktion von Erkenntnis“ steuern. Beide Perspektiven haben verdeutlicht, dass Erkenntnis ein aktiver und damit ein konstitutiver und selektiver Vorgang ist, so dass es stets sinnvoll ist, diese Dimensionen im Auge zu behalten.

- Die Geschichte der Erkenntnis- und Wissenschaftstheorie ist auch eine der ständigen Weiterentwicklung des Instrumentariums von Theorien vom einfachen zum komplexen Kausaldenken, zum Denken in Systemvorstellungen, zum Verständnis nicht-linearer und dialektischer Prozesse, zu formallogischen und wahrscheinlichkeitstheoretischen Analysen. Es stehen daher heute der Theoriearbeit eine Vielzahl von logischen Prinzipien zur Verfügung. Dies ist auch nötig, da sich gezeigt hat, dass sich Theorie der Komplexität ihres Gegenstands anpassen muss und das bedeutet, sofern der Gegenstand nicht monologisch ist, dass verschiedene Theoriestrategien benutzt werden müssen. Eine komplexe, heterogene (d.h. aus verschiedenen Logiken komponierte) Realität muss dementsprechend mit einer multiplen, hybriden (= gemischten) Theorielogik in Angriff genommen werden, weil sonst immer die Gefahr besteht, dass die Komplexität logisch auf eine bestimmte Teillogik reduziert und daher nicht angemessen abgebildet wird. Die Kunst – und gleichzeitig die Schwierigkeit – der Theorie besteht also darin, die passenden Strategien und Verfahren auszuwählen und zu kombinieren und sie so zu nutzen, dass alte Themen in neuem Licht erscheinen und neue Themen behandelt werden können. Entsprechend müsste auch das Beurteilungskriterium erweitert werden: Das Popper-Prinzip der („strengen“) Prüfung und vorläufigen Akzeptanz bedarf der Erweiterung durch Fragen nach der Reichweite sowie nach der Produktivität und Kreativität von Theorien.
- Erkenntnis- und Wissenschaftstheorien haben herausgearbeitet, welche *Auswirkungen* Erkenntnisse haben (können). Dies hat eine Außen- und eine Innenseite. Intern regen Erkenntnisse nicht nur neue Forschungen an, sie wirken sich auch auf die institutionellen Machtverhältnisse und Orientierungen aus. Prestige bedingt Vorteile bei der Verteilung von Ressourcen; Moden sorgen dafür, dass die Popularität

von (vor allem konnotativen) Methoden und Theorien sich selbst verstärkt und diese dadurch den Eindruck einer sachlich begründeten, selbstverständlichen Gegebenheit machen. Die Umwelt von erkenntnisproduzierenden Institutionen ist in modernen Gesellschaften vielfältig. Sie schließt die Einrichtungen von Wirtschaft und Politik, aber auch der interessierten Öffentlichkeit ein. Für sie werden Erkenntnisse zu Produkten, die auf einem Markt nachgefragt und abgenommen werden. Dementsprechend gibt es eine Außenpolitik, die Erkenntnisse präsentiert und platziert, vor allem aber auch Strategien, wie diese aufgenommen, ausgewählt und benutzt werden. Was sich dabei zeigt, ist eine allgemeine Dialektik von Erkenntnissen und Wirklichkeit: Hinter den Intentionen stehen strukturelle Muster der Interaktion, die den Austausch von Gesellschaft und Wissen(sproduktion) steuern. Deren Kenntnis ist ein wichtiger Bestandteil moderner Erkenntnis- und Wissenschaftstheorie.

- Schließlich hat die empirische Wissenschaftsforschung ein neues und besseres Verständnis von Wissenschaft ermöglicht. In gewisser Weise hat sie das hier und dort noch gepflegte heroische Bild von Wissenschaft entmystifiziert, in dem sie gezeigt hat, wie banal der Alltag von Forschung sein kann, mit welchen Widrigkeiten sie sich herumschlagen muss und wie sie sich langsam, mühsam durch Irrtümer und Fehler weiterbewegt. Man könnte aber auch sagen, dass genau dieser geschärfte Blick den Respekt vor dem, was sie leistet, erhöht. Denn erst im Alltag der Forschung zeigt sich, was es heißt, Hypothesen zu entwickeln, mit ihnen zu arbeiten und sie so weiterzuentwickeln, dass sie als Theorien angeboten werden können; was es heißt, unter Konkurrenzdruck, neben Intrigen und der Dominanz mächtiger Seilschaften zu arbeiten; was es heißt, trotzdem ständig kritisch, selbstkritisch und doch konstruktiv an irgendeiner Stelle eines Riesenbetriebs tätig zu sein, vielleicht zu scheitern und doch nicht aufzugeben. Es ist jedoch nur dieser anstrengende, manchmal quälende Prozess, der

Wissenschaft das ermöglicht, was sie (und nur sie) bestenfalls kann: Erkenntnis so nahe wie möglich an die Wirklichkeit heranzubringen.

Wissenschaftliche Erkenntnis: schematischer Überblick

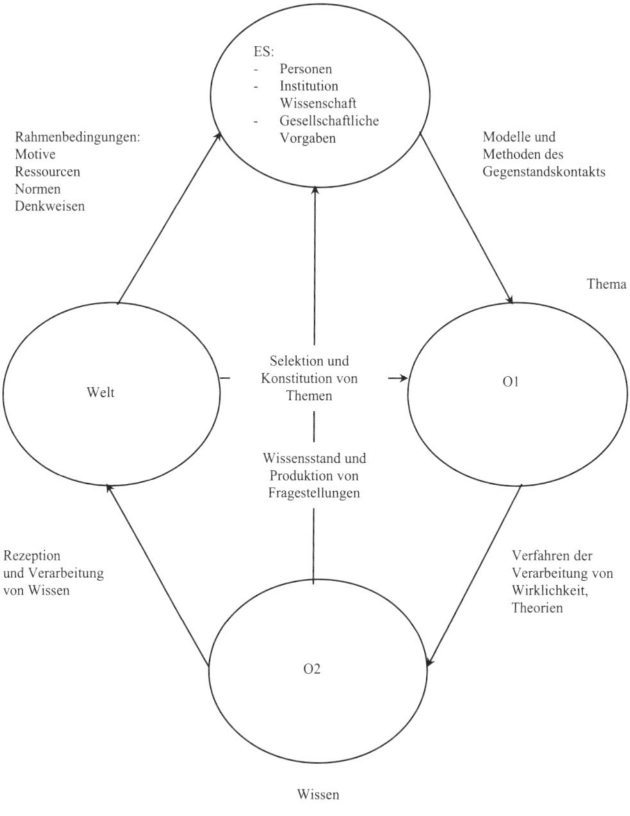

Damit ist schon angesprochen, dass sich *moderne Erkenntnis- und Wissenschaftstheorien* nicht auf bloße Erkenntnislogik beschränken können, sondern *den gesamten Kontext, in dem sich Erkenntnis abspielt, berücksichtigen müssen*. Es handelt sich also um einen komplexen, heterogenen – autopoietischen – Gesamtprozess, der viele Einflüsse, viele Formen und viele verschiedene Konstellationen enthält. Dieser Gesamtprozess bildet eine differenzierte und dynamische Einheit im Sinne von Hegel (wenn auch nicht in der Art, wie er sich dies vorgestellt hat). Erkenntnis bewegt sich in der Welt und mit der Welt, sie bewegt die Welt und wird von ihr bewegt – und das zugleich in verschiedenen Formen und Richtungen. Entsprechend differenziert muss das Thematisierungsvermögen von Erkenntnis- und Wissenschaftstheorien sein. Ihre Aufgaben haben sich damit ausgeweitet. Je weiter sich der Horizont der Möglichkeiten öffnet, desto mehr wird an Problemen sichtbar. Zugleich nimmt die *Verantwortung von Wissenschaft* und damit auch die der Erkenntnis- und Wissenschaftstheorie zu.

Wissensgesellschaft

Damit stellt sich der Wissenschaftstheorie definitiv eine doppelte Aufgabe. Während sie sich lange Zeit darauf beschränken konnte, die internen Probleme der Gültigkeit und Begründung von wissenschaftlicher Erkenntnis zu behandeln, ist heute das, was lange Zeit eher von bestimmten „Außenseiterpositionen" auf verschiedene Weise (wie etwa bei Bacon, Marx, der Kritischen Theorie) angesprochen wurde, ein unabweisbares weiteres Thema geworden: dass Wissenschaft ein soziales System, ein Stück gesellschaftliche Realität ist. Deshalb muss auch ihre Verstricktheit in diese Realität – ihre Bedingtheit wie ihre Auswirkungen – von einer Theorie der Wissenschaft mit erfasst werden. Interne Legitimation muss ergänzt werden durch Kenntnis der Funktionsweise und des Austauschs mit ihrer Umwelt.

Dieser Austausch zwischen Erkenntnis und Umfeld (und Gegenstand) ist selbstverständlich keine Erfindung der Neuzeit – die bisherigen Diskussionen haben ja in aller Deutlichkeit gezeigt, dass Erkenntnis schon immer von den Ressourcen abhing und in dem Kontext operierte, den sie vorfand. Aber es hat lange gedauert, bis die Zusammenhänge deutlich und in gewisser Weise so wichtig geworden sind, dass sie zur zentralen Aufgabe der Wissenschaftstheorie wurden. Der Hintergrund dafür ist ein Struktur- und Funktionswandel, der nicht zuletzt durch Erkenntnisse und ihre Auswirkungen selbst bedingt ist. Diese Entwicklung wird häufig unter dem Stichwort „Wissensgesellschaft" behandelt. Deshalb soll hier kurz erläutert werden, was damit gemeint ist. – Archaische und traditionelle Gesellschaften haben – siehe oben – ein sehr spezifisches Verhältnis zu Wissen: Im Allgemeinen werden vorhandene, traditionelle Bestände ohne kritische Prüfung bewahrt, benutzt und immanent weiterentwickelt. Aus diesem Grund sind diese Gesellschaften in gewisser Weise resistent gegen Innovationen und Revolutionen der Erkenntnis; sie ordnen Erkenntnis dem vorherrschenden Plan unter und binden diejenigen, die sich damit beschäftigen, an dessen Regeln. Auf dieser Basis entstehen reiche empirische Wissensbestände, die aus heutiger Sicht hochgradig heterogen sind, wenig logische Erklärungen beinhalten, dafür aber immer in metaphysische bzw. religiöse Vorstellungen eingebettet sind. Hier hat sich Erkenntnis noch nicht verselbständigt; die Gesellschaften funktionieren auf der Basis der Verwendung fest codierten Wissens. Die gesellschaftlichen Verhältnisse behindern die Entstehung von neuem und autonomen Wissen, das daher auch nicht verwendet werden kann.

Insofern findet unter solchen Vorzeichen zwar eine Interaktion von Wissensproduktion und Gesellschaft statt, aber eine negative, geprägt von wechselseitigen Restriktionen. – Das änderte sich – wie beschrieben – mit dem Aufbruch in die Moderne: Im Prozess der funktionalen Differenzierung gewann Wissensproduktion an Autonomie, während gleichzeitig die Funktionsweise von Systemen immer stärker auf die Produktion von relevantem und objektivem Wissen umprogrammiert wurde. Dieser Wandel war und ist ein entscheidender dynamisierender Faktor nach beiden Seiten: Das von Restriktionen befreite System der Wissensproduktion erlebte einen gewaltigen Aufschwung, Quantität und Qualität der Wissensbestände nahmen exponentiell zu; gleichzeitig steigerte dies die Leistungsfähigkeit der mit diesem Wissen arbeitenden Systeme – und damit auch den Wissensbedarf. Es entstand ein selbsteskalativer, autopoietischer Zusammenhang zwischen der Modernisierung und der permanenten Weiterentwicklung der Wissensbestände. – Dieser Zusammenhang führte in der Frühphase seiner Entwicklung zu der Überzeugung, der Fortschritt des Wissens sei identisch mit gesellschaftlichem Fortschritt, dem Credo der Aufklärung, und zum heroischen Ideal des Forschers, der als Teil einer verschworenen Gemeinschaft mit Fleiß und Sorgfalt die weißen Flecken auf der Landkarte des Wissens eliminiert.

Dieses Bild war selbstverständlich nicht zuletzt auch eine großartige Selbstinszenierung eines aufstrebenden neuen Bildungstyps. Es konnte sich entwickeln, weil und solange die vollen Konsequenzen dieser Entwicklung noch nicht sichtbarer wurden. Dazu gehörten vor allem:

- Die Verwissenschaftlichung der Produktion: Angesprochen wurde bereits, dass moderne Forschung zu Beginn weitgehend selbstbezogen war – es ging um Grundlagen und um erste Orientierungen; Anwendungen waren noch selten. Die frühe Industrialisierung hing zwar mit der Durchsetzung eines mechanischen Weltbildes zusammen; die frühe Technik wurde – auf der Basis der Erfahrungen mit Handwerk, Manufaktur und Fabrikarbeit – jedoch noch weitgehend praktisch umgesetzt. Auf der Basis differenzierterer und spezialisierterer Erkenntnisse wurde Technik auf eine wissenschaftliche Basis gestellt. Damit wurde Wissenschaft prinzipiell praxisorientierter, während umgekehrt die moderne Produktion sich völlig auf die technische Umsetzung wissenschaftlicher Erkenntnisse umstellte.
- Die Technisierung des Alltags: Analog dazu hat sich das tägliche Leben radikal verändert. Die industrielle Produktion hat seit ihren Anfängen immer mehr auch Konsumgegenstände erfasst, die dafür sorgten, dass sich die Lebenswelt

der Menschen immer stärker technisierte. Das hat den Abstand zur Natur in jeder Hinsicht erhöht und die natürlichen Schranken unserer Ausstattung in mancher Hinsicht überwunden – wir können mittlerweile auch ohne Flügel fliegen, uns etwas ansehen, was ganz woanders passiert usw. Das Leben in einer technisierten Umwelt verlangt und bedingt ein hohes Maß an entsprechender Kompetenz und in gewisser Weise auch ein theoretisches Verständnis der Welt, so dass der Wissensbedarf und das Niveau der wissenschaftlichen Informiertheit (oder besser: das Niveau des öffentlich verfügbaren wissenschaftlichen Wissens) enorm gestiegen ist.

- Die Expansion und Arbeitsteilung: Diese Entwicklung ging mit einer explosionsartigen Ausweitung, internen Differenzierung und Spezialisierung der Wissenschaften einher. Der Bedarf an ausgebildeten Experten und Expertenwissen nahm in allen Bereichen zu. In erheblichem Umfang wurden Ressourcen in die Produktion von Wissen investiert. Dadurch vergrößerten und verzweigten sich die Fächer und Themen, während sich der Fortschritt der Wissensproduktion beschleunigte. Längst ist es unmöglich, ein Fach insgesamt zu beherrschen; längst sind die meisten Wissenschaftler zu Spezialisten von immer kleineren, dafür immer komplizierteren Fachgebieten (manche sprechen bösartig von „Fachidioten“) geworden, die sich oft nicht einmal mehr mit den Kollegen vom Nachbarfach verständigen können.
- Die Ökonomisierung: Solange Erkenntnis noch ein vergleichsweise billiges Produkt war, weil sie kaum mehr als einige (wenige) Personen, einige einfache Geräte und etwas Papier benötigte, war ihre Finanzierung keine zentrale Frage – genauso wie der Einfluss qua Nachfrage eher gering war. Heute ist der Anteil an Forschern (und an akademisch ausgebildeten Berufstätigen) um ein Vielfaches höher, zudem wird Forschung immer aufwendiger. Jeder weitere Fortschritt über das erreichte Niveau hinaus verlangt den Einsatz erheblicher Mittel. Kurz: Forschung und Lehre sind

teuer geworden, was (auch hier) dazu führt, dass die Mittel knapp werden und dorthin fließen, wo Entscheidungsträger sie richtig untergebracht sehen. Damit löst die ökonomische Kontrolle die politische Kontrolle ab bzw. politische Kontrolle nimmt ökonomische Form an.

- Die Organisationsdynamik: Entsprechend ihrer Expansion, Differenzierung und ihres Bedeutungsgewinns hat sich Wissenschaft auch organisatorisch völlig verändert. In der Frühphase ihrer Entwicklung hatte sie „handwerkliche" Züge: In kleinen Betrieben sammelten die wenigen Meister ihrer Zunft einige wenige Schüler um sich und gingen vergleichsweise isoliert (und eher gemächlich) ihrer Arbeit nach. Entsprechend waren die Universitäten kleine, überschaubare Einrichtungen. Heute handelt es sich um technisch hochgerüstete, organisatorisch vielfältige und aufwändige Großbetriebe, die in intensivem Austausch mit ihrem Kontext stehen und in denen aufgrund des erhöhten Tempos der Entwicklung Zeit knapp ist. Konkurrenz- und Leistungsdruck haben in gleichem Maße zugenommen. Daraus ergeben sich komplexe Binnenstrukturen sowie Steuerungs- und Entscheidungsprobleme. Von der individuellen Karriereplanung über die Akquisition von Projekten bis zur Organisationsstruktur und Öffentlichkeitsarbeit haben sich eine Fülle von Themen und Aufgaben ergeben, die professionell bearbeitet werden müssen und deren Behandlung folgenreich für die Entwicklung der Wissensproduktion und -verteilung ist bzw. darauf Einfluss nimmt.

Dieser Strukturwandel des Wissenschaftssystems hat weitreichende Folgen. Forschung und Lehre sind in hochkomplexen Teilsystemen organisiert und vernetzt. Dabei hat sich das staatliche Forschungsmonopol (ohnehin ein eher alteuropäisches Relikt) tendenziell aufgelöst; es wurde in gewisser Weise ersetzt durch einen Wissenschaftsmarkt, an dem auftreten kann, wer über entsprechende Mittel verfügt. Ein Großteil der Forschung findet daher mittlerweile in privaten Einrichtungen (vor allem Firmen) statt. Es liegt auf der Hand, dass damit auch die Ergebnisse privatisiert werden – keine Firma stellt die Ergebnisse der von ihr finanzierten Forschung gern der Konkurrenz zur Verfügung. Daher die Tendenz, nicht mehr nur technische Anwendungen von allgemein verfügbaren Kenntnissen, sondern die Kenntnisse selbst für die private Verfügung zu reservieren. Beispielhaft dafür sind die Auseinandersetzungen um genetisches Wissen, speziell um das humane Genom. Ähnliches gilt für politische Parteien, die ihre Umfrageergebnisse für sich behalten, damit sie der politische Gegner nicht nutzen kann.

Es gibt Schätzungen, dass inzwischen rund die Hälfte(!) aller Forschungsergebnisse geheim, d. h. auch der wissenschaftlichen Öffentlichkeit nicht zugänglich sind. Aber auch der Staat ist daran wesentlich beteiligt. Die Staaten haben sich nämlich keineswegs zur Gänze aus der Steuerung von Forschung und Investitionen zurückgezogen. Hier spielen vor allem das Militär, genauer gesagt: die militärische Aufrüstung eine zentrale Rolle. Während traditionelle Kriege bei aller Dramatik und Grausamkeit in ihren Möglichkeiten auf das begrenzt blieben, was dem „Kriegshandwerk" zur Verfügung stand, sind moderne Kriege, spätestens seit dem Ersten Weltkrieg, zu wissenschaftlich fundierten Konflikten geworden – neben politischen, strategischen und ökonomischen Ressourcen zu einem Kampf zwischen den jeweiligen Leistungen angewandter Physik, Chemie und Biologie.

Es ist evident, dass wissenschaftliche Forschung damit in eine historisch neue Situation geraten ist. Das höhere Maß an Verwertbarkeit und der erhöhte Kapitalbedarf führen dazu, dass die Autonomie der Wissenschaft, d. h. ihre Selbststeuerung nach rein internen Kriterien, in bestimmter Hinsicht mehr oder weniger abgelöst wird durch externe Imperative. Wissenschaft wird durch diese Vorgaben dazu gebracht, sich auf bestimmte (selektive) Weise mit bestimmten Themen zu beschäftigen, die von anderen Subsystemen – Wirtschaft, Politik, Militär – vorgegeben, finanziert und genutzt werden. Das ist per se nicht unbedingt ein Problem (zumal die Selbststeuerung der Wissenschaft selbstverständlich keine Garantie für eine höhere Vernunft der Entwicklung von Erkenntnis ist – das zeigt die Geschichte der Wissenschaft ebenso deutlich wie der Blick auf die genaue Funktionsweise, den Einfluss von Kartellen, Moden, Macht usw.). Was sich hier entwickelt hat, ist eine Schere zwischen der extremen Reichweite von Erkenntnissen über die Wirklichkeit und den Prinzipien partikularer Interessen. – Dies ist zunächst ein generelles Problem moderner Gesellschaften. Traditionelle Gesellschaften sind hierarchisiert und zentriert, haben also eine Art Mittelpunkt, auf den alles ausgerichtet ist und der alles integriert. Sie erkaufen dies durch die damit verbundenen Restriktionen – den Zwang zur (Herrschafts-, Religions-)Konformität, die Selektion der Prämissen usw. Zu Beginn der wissenschaftlichen Revolution im frühen 19. Jahrhundert konnten sich die Wissenschaften davon emanzipieren. Auch wenn die „Freiheit der Wissenschaften" de facto immer ein Mythos war, konnte er sich anfangs auf die Möglichkeit einer relativ risikoarmen und relativ ungehemmten Entwicklung stützen. Unter diesen Vorzeichen schien der modernen Wissenschaft das Kunststück zu gelingen, innere Freiheit mit externer Identifizierung bzw. mit Ausrichtung auf das Projekt des Fortschritts und der Emanzipation zu verbinden.

Dies lässt die spätere Moderne nicht mehr zu, weil die Reichweite der Erkenntnis so groß geworden ist, dass sich mit ihren Leistungen auch ihre Risiken exponentiell erhöhen und diese vor allem durch das Prinzip der partikularen Nutzung verstärkt und realisiert werden. Was sich dabei zeigt: Weder die Freiheit der Wissenschaft – jeder Wissenschaftler soll und darf nur seinen eigenen Vorstellungen folgen – noch die Steuerung durch die (Markt-)Kräfte reichen aus, um das gewaltige Pozential, das moderne Forschung erzeugt, angemessen zu behandeln. Beide sind zu kurzsichtig und besitzen zu wenig interne Kapazitäten, um die Wissenschaft in eine allgemeinverträgliche, nachhaltige Richtung zu lenken und ihre Ergebnisse hinreichend zu kontrollieren. Die Problemlagen sind zu kompliziert, um sie noch mit Berufung auf das Humboldt´sche Ideal einer humanistischen, aufgeklärten Universität in den Griff zu bekommen – und zu dramatisch, um sie sich selbst zu überlassen.

Wissenschaft, Politik und Moral

Unter diesen Vorzeichen kommt mit der Zunahme an Qualität der wissenschaftlichen Erkenntnis und der Partikularität der Verwertung der Wissenschaft eine völlig neue Verantwortung zu. „Wissen" ist nicht mehr ein problemloses Potenzial. Weder die Richtung der Wissensproduktion noch die Verwendung können heute noch als „nicht dazu gehörig" oder „nicht wichtig" ausgeklammert werden. Es stellt sich daher unentwegt die Frage, welche Auswirkungen die gegebenen Bedingungen auf Form und Inhalt haben, was es für Alternativen gibt etc. Dementsprechend erhöht sich der Anspruch an Erkenntnis- und Wissenschaftstheorie und dementsprechend muss ihr Qualifikationsprofil erweitert werden.

Damit stellt sich das Problem der *normativen und moralischen Bedeutung* bzw. der Funktion von Erkenntnis auf neue Weise. In einem weiten Sinn ist *alles* Handeln „politisch", wenn man darunter versteht, dass damit Entscheidungen über den weiteren Verlauf des Geschehens getroffen werden. Das gilt dann auch für jede Art von Wissenschaft: Ob sie will oder nicht – sie trägt dazu bei, zu bestimmen, was in Zukunft passiert. In diesem Sinn war Erkenntnis schon immer *strukturell* politisch. Das wurde und wird qua Selbstdefinition ignoriert, wo Erkenntnis unter dem Kommando von Ideologien stand und steht. Und es konnte auch ignoriert werden, solange die gewonnenen Einsichten folgenlos schienen (sie waren es nie) oder solange man einfach annehmen konnte, Erkenntnis ist gleich Aufklärung (und Aufklärung ist gut). Diese Annahme mag als Hintergrundphilosophie in vielen Fällen noch funktionieren, entspricht jedoch nicht den Tatsachen.Wenn Wissen die Welt nicht nur interpretiert, sondern folgenlos verfügbar macht, wenn wissensbasierte Entscheidungen nicht nur die Produktion, sondern immer auch eine bestimmte (Um-)Verteilung von Chancen und Risiken bedingen bzw. ermöglichen, kann Wissenschaft nicht länger als isolierter Teilbereich mit reiner Binnenorientierung angesehen werden. Die Zeiten, in denen Erkenntnis selbstverständlicher Bestandteil einer Kultur oder automatischer Fortschritt im Kampf gegen Ignoranz und Repression war, sind vorbei. Durch ihren enormen Fortschritt übernimmt Wissenschaft, ob sie will oder nicht, dezidiert *politische Funktionen* und muss sich auch entsprechend legitimieren können. Kann und soll Wissenschaft deshalb aktiv Politik betreiben? Auch dazu könnte man sagen: Sie tut es bzw. sie wird durch externe Einflüsse und interne Dynamik dazu gebracht, dieses und nicht jenes zu tun. Und dass sich engagierte Wissenschaftlerinnen für Ziele auch mit wissenschaftlichen Befunden engagieren, ist legitim. Etwas anderes ist es aber, wenn Wissenschaft versucht, Politik zu betreiben. Denn Politik spielt nach ganz anderen Regeln – es geht u. a. auch darum, mit knappen Ressourcen zu haushalten (also unzulänglich zu handeln), unter Unsicherheit zu entscheiden und das Spiel der Politik mitzuspielen, sprich: strategisch zu handeln. Also genau das zu tun, was den Regeln der Wissenschaft widerspricht. Das mag begabten Wissenschaftlerinnen gelingen, die Wissenschaft kann es sicher (jenseits von Ausnahmesituationen) nicht.

Damit hängt eine weitere Frage zusammen: Kann Wissenschaft eine *Ethik* hervorbringen? Kann man von Institutionen, die auf Wissensproduktion getrimmt sind, erwarten, dass sie Normen hervorbringen, die diese Produktion in allgemeinverträgliche Richtungen lenken? Dagegen spricht einiges. Zunächst: „Die“ Wissenschaft gibt es nicht. Es gibt eine Fülle von verschiedenen Einrichtungen, die sehr unterschiedlich konstruiert und in sehr unterschiedliche Zusammenhänge (um nicht zu sagen: Zwänge) eingebunden sind. Dementsprechend unterscheiden sich die Problemlagen, so dass es kein Rezept für alle geben kann. Dazu kommt, dass wissenschaftliche Praxis per se nicht schlechter, aber auch nicht besser für die Aufstellung von Normen qualifiziert ist als andere Tätigkeiten (ausgenommen natürlich die wissenschaftliche Disziplin der Ethik). Woher auch? Ihre Sozialisation enthält in der Regel keine besondere Ausbildung und die Norm der Wissensproduktion basiert ja gerade auf der Suspendierung von Handlungszwängen, d.h. auch von normativen Vorgaben. Wissenschaftler sind daher von Berufs wegen in gewisser Weise skrupellos. Das muss Verantwortung nicht ausschließen, bedingt sie aber auch nicht unmittelbar. Die Geschichte der Wissenschaften hat gezeigt, dass Wissenschaftler zu ungewöhnlichem politischen Mut und Engagement ebenso fähig sind wie zu Fanatismus und Borniertheit. Auch die Institutionalisierung von externer Moral und entsprechender Kontrollen ist nicht unproblematisch. Wenn Forschung immer erst erklären muss, ob sie Gutes oder Böses tut, wird sie Legitimationszwängen unterworfen, die nicht zu ihrer Sache gehören. Ganz abgesehen davon, dass „gut" und „böse" Definitionssache und daher umstritten sind, liegen die Dinge nicht immer so einfach. Komplexe – autopoietische – Realität ist vieldeutig, d.h. Entwicklungen kombinieren in der Regel bestimmte Vorteile mit bestimmten Nachteilen. Sie bieten daher selten eindeutige Beurteilungsmöglichkeiten. Die Ansichten liegen unvermeidlich weit auseinander.

Wenn man dann noch die erheblichen Interessens- und Zielkonflikte bedenkt, die mit Erkenntnissen verbunden sind, zeichnet sich nicht ab, dass es zu einer stabilen Wissenschaftsethik kommt – zumindest nicht von selbst. Andererseits werden die ethischen Fragen immer drängender, je deutlicher die Problemlagen werden, die mit Erkenntnisfortschritt sichtbar werden bzw. entstehen. Moderne Wissenschaft kann die Augen vor den Auswirkungen ihrer Erkenntnisse nur noch mit Mühe verschließen. Und sie kann, wenn sie konsequent entwickelt wird, auch die dramatischen Probleme, die auf Gesellschaften zukommen, nicht ignorieren, sondern muss sie zum Thema machen. Der Problemdruck wird also zunehmen; die Diskussionen werden geführt werden müssen. Für spezielle

Fragen der Ethik haben einige Disziplinen bereits Subdisziplinen ausgebildet (so z.B. die Medizin-Ethik). Allerdings besteht hier die Gefahr, dass sich eine solche Subdisziplin zu einem eigenen System entwickelt und wirkungslos wird. Aufgrund der Reichweite ihrer Effekte hat deshalb Wissenschaftspolitik eine wichtige Funktion: Es wird dauernd entschieden, was wichtig und was unwichtig ist, wofür Mittel investiert werden und welche Leistung wie honoriert wird. Dieser Prozess ist jedoch stets auch normativ und damit ethisch aufgeladen, weil er von Wert- und Zielvorstellungen ausgeht.

Wissenschaftspolitik ist jedoch ebenfalls Teil eines komplexen autopoietischen Prozesses und kann daher nicht in die Form einer unbestrittenen, eindeutigen und nur (für wen?) förderlichen Praxis gebracht werden. Aber sie kann verbessert werden. Moderne Gesellschaften stehen vor dem Problem, dass die bisherige Form von Politik für die zu lösenden Probleme nicht mehr ausreicht. Es sieht so aus, als müsste – vor dem Hintergrund funktionaler Differenzierung und ohne deren Leistungen aufzugeben – ein neues Niveau erreicht werden, auf dem die Politik stärker von der Einbeziehung betroffener Gruppen, Institutionen und Subsysteme sowie von einem höheren Informiertheitsgrad getragen wird. Es dürfte eine Überlebensfrage werden, ob es gelingt, Fragen wie Globalisierung und soziale Gerechtigkeit, Ökologie, moderne Ökonomie und Lebensbedingungen in stärkerem Maße als bisher auf der Basis tragfähiger Konsenspolitik und vor dem Hintergrund eines Maximums an Informiertheit zu behandeln. Dies gilt auch für Wissenschaftspolitik. Sie muss professionalisiert und auf eine breitere Basis gestellt werden. Die betroffenen Gruppen und Institutionen brauchen dazu auf jeden Fall auch ein besseres Verständnis dafür, wie Erkenntnis und Wissenschaft funktionieren, was sie leisten, welche Chancen und Risiken damit verbunden sind. Dazu kann Erkenntnis- und Wissenschaftstheorie beitragen, indem sie die Entwicklung verständlich macht und Optionen zukünftiger Entwicklungen evaluiert.

Möglichkeiten und Grenzen von Erkenntnis- und Wissenschaftstheorie

Gute Wissenschaft sollte also nicht nur wissen, was Erkenntnis ist, sondern auch, wie sie selbst funktioniert und wie sich ihre Aktivitäten auswirken. Erkenntnis- und Wissenschaftstheorie kann dazu beitragen – sowohl zum besseren Verständnis ihrer internen Entwicklung als auch zu dem ihres Austauschs mit ihrer Umwelt. Sie muss dies auch, weil es dafür keinen Ersatz gibt – wer sollte diese Leistungen erbringen, wenn nicht die Wissenschaft selbst in Form ihrer einmaligen Möglichkeit, ihre Mittel auf sich selbst anzuwenden?

Allerdings ist nicht mit eindeutigen Befunden und Antworten zu rechnen. Die Diskussionen haben gezeigt, dass es keinen einfachen und geraden Weg für Wissenschafts- und Erkenntnistheorie gibt. Sie teilt das Schicksal konnotativer Theorien: Für die prinzipiellen Probleme (s.o.) gibt es keine Lösung – und je mehr man weiß, je näher man die Probleme kennenlernt, desto mehr Abgründe tun sich auf. – Es wird auch weiterhin dabei bleiben, dass sich kluge Köpfe selbige über die immer schwieriger werdenden Probleme zerbrechen. Während denotative Theorien immer Teil eines geordneten logischen Makrozusammenhangs sind, ergibt sich der Fortschritt konnotativer Theorien immer nur als babylonischer Diskurs einer Menge von unterschiedlichen Paradigmen – nicht geordnet, nicht akkumulativ, sondern chaotisch. Fortschritt heißt dabei tatsächlich vor allem: Fort-Schreiten – in einem Labyrinth von Möglichkeiten auf einem Weg zu einem fernen Ziel. Der Diskurs ist dabei das einzige Hilfsmittel, und zwar ein schwaches, das nicht garantieren kann, dass richtige Entscheidungen getroffen werden. Zudem ist er abhängig von passenden Bedingungen – eine offene und öffentliche Diskussion gedeiht nur (so wissen wir seit Habermas) herrschaftsfrei (auch wenn der Bedarf danach gerade durch Macht-Asymmetrien entsteht) – und er verläuft mühsam auf verschlungenen Pfaden. Die Experten für Erkenntnis- und Wissenschaftstheorie sind daher nicht unbedingt zu beneiden. Sie arbeiten im Bergwerk des menschlichen Geistes – nicht im Zentrum, aber dafür an hartem Gestein.

Was in diesem „Bergwerk“ erarbeitet wird, ist jedoch weiter verarbeitungsbedürftig. Durch ihre Arbeit entfernen sich Erkenntnis- und Wissenschaftstheorie mit ihren Fragestellungen und ihren Forschungsergebnissen von den Möglichkeiten und Bedürfnissen der Außenwelt. Das kann gar nicht anders sein, da Spezialisierung immer auch Distanzierung bedeutet. Aus dieser Distanz sind eine Fülle von interessanten, orientierenden Einsichten entstanden: Alles in allem verfügen moderne Erkenntnis- und Wissenschaftstheorien über ein bemerkenswertes Spektrum an Einsichten, Methoden und Theorien. Man kann heute zu jedem Aspekt interessante und anregende Informationen finden. Man muss sie allerdings suchen, meist auch erst ins eigene Denken übersetzen und dann auf die eigene Problemstellung anwenden. Das bedeutet auch: Die „Abnehmer“ müssen sich auf ihre Besonderheiten einstellen können. Zur modernen Ausbildung in Theorien und Methoden sollte daher auch diejenige in Erkenntnis- und Wissenschaftstheorie gehören, damit die Möglichkeiten, Grenzen und Risiken der Erkenntnispraxis von *allen, die Forschung betreiben*, erkannt werden können. Dies ist wesentlich leichter, wenn es der Erkenntnis- und Wissenschaftstheorie – umgekehrt – gelingt, sich auf externe Fragestellungen einzulassen. Deshalb muss sie auch unter Druck gesetzt werden, ihre Befunde so anzubieten, dass sie auch von Nicht-Experten aufgegriffen und genutzt werden können. Nicht nur die Wissenschaft muss sich auf die Problemlagen und Anforderungen einer modernen Gesellschaft besser einstellen, auch Erkenntnis- und Wissenschaftstheorie muss dem damit verbundenen Reflexions- und Vermittlungsbedarf gerecht werden. Wie bei jedem entwickelten Diskurs besteht auch hier die Gefahr, dass sich die Experten nur noch mit ihren eigenen Fragestellungen und Problemen beschäftigen. Daher ist auch hier ein Nachfragen und eine Einmischung des (Laien-)Publikums wichtig und hilfreich, weil es die Experten dazu bringt, ihr Können auf externe, allgemein wichtige Probleme einzustellen.

Die Möglichkeiten der Vermittlung und ihre tatsächliche Nutzung sind entscheidend, wenn Wissenschaft wirksam sein soll. Neue Kommunikationsmedien wie einst der Buchdruck können ein enormes Potenzial bieten. Die Möglichkeiten des Internets sind (auch) für die Zwecke der Wissenschaft noch kaum ausgeschöpft. Das gigantische Informationsvolumen entbindet die Wissenschaft aber nicht davon, Inhalte verantwortungsvoll auszuwählen – im Gegenteil.

Wissenschaft und Kreativität

Der vorliegende Text hat sich ausführlich mit Interpretationen der Art, wie Erkenntnis und Wissenschaft funktionieren, und dem Kontext, in dem sie wirken, beschäftigt. Was jedoch kaum behandelt wurde: Wie entsteht eigentlich produktive Erkenntnis? – Das hängt u. a. damit zusammen, dass man Kreativität eben nicht so einfach erfassen kann. Es ist eine Sache, nachzuzeichnen, wie die Regeln sich entwickelt haben und wie Ergebnisse überprüft werden, aber eine andere, zu beschreiben, wie der (autopoietische) Prozess der Erzeugung von neuem Wissen aussieht. Kant beschränkt sich darauf, die Bedingungen der Möglichkeit zu beschreiben; Feyerabend erklärt, wie es nicht geht (nämlich durch das Einhalten orthodoxer Regeln); Knorr-Cetinas Befunde kann man auch so verstehen, dass Kreativität ungewöhnliche Wege geht bzw. gehen muss – und als Warnung davor, die polierte Fassade wissenschaftlicher Produkte für die ganze Wahrheit des Prozesses zu halten, da die unvollständige Darstellung den Eindruck einer technischen Planmäßigkeit erweckt, die erst ex post konstruiert wird.

Der genauere Blick zeigt, dass es oft im Nachhinein kaum möglich ist, genau zu sagen, wie neues Wissen entstanden ist, vor allem, wenn subjektive Faktoren im Spiel sind, die spontaner, intuitiver Natur sind. Spontan und intuitiv bedeutet jedoch nicht: unerklärlich. Denn dahinter steht im Allgemeinen ein Aktivierungsniveau, dem eine lange, arbeitsintensive Geschichte vorausgeht. Einer bekannten Anekdote zufolge hat der Chemiker Kekulé eines Tages von einer Schlange geträumt, die sich in den Schwanz biss, und auf diese Weise das Geheimnis des Bezolrings entschlüsselt. Man muss dazu sagen, dass er sich vorher lange Zeit und intensiv mit dem Problem der Anordnung der Atome im Benzolmolekül beschäftigt hatte – offenbar so intensiv, dass er nicht nur am Tag, sondern auch in der Nacht, nicht nur bewusst, sondern auch unbewusst daran arbeitete.

Die Geschichte zeigt, welches Ausmaß an Engagement, Leidenschaft und Besessenheit nötig ist, um auf dem Weg der Erkenntnis voranzukommen. „Unbewusste" Leistungen sind letztlich das Ergebnis vorausgegangener Mühen und des damit einhergehenden Grades der Anspannung. Arbeit allein garantiert jedoch noch keine Kreativität; sie muss psychisch so eingebettet und aufgeladen sein, dass sie Grenzen überschreiten und Neues generieren kann. – Dieser Faktor ist in der Wissenschaftsgeschichte wenig bis gar nicht bedacht worden; die moderne Wissenschaftstheorie klammert ihn fast völlig aus. Das mag daran liegen, dass Leidenschaft und Besessenheit eher als unwissenschaftliche Zustände von Kontrollverlust verstanden werden und mit Wissenschaft eher ein Hintergrundsideal vollkommener Rationalität, völliger Kontrolle und reiner Logik verbunden wird. Es ist kein Zufall, dass Pallas Athene, die griechische Göttin der Vernunft, als Kopfgeburt dargestellt ist (vgl. Daston 2001). Sie entspringt vollkommen perfekt dem Kopf von Zeus. Sie war also nie jung. Und sie heiratete auch nie (sehr zum Ärger von Zeus). Kurz: Athene ist in keiner Weise emotional und gar triebhaft.

Dieses Bild der Vernunft (und das analoge der Wissenschaft) unterschlägt die große Bedeutung, die der Identifikation, dem Ehrgeiz, dem Stolz und anderen Emotionen zukommt. Tatsächlich lebt Wissenschaft davon, dass es ihr gelingt, nicht nur die erforderlichen kognitiven Leistungen, sondern auch deren psychische Grundlagen zu fördern. Insofern ist die Subjektivität des Wissenschaftlers kein Störfaktor, sondern eine Bedingung wissenschaftlichen Fortschritts. Daher sollten Interessierte es mit wissenschaftlicher Arbeit vor allem dann versuchen, wenn sie das Gefühl(!) haben, mit ihr etwas anfangen zu können (und der Meinung sind – wirklich weiß man es erst nachher –, die mit ihr verbundenen Belastungen und Einschränkungen aushalten zu können), und sie sollten den Anschluss dort und in der Form suchen, die zu ihnen passt. Selbstverständlich ist Wissenschaft ein kollektiver Prozess, d.h. es ist die Gemeinschaft, die das Projekt voranbringt. Aber es sind die Individuen, die die dazu erforderlichen Vor-Leistungen erbringen und dies tun sie (mit allen Konsequenzen) in ihrer vollen Subjektivität. Daher muss sich auch Wissenschaftstheorie zum Schluss daran erinnern, dass ihr Thema – die Wissenschaft – und sie selbst auf subjektiven Leistungen basieren.

Wer etwas über die Geschichte von Problemen weiß, kann anders mit ihnen umgehen. Und der Anschluss an den wissenschaftlichen Diskurs gelingt umso besser, je genauer man ihn kennt. Wir haben uns als Autoren bemüht, eine überschaubare und prägnante Darstellung eines weiten Themenspektrums zu verfassen, um einen Einstieg in die Erkenntnis- und Wissenschaftstheorie anzubieten. Nun, am Ende des Überblicks, ist es Zeit, sich von unseren LeserInnen zu verabschieden. Wir würden uns freuen, wenn die Lektüre auch dazu angeregt hat, sich den Themen ausführlicher zu widmen. Dazu sollen auch die folgenden Literaturhinweise dienen, die zudem auf einige zu kurz gekommene Themen und alternative Sichtweisen aufmerksam machen. Die Erkenntnis- und Wissenschaftstheorie hat noch viel zu bieten, und die Weiterarbeit lohnt sich.

Glossar

Hier noch einmal einige der wichtigsten Begriffe in einer knappen Übersicht:

Analytische Philosophie: Eine Denkrichtung, die Anfang des 20. Jahrhunderts entstanden ist. Sie beschäftigt sich vor allem mit der Analyse der Sprache, um so zu einer allgemeinen Logik zu kommen. Wichtige Vertreter sind Russell, Moore und Wittgenstein.

Algorithmus: Ein Verfahren zur Darstellung und Lösung eines mathematischen Problems, z. B. in Form einer Gleichung.

Animismus: Ein Denken, demzufolge auch unbelebte Natur belebt sein kann.

Aporie: Eine (Erkenntnis-)Situation, die einen unauflösbaren Konflikt/Widerspruch enthält.

Autopoiesis: Lebewesen produzieren ihre Bestandteile und steuern sich selbst. Dieser Prozess wird nach den Chilenischen Biologen Maturana und Varela als Autopoiesis bezeichnet. In einem weiteren Verständnis ist damit jede Form von Realität gemeint, die sich selbst reproduziert und entwickelt.

Deduktion: Ein Verfahren, aus bereits vorhandener Erkenntnis logisch etwas abzuleiten, z.B. aus einem Prinzip (wie das Fallgesetz), das man schon früher erworben hat, darauf zu schließen, dass sich ein Einzelfall entsprechend verhält (der Apfel landet in 0,5 s am Boden) oder dass sich alle gleichartigen Einzelfälle so verhalten. ➔ *Induktion.*

Dekonstruktivismus: Eine Denkrichtung, die selbstverständliche Voraussetzungen, Konzepte und Begriffe zerlegt, um zu zeigen, dass und wie sie aus Bewegungen bzw. Prozessen der Erzeugung hervorgehen.

Denotativ: Eine Bezeichnung, die eine Sache im Kern trifft. Denotationen sind konstant und daher nicht subjektiv variierbar. Denotative Theorien sind daher eindeutig und exklusiv.

Dialektik: Der Prozess, der sich aus dem Zusammenhang und der Interaktion verschiedener (eigendynamischer) Faktoren ergibt – eine komplexe, nicht lineare, vielfältige Bewegung.

Differenzierung: Wenn sich eine Einheit (ein System) intern in verschiedene Untereinheiten (Subsysteme) gliedert. Differenzierung steigert die Komplexität, aber auch die Leistungsfähigkeit.

Diskurs: Meint ursprünglich Gespräch. Einerseits gelten Diskurse als der Ort der konstruktiven Auseinandersetzung (so z.B. für J. Habermas), andererseits als Teil von Machtstrukturen und damit auch als Repressionsinstrument (so M. Foucault).

Emotion: Emotionen, d.h. Gefühle, sind qualifizierende Empfindungen. Sie steuern uns von innen und stehen somit der Kognition gegenüber, die uns Informationen von außen liefert. Beide zusammen bestimmen Denken und Handeln.

Empirie: Reale Welt bzw. verlässliches Wissen über die reale Welt. Empirisches Wissen wird methodisch kontrolliert gewonnen, in dem der Gegenstand beobachtet, untersucht und experimentell bearbeitet wird.

Empirismus: Eine Denkrichtung, mit der nach dem Mittelalter der Aufschwung der Wissenschaft begann. Er geht davon aus, dass jedem Wissen (begriffsfreie) Erfahrung zugrunde liegt. ➔ Rationalismus.

Erkenntnis: Erkenntnis ist begründetes Wissen, also eine besondere Form des Wissens. Was allerdings zu dieser besonderen Güte des Wissens führt, wird von einzelnen Theoretikern unterschiedlich gesehen. Wie Erkenntnis entsteht und was die Anforderungen an die Begründungen sind, die sie liefern soll, ist Gegenstand der Erkenntnis- und Wissenschaftstheorie.

Ethik: Eine philosophische Disziplin, die sich mit Problemen der Moral beschäftigt; andererseits eine bestimmte Moraltheorie selbst, z. B. die Ethik Kants.

Evolutionäre Erkenntnistheorie: Erklärt die kognitiven Fähigkeiten von Lebewesen aus der Evolutionsgeschichte, vor allem mit der Umwelt des Lebewesens und den daraus resultierenden Anforderungen für den Erfolg der Gattung. Die E. E. ist populär geworden durch Konrad Lorenz. ➔ *Genetische Erkenntnistheorie.*

Falsifizierbarkeit: K. Poppers kritisch-rationalistisches Kriterium für die Wissenschaftlichkeit einer Aussage: Nur dann, wenn sich eine Aussage durch ein empirisches Verfahren widerlegen lassen würde, kann sie überhaupt als wissenschaftlich gelten. Das Verfahren zur Falsifizierbarkeit ist die Falsifikation, die deshalb für jede These versuchsweise durchgeführt werden muss. ➔ *Verifikation, Kritischer Rationalismus.*

Formale Logik: Der Versuch, die Logik, über die Menschen verfügen, nach dem Vorbild der Mathematik zu formalisieren. F. L. soll den logischen Zusammenhang von Aussagen sowie ihren Wahrheitswert überprüfbar machen.

Formalisieren: Formalisieren heißt, eine Aussage in eine präzise, fachsprachliche Standardform zu bringen. Aussagen werden dadurch operationalisierbar, d.h. man kann sie in Kalküle überführen (mit ihnen „rechnen").

Genetische Erkenntnistheorie: Eine von J. Piaget in den 1920er-Jahren begründete Denkrichtung, die die Entwicklung der kognitiven Fähigkeiten des Menschen untersucht. Piaget versuchte damit auch, die „transzendentale Apperzeption" von Kant empirisch zu begründen. Die G. E. ist verwandt mit der ➔ *Evolutionären Erkenntnistheorie.*

Hermeneutik: Eine Theorierichtung, die sich v. a. aus den Problemen theologischer und literaturwissenschaftlicher Textauslegung gebildet hat. Anders als bei der Beobachtung unbelebter Natur kommt man bei der Lektüre von Texten immer wieder zu neuen und verschiedenen Erkenntnissen. Dabei spielt der „hermeneutische Zirkel", das Verhältnis von Voraussetzung und Ergebnis, eine zentrale Rolle. ➔ *Dekonstruktivismus.*

Hypothese: Eine Annahme über einen realen Sachverhalt. Hypothesen werden aufgestellt, um sie empirisch zu überprüfen.

Idealismus: Gemäß der Auffassung des I. steht alles, die ganze Welt, die wir wahrnehmen, in einem geistigen (ideellen) Zusammenhang. Der frühe Idealismus (Platon) sah in den Ideen eine eigene, vorrangige Welt, der „Deutsche Idealismus" verstand die Ideen als logisches Prinzip der Welt.

Ideologie: Eine mächtige Weltanschauung oder Theorie, die von ihren Anhängern kritiklos vertreten wird. Begründer der sog. Ideologiekritik ist K. Marx. Er sah in Ideologien „notwendig falsches Bewusstsein" (also weder Lüge noch zufällige Irrtümer).

Induktion: Der Schluss von empirischen Feststellungen zu allgemeinen Aussagen. Kritiker des induktiven Verfahrens wie Hume halten es jedoch für logisch nicht korrekt, von einigen Beobachtungen (dass die Sonne bisher jeden Tag aufgegangen ist), auf eine allgemeine Aussage zu schließen (dass die Sonne immer, also auch in Zukunft jeden Tag aufgehen wird). → *Deduktion.*

Instinkt: Instinkte steuern ein Lebewesen auf seinem grundlegendsten Niveau. Es sind angeborene genetische Programme, die das Verhalten von Lebewesen festlegen (z.B. errichten Biber instinktiv Dämme oder Zugvögel fliegen nach Süden).

Interpretieren: Die Tätigkeit, vorliegende Informationen auszulegen, zu deuten.

Intention: Intentionen sind Absichten des Handelns.

Kategorie (von gr. kategoría: Grundaussage): Begriffe, mit deren Hilfe die Grundsubstanz alles Seienden geordnet werden kann, also Grundbegriffe der Wirklichkeit. Der erste berühmte Versuch einer Kategorienlehre stammt von Aristoteles (siehe S. 46ff. in diesem Band); eine wichtige Neuformulierung sind die „reinen Verstandesbegriffe" von Kant (siehe S. 86ff. in diesem Band).

Kognition: Die Art und Weise, in der Lebewesen Informationen über ihre Umwelt gewinnen und weiterverarbeiten. Sie stellt einen Informationsfluss von außen nach innen her und verwertet ihn. Der Mensch bildet durch Kognition Wissen. Eine Kognition kann auch Emotionen auslösen und umgekehrt können Emotionen die Kognition beeinflussen.

Kritischer Rationalismus: Eine Denkrichtung, die K. Popper begründet hat. Zentrale Botschaft des K. R. ist, dass die Wahrheit einer Erkenntnis nie definitiv beweisbar ist; feststellbar ist bloß, dass ihr Gegenteil nicht stimmt und sie also vorläufig für korrekt gehalten werden darf, bis sie durch eine noch bessere Theorie ersetzt werden kann. ➔ *Falsifizierbarkeit, Verifikation.*

Kritische Theorie: Eine Denkrichtung, die vor allem von M. Horkheimer und T. W. Adorno entwickelt wurde. Ihre Absicht ist die Kritik des positivistischen Denkens und anderer ideologieverdächtiger Ansätze, welche die bestehende Realität bejahen, ihre eigenen Bedingungen unthematisiert lassen und so zu einem gesellschaftlichen Risiko werden. Ziel der K. T. ist unaufhörliche Aufklärung, d. h. die Entlarvung ideologischen, mythischen Denkens. ➔ *Ideologie, Mythos.*

Kausalität: Wenn etwas geschehen ist, hat es eine Ursache gehabt. Kausalität ist diese einfachste Form von Logik: Denken in Ursache und Wirkung. Es liegt sowohl in den direkten Zusammenhängen einer Ursprungslogik vor als auch in einer komplizierten Prozesslogik, die aus vielen Kausalitäten ein komplexes Modell bildet. Das Grundmuster der Kausalität ist das subjektivische Schema: Etwas (eine Ursache) wirkt auf etwas anderes.

Konnotativ: Konnotationen sind Nebenbedeutungen, die sich um eine Denotation gruppieren und mit ihr zusammen einen normalsprachlichen Ausdruck bilden. Die Denotation von „Rolex“ ist „Uhr“, eine der zahlreichen Konnotationen z. B. „Luxus“. Konnotative Theorien stellen Verbindungen zwischen verschiedenen und veränderlichen Möglichkeiten und Wirklichkeiten her; sie variieren und sind verwendungsabhängig. ➔ *denotativ.*

Konstruktivismus: Die grundlegende Annahme, dass jedes Bild der Welt erzeugt (konstruiert) ist, wobei sowohl die Instrumente als auch die Methoden der Konstruktion das entstehende Bild beeinflussen. Begründer des K. ist I. Kant. Der *Radikale Konstruktivismus* geht davon aus (v.a. aufgrund von Erkenntnissen aus der Neurobiologie), dass die Informationen, die uns die Sinnesorgane liefern, Produkte interner Prozesse sind. Gemäß dem R.K. verlassen wir uns wie ein U-Boot-Kapitän auf Instrumente, die nur indirekt etwas mit der Wirklichkeit zu tun haben. Wichtige Vertreter des R.K. sind P. Watzlawick und H.v. Foerster.

Letztbegründung: Gibt die letzte Ursache für etwas an (z.B. den Schöpfergott für die Existenz meines linken Schuhs). Letztbegründungen sind ➔ *ursprungslogisch.*

Logik: Logik meint sowohl eine Ordnung der Wirklichkeit der Welt als auch eine des Denkens. Erkenntnis setzt beides voraus: eine geordnete Welt und ein verlässliches kognitives Verfahren. Wie beides aussieht, ist trotz 2500 Jahren intensiver Diskussion nach wie vor umstritten. ➔ *Animismus, Formale Logik, Kausalität.*

Metaphysik: Der Begriff stammt aus der griechischen Antike und bezeichnet ursprünglich: die „méta“ = hinter der Physik von Aristoteles angeordneten Schriften. Daraus entstand die „Erste Philosophie“. Sie sucht nach den ersten Gründen, erklärt also, warum alles Physische so geworden ist, warum es die Welt gibt. Sie ist eine Fortsetzung religiöser Schöpfungsmythen mit rationalen Mitteln. Sie spricht nicht mehr von den Taten der Götter, sondern versucht zu klären, wie die Welt aufgebaut ist und wie sie funktioniert.

Bis zur Entstehung der Wissenschaft war Metaphysik die Grundlage jeder Erkenntnistheorie.

Metatheorie: Zu jeder Theorie gibt es eine Meta-, das heißt eine Rahmentheorie, die sie begründet und in die sie eingebettet ist. Theorie bedeutet also stets, dass es eine Metatheorie gibt. Das Verhältnis von Theorie und Metatheorie ist bei denotativen und konnotativen Theorien verschieden. – Ein Dauerproblem: Auch Metatheorien haben (Meta-)Meta-Theorien usw.

Methode: Methodos heißt auf griechisch „Weg zur Wahrheit". Die Frage der richtigen Methode hat heute nicht mehr mit dem Anspruch auf Wahrheit zu tun, sondern damit, größtmögliche Objektivität zu erlangen. Eine Methode soll also vor Gefahren und Irrwegen auf dem Weg der Forschung schützen und zu neuem, gesichertem Wissen führen. Methoden können jedoch auch zur Zwangsjacke des Denkens werden (Feyerabend). Eine sehr spezielle Position vertritt Hegel: Für ihn ist die Methode der „Gang der Sache selbst", den wir reflektierend beobachten. Damit verweist er auf die dialektische Beziehung von Methode und Gegenstand.

Methodologie: Die Lehre von den Methoden.

Modus: Die Art und Weise, etwas zu tun.

Monismus (von gr. monós: allein): Die Annahme, dass es nur eine einheitliche Wirklichkeit, nur eine einheitliche Art der Erklärung gibt/geben darf – im Gegensatz zu dualistischen oder multilogischen Sichtweisen.

Monologisch: Monologische Theorien kennen nur eine Art logischer Struktur, also auch nur eine Sichtweise der Welt.

Mythos: Die vortheoretische Form der Erklärung in Gestalt einer Erzählung. Antike Mythen arbeiten mit der Überzeugungskraft und der Faszination von Göttergestalten. Jedoch können auch moderne Theorien wie ein Mythos gebaut sein, wenn sie zirkulär argumentieren; Aufklärung kann in den Mythos „zurückfallen“. ➔ *Kritische Theorie.*

Naturalismus: Der Naturalismus betrachtet den Menschen als Teil der Natur und versucht, menschliches Sein und Tun aus seinen natürlichen Bedingungen zu erklären. Eine besondere Ausformung des N. ist die ➔ *Evolutionäre Erkenntnistheorie.*

Nominalismus: ➔ *Universalienstreit.*

Nomologisch: Gesetzmäßig (griechisch „nomos“). Nomologische Realität ist eindeutig und präzise beschreibbar und ihre Veränderungen sind vorhersagbar.

Objektivität: Sachbezogenheit von Aussagen (im Gegensatz zur Personenbezogenheit). Der Anspruch der Objektivität hat in der Wissenschaft den der Wahrheit abgelöst. Objektivierung wird angesteuert, indem die Vorstellung von Wirklichkeit mit deren Merkmalen und Entwicklung verglichen wird. Dazu dient auch der wissenschaftliche Diskurs, in dem Vorstellungen der Kritik von KollegInnen ausgesetzt werden.

Objekt: Erkenntnis hat immer einen Gegenstand, ein Objekt. Wie das Verhältnis zwischen dem erkennenden Subjekt und seinem Objekt aussieht und ob das Objekt überhaupt so existiert, wie das Subjekt es erkennt, wird in der Erkenntnis- und Wissenschaftstheorie diskutiert.

Ontogenese: Die Entwicklung eines Lebewesens. Manche Konzepte betrachten diese Entwicklung mit dem Zustand der

Reife als abgeschlossen, andere verstehen darunter den ganzen Weg von der Zeugung bis zum Tod. ➔ *Phylogenese.*

Paradigma: Eigentlich: Beispiel, typische Begebenheit. T. Kuhn, der den Begriff aufgebracht hat, meint mit Paradigma einen wissenschaftlichen Ansatz, der sich bereits etabliert hat oder zu einem etablierten Ansatz im Widerspruch steht. In wissenschaftlichen Disziplinen können sich verschiedene Paradigmen entwickeln, wenn der Stand der Erkenntnis und die Struktur des Fachs keine eindeutigen Entscheidungen bedingen. Vor allem bei konnotativen Theorien kann dies ein Dauerzustand sein.

Phylogenese: Die Entwicklung eines Lebewesens durch die Evolution mit all seinen Veränderungen (z.B. von den Primaten zum homo sapiens sapiens). ➔ *Ontogenese.*

Positivismus: Der P. lässt nur gelten, was handfest empirisch nachweisbar und positiv demonstrierbar ist. Ausgehend von der Begriffsprägung durch A. Comte in den 1830er-Jahren hatte die Denkrichtung einen beispiellosen Erfolg, weil sie die konkrete Praxis moderner Forschung (Beobachtung, Messung, Experiment) zu erfassen schien und mit dem Machbarkeitsdenken der Industrialisierung konform ging. Erkenntnistheoretisch hat sich der ursprüngliche Positivismus als Einengung und Sackgasse erwiesen, so dass er Kritik (Dilthey, Kritische Theorie) und Weiterentwicklungen (Logischer Positivismus, Kritischer Rationalismus) auslöste.

Postmoderne: Unter „modern" („eben erst") wurde im letzten Jahrhundert die (technische, ökonomische, politische, kulturelle) Entwicklung der westlichen Industriegesellschaften verstanden und als Norm festgesetzt. Seit den 1970er-Jahren ist vor allem in der Wissenschaft und Kultur die Rede von der P.: Damit ist insbesondere die Tatsache gemeint, dass eine Vielfalt von Meinungen und Formen gleichzeitig nebeneinander existieren und Akzeptanz finden. Der Glaube der Moderne, dass es eine objektiv wahre Meinung sowie einen linearen Fortschritt gibt, wird in der P. ersetzt durch den Glauben an Vielfalt, Differenz und Vermischung. ➔ *Dekonstruktivismus.*

Logischer Positivismus: Der l. P. versuchte angeregt durch die ➔ *formale Logik* die perfekte Formalisierung wissenschaftlicher Erkenntnis. Der Übergang von praktischer Forschung zur Theorie und die theoretische Konservierung von Erkenntnissen war ein zentrales Thema vor allem des „Wiener Kreises". Sein Ziel einer definitiven Begründung jeder objektiven Aussage hat der l. P. nicht erreicht.

Positivismusstreit: Im P. warfen die Vertreter der ➔ *Kritischen Theorie* jenen des ➔ *Kritischen Rationalismus* vor, methodenfixiert und einseitig zu sein, und wurden – umgekehrt – der bloßen Spekulation bezichtigt.

Prozesslogik: Seit der Neuzeit versucht die Wissenschaft nicht mehr, Realität kausal aus einem einzigen Ursprung zu erklären. Stattdessen versucht man den Prozess zu beschreiben, in dem etwas entstanden ist und in dem es sich verändert. Man geht davon aus, dass etwas in ein System eingebettet ist, in dem mehrere Faktoren zusammen einen Prozess in Gang setzen und halten. Dabei werden Prozesse meist als multilogisch und nichtlinear verstanden und nicht kausallogisch (auf einen Ursprung) reduziert. ➔ *Ursprungslogik.*

Quantitativ: Q. Methoden gewinnen Erkenntnisse, indem sie zu einem Gegenstand Messungen durchführen und die Ergebnisse anschließend interpretieren. Sie zielen darauf ab, einen Gegenstand mit Zahlen zu erfassen. ➔ *qualitativ.*

Qualitativ: Q. Methoden versuchen, die besondere Bedeutung von Ereignissen, die Sinnzusammenhänge, in denen sie stehen, zu erfassen. Dazu bedienen sie sich einer Fülle von Verfahren, denen gemeinsam ist, dass sie nicht zählen und messen, sondern interpretieren und sinnvoll ordnen. ➔ *quantitativ.*

Rationalismus: Der *„Rationalismus"* greift die „idealistischen" und „realistischen" Denkweisen des Mittelalters auf und übersetzt sie in Fragen der Analyse der Funktionsweise des Denkens. ➔ *Empirismus.*

Reflexion: Wenn eine Situation nicht durch die Routinen des Alltagsbewusstseins bewältigt werden kann, schaltet das Denken um auf Reflexion: Es tritt quasi einen Schritt zurück und betrachtet die Situation aus der Distanz, um eine neue Grundlage für seine Entscheidungen zu erhalten.

Scholastik: Scholastik ist die Bezeichnung für die vorrangige Philosophie des Mittelalters, die vor allem im Dienst der Theologie betrieben wurde. Sie bezog sich stark auf Aristoteles und führte im Spannungsfeld zwischen den Aussagen antiker Philosophen und christlicher Theologie spitzfindige, aber intellektuell raffinierte Diskussionen. Auf diese Weise bewahrte und entwickelte sie die Methoden des Denkens und des Diskurses. Eine wichtige Debatte war der ➔ *Universalienstreit.*

Sensualismus: Für den S. stammen alle Ideen im Bewusstsein eines Menschen und somit jede seiner Erkenntnisse ausschließlich aus der Erfahrung, das heißt aus Sinneswahrnehmungen. Angeborene Ideen existieren für den S. nicht. Wichtiger Vertreter war J. Locke. ➔ *Empirismus.*

Steuerung: Jedes System wird gesteuert. Wenn die Steuerung die Operationen eines Systems festlegt, liegt ein Programm vor (wie im Fall von Software) oder ein Gesetz (wie im Fall der Natur). Wenn die Steuerung einen größeren Spielraum lässt, handelt es sich um eine Regel (im Fall autopoietischer Realität – hier stellt Autopoiesis das steuernde Rahmenprogramm dar, in dem sich Regeln bilden und wandeln).

Struktur: Systeme bilden Strukturen, d.h. sie prägen intern Formen aus, die sich verfestigen und erkennbar sind.

Subjekt: Das Subjekt ist in der Erkenntnis- und Wissenschaftstheorie die Instanz, die erkennt und weiß. Das Erkenntnissubjekt erbringt eine aktive Leistung. Die klassische Erkenntnistheorie setzte „Subjekt" und „Mensch" gleich. Neuere Konzeptionen sehen im Erkenntnissubjekt nicht unbedingt einen einzelnen Menschen. Es kann sich dabei auch um ein Kollektiv, eine Institution oder um eine andere Art von System handeln; für einige Theoretiker (z.B. G. Günther) kann es sogar eine Maschine sein.

Subjektivisches Schema: Die entscheidenden Ereignisse, die ein Kleinkind in der nachgeburtlichen Welt erlebt, sind die Handlungen seiner Bezugspersonen. An ihnen entsteht das subjektivische Schema: Alles, was sich bewegt, jedes Ereignis wird zuallererst als Handlung von jemandem oder etwas verstanden. Das Kind lernt zwar allmählich, das subjektivische Schema zu relativieren (es merkt z.B., dass der rollende Ball nicht lebt, sondern von jemand anderem angestoßen worden ist). Trotzdem bleibt das subjektivische Schema die Basis des Denkens. Wissenschaft versucht, dem subjektivischen Schema zu entkommen, indem sie die Vorgänge in der Welt differenzierter beschreibt. Als fundamentales Schema ist das subjektivische Grundlage jeder Logik (Dux).

System: In der heutigen Systemtheorie versteht man unter einem System generell eine Einheit, die sich in der Welt gebildet hat bzw. gebildet worden ist, so dass sie sich von ihrer

Umwelt unterscheidet. Ein System kann sowohl ein Lebewesen sein als auch soziale Kollektive (und ihre Errungenschaften wie Institutionen und Sprache), aber auch Maschinen. Die Systemtheorie interessiert sich für die Logik und Dynamik der Einheit; sie untersucht, wie das System aus vorhandenen Elementen entstanden ist, wie es diese organisiert und wie es sich durch seine Struktur von der Umwelt abhebt.

Theorie: Theorie kommt vom griechischen Verb „theorein“ (= sehen). Eine Theorie bietet einen logifizierten Blick auf einen Ausschnitt der Welt, d.h. sie interpretiert das, was sie als gegeben annimmt. Der Unterschied zu Meinungen (die auf Begründung verzichten) und Hypothesen (die noch nicht überprüft sind) liegt in der Begründung: Theorien geben an, warum sie etwas behaupten. Damit stellt sich die Frage nach Logik und Qualität der (erkenntnistheoretischen) Begründung.

Transzendenz: Das jenseits Liegende, oft mit dem Göttlichen gleichgesetzt. In der Logik sind damit vor jeder Erfahrung liegende Zusammenhänge gemeint, so etwa Kants Begriff der *transzendentalen Apperzeption*, der die Bedingungen jeder empirischen Erkenntnis des Subjekts beschreibt.

Universalienstreit: Der Universalienstreit war die wichtigste erkenntnistheoretische Diskussion der mittelalterlichen → *Scholastik*. Es ging dabei um die Frage, ob Allgemeinbegriffe wie „Blume“ vor aller Realität (also als allgemeine Idee wie im Idealismus Platons) oder in den vielen Einzelheiten existieren (also quasi aus dem Gegenstand stammen, so die Meinung der Realisten) oder nur ex-post-Konstruktionen und Benennungen unseres Geistes sind (so die These der Nominalisten).

Ursprungslogik: Prototyp urprungslogischer Theorien sind Schöpfungsmythen. Sie schildern die Welt als eine einzige Kausalkette, die ihren Anfang in einem ganz bestimmten Ursprung hat. Aus ihm stammt alles; er ist die Letztbegründung für die ganze Welt. Nach dem Mittelalter hat sich das Ideal von Theorie immer mehr von der Ursprungs- zur Prozesslogik verändert. ➔ *Prozesslogik.*

Verifikation: Die Überprüfung der Wahrheit einer Hypothese. ➔ *Falsifizierbarkeit.*

Wirklichkeit: Aus konstruktivistischer Sicht gibt es eine Realität, aber viele Wirklichkeiten. Jedes Erkenntnissubjekt lebt prinzipiell in einer eigenen Wirklichkeit, die es konstruiert. Dass es jedoch eine Realität gibt, auf die sich die verschiedenen Wirklichkeiten beziehen, ist eine notwendige Grundannahme der Wissenschaft. Ansonsten würde es sich ja nicht lohnen, sich überhaupt über seine Beobachtungen auszutauschen.

Wissen: Menschen und Gesellschaften steuern und entscheiden ihre Prozesse aufgrund von Wissen. Wir gewinnen Wissen, indem wir die Welt kognitiv bearbeiten: Aus den Informationen über die Welt bilden wir eine symbolische Repräsentation der Welt und interpretieren sie. Wissen ist also symbolische Repräsentation und Interpretation von Wirklichkeit. Wissen unterscheidet sich vom bloßen Meinen und Glauben. Trotzdem ist es nicht mit Wahrheit gleichzusetzen. Es ist also nicht absolut, sondern steht immer in einem Zusammenhang, in dem es seine Funktionsfähigkeit erweist: Es macht Menschen in ihrer Umwelt handlungsfähig.

Wissenschaft: Wissenschaft ist die Institutionalisierung von Reflexion. Das soziale System Wissenschaft ist auf die Funktion der Erkenntnisgewinnung spezialisiert.

Literatur

Das Literaturverzeichnis ist bewusst kurz gehalten. Es führt unter *„Primärliteratur"* diejenigen Texte auf, die in den vorangehenden Kapiteln als Standardautoren zitiert worden sind; ihre Lektüre dient dazu, die einzelnen Themen zu vertiefen. Hält der Lesebedarf weiter an, sind die Literaturverzeichnisse dienlich, die in den meisten der »Primärliteratur"-Ausgaben zu finden sind. – Unter *„Einführende Literatur"* sind einige aus dem Meer des Buchmarktes herausgegriffene Texte zur allgemeinen Philosophie und Wissenschaftstheorie genannt, die uns für einen alternativen Kurz-Überblick besonders gut geeignet erscheinen. – Als *„Weiterführende Literatur"* sind ausgewählte Titel zu Einzelthemen angeführt sowie einiges Kritisches und Anregendes, was zu kurz gekommen ist. Der Freiraum der Wissenschaft soll schließlich auch erlauben Riskantes zu denken. – *Lexika* sind nicht aufgelistet. Die meisten zur Wissenschaftstheorie und Philosophie sind brauchbar, solange man nicht vergisst, dass auch sie einen eigenen Standpunkt vertreten (was oft nicht zu übersehen ist).

Primärliteratur

Adorno, Theodor W./Horkheimer, Max: Dialektik der Aufklärung. Philosophische Fragmente. Frankfurt am Main (Fischer) 1991 [1947].

Aristoteles: Lehre vom Schluß oder die erste Analytik. Übers. u. mit Anmerkungen versehen von Eugen Rolfes. Hamburg (Meiner) 1975 [1921].

Bacon, Francis: Novum Organum. Lat.-dt. Üs. von Rudolf Hoffmann, bearbeitet von Gertraud Korf. Hg. u. mit e. Einl. von Wolfgang Krohn. Hamburg (Meiner) 1990 [1620].

Carnap, Rudolf: Überwindung der Metaphysik durch logische Analyse der Sprache. In: Erkenntnis, 2, 1931/32, 219ff.

Daston, Lorraine: Wunder, Beweise und Tatsachen. Zur Geschichte der Rationalität. Frankfurt am Main (Fischer-Taschenbuch-Verlag) 2001.

Descartes, René: Von der Methode des richtigen Verstandesgebrauchs und der wissenschaftlichen Forschung. Hamburg (Meiner) 1960 [1637].

Descartes, René: Meditadiones de Prima Philosophia. Meditationen über die erste Philosophie. Lat.-dt. Üs. u. hg. von Gerhardt Schmidt. Stuttgart (UB 2888) 1991 [1641].

Devereux, Georges: Angst und Methode in den Verhaltenswissenschaften. München (Hanser) 1967.

Dilthey, Wilhelm: Einleitung in die Geisteswissenschaften. In: Gesammelte Schriften Bd. 1. Stuttgart (Vandenhoek & Ruprecht) 1990 [1883].

Dilthey, Wilhelm: Ein Traum. In: Gesammelte Schriften Bd. 8. Weltanschauungslehre. Stuttgart (Vandenhoek & Ruprecht) 1991 [1903].

Dilthey, Wilhelm: Der Aufbau der geschichtlichen Welt in den Geisteswissenschaften. Frankfurt am Main (Suhrkamp) 1968 [1910].

Droysen, Johann Gustav: Grundriß der Historik. Leipzig (Veit) 1868.

Falter, Jürgen W.: Die Behavioralismus-Kontroverse in der amerikanischen Politikwissenschaft. Ein Beispiel für die Übertragung von Thomas Kuhns Theorie wissenschaftlicher Revolutionen auf sozialwissenschaftliche Entwicklungsvorgänge. In: Topitsch, Ernst: Logik der Sozialwissenschaften. Königstein (Athenäum) 1984.

Feyerabend, Paul: Wider den Methodenzwang. Skizze einer anarchistischen Erkenntnistheorie. Frankfurt am Main (Suhrkamp) 1975.

Fleck, Ludwik: Entstehung und Entwicklung einer wissenschaftlichen Tatsache. Einführung in die Lehre vom Denkstil und Denkkollektiv. Frankfurt am Main (Suhrkamp) 1993 [1935].

Foerster, Heinz von: Wissen und Gewissen. Versuch einer Brücke. Hg. v. S.J. Schmidt. Frankfurt am Main (Suhrkamp) 1993.

Glasersfeld, Ernst von: Abschied von der Objektivität. In: Watzlawick, Paul/Krieg, Peter: Das Auge des Betrachters. München (Piper) 1999.

Hegel, Georg Friedrich Wilhelm: Phänomenologie des Geistes. In: Werke. Auf der Grundlage der Werke von 1832–45. Neu ed. Ausg. Bd. 3. Frankfurt am Main (Suhrkamp) 1989 [1807].

Hegel, Georg Friedrich Wilhelm: Wissenschaft der Logik. In: Werke. Auf der Grundlage der Werke von 1832–45. Neu ed. Ausg. Bde. 5 u. 6. Frankfurt am Main (Suhrkamp) 1986 [1812–1816].

Hermann, Armin: Wie die Wissenschaft ihre Unschuld verlor. Macht und Mißbrauch der Forscher. Stuttgart (DVA) 1984.

Hitzler, Ronald: Verstehen: Alltagspraxis und wissenschaftliches Programm. In: Jung, Thomas/Müller-Doohm, Stefan: „Wirklichkeit“ im Deutungsprozeß. Verstehen und Methoden in den Kultur- und Sozialwissenschaften. Frankfurt am Main (Suhrkamp) 1993.

Horkheimer, Max: Kritische Theorie. Frankfurt am Main (S. Fischer) 1968.

Hume, David: Eine Untersuchung über den menschlichen Verstand. Stuttgart (Reclam) 1967 [1748].

Husserl, Edmund: Die Idee der Phänomenologie. Fünf Vorlesungen. Hamburg (Meiner) 1986.

Kant, Immanuel: Kritik der reinen Vernunft. Hamburg (Meiner) 1998 [1781].

Knorr-Cetina, Karin: Die Fabrikation von Wissen. Versuch zu einem gesellschaftlich relativierten Wissensbegriff. In: Stehr, Nico/Meja, Volker: Wissenssoziologie. Opladen (Westdeutscher Verlag) 1981.

Kuhn, Thomas: Die Struktur wissenschaftlicher Revolutionen. Frankfurt am Main (Suhrkamp) 1969.

Kuhn, Thomas: Die Entstehung des Neuen. Frankfurt am Main (Suhrkamp) 1977.

Leibniz, Gottfried Wilhelm: Die Theodizee. Hamburg (Meiner) 1968 [1710].

Leibniz, Gottfried Wilhelm: Monadologie. Französisch/deutsch. Üs. und hg. von Hartmut Hecht. Stuttgart (Reclam) 1998 [1714].

Locke, John: An Essay Concerning Human Understanding. Hg. von Peter H. Nidditch. Oxford (Clarendon Press) 1979. – Dt. Versuch über den menschlichen Verstand. Üs. von C. Winckler. Leipzig (Meiner) 1911 [1690].

Luhmann, Niklas: Soziale Systeme. Grundriß einer allgemeinen Theorie. Frankfurt am Main (Suhrkamp) 1984.

Luhmann, Niklas: Die Wissenschaft der Gesellschaft. Frankfurt am Main (Suhrkamp) 1990.

Marx, Karl u. Engels, Friedrich: Werke. Berlin (Dietz) 1969 [1843ff.].

Maturana, Humberto/Varela, Francesco: Der Baum der Erkenntnis. Bern/München/Wien (Scherz) 1987.

Mill, John Stuart: System der deductiven und inductiven Logik. Braunschweig (Vieweg) 1862 [1843].

Peirce, Charles Sanders: Schriften zum Pragmatismus und Pragmatizismus. Hg. Von Karl-Otto Apel. Frankfurt am Main (Suhrkamp) 1976.

Piaget, Jean: Das Weltbild des Kindes. Frankfurt am Main (Ullstein) 1980 [1926].

Piaget, Jean: Einführung in die genetische Erkenntnistheorie. Üs. von Friedhelm Herborth. Frankfurt am Main (Suhrkamp) 1996 [1970].

Pirenne, Henri: Sozialgeschichte und Wirtschaftsgeschichte Europas im Mittelalter. Stuttgart (Francke) 1982 [1932].

Platon: Sämtliche Werke Bd. 3. Politeia Hauptteil 7. Buch. Reinbek (Rowohlt) 1962.

Popper, Karl Raimund: Logik der Forschung. Tübingen (J. C. B. Mohr) 1971.

Popper, Karl Raimund: England. An der London School of Economics. In: Ausgangspunkte. Meine intellektuelle Entwicklung. München (Piper) 2004 [1979].

Schülein, Johann August: Autopoietische Realität und konnotative Theorie. Über Balanceprobleme sozialwissenschaftlichen Erkennens. Weilerswist (Velbrück) 2002.

Spinoza, Baruch de: Die Ethik. Stuttgart (UB 851) 1997 [1677].

Spinoza, Baruch de: Kurzgefaßte Abhandlung von Gott, dem Menschen und dessen Glück. Hamburg (ed. W. Bartuschat) 1991 [1658/60].

Vico, Giambattista: Die neue Wissenschaft über die gemeinschaftliche Natur der Völker. Reinbek (Rowohlt) 1966 [1725].

Wenzel, Ulrich: Vom Ursprung zum Prozess. Zur Rekonstruktion des Aristotelischen Kausalitätsverständnisses und seiner Wandlungen bis zur Neuzeit. Opladen (Leske & Budrich) 2000. (= Theorie des sozialen und kulturellen Wandels 1).

Wittgenstein, Ludwig: Werkausgabe. Bd. 1. Tractatus logico-philosophicus [1922]. Tagebücher 1914–1916. Philosophische Untersuchungen [1953]. Frankfurt am Main (Suhrkamp) 1989.

Einführende Literatur

dtv-Atlas zur Philosophie. München (dtv) 1991. *(Wer einen extrem raschen Einstieg sucht und historische wie grafische Überblicke schätzt, kommt hier auf seine Rechnung. Achtung aber ist vor der Verführungskunst der Grafiken geboten.)*

Liessmann, Konrad Paul: Die großen Philosophen und ihre Probleme. Wien (WUV UTB) 2001. *(Eine gut lesbare Einführung zu Sokrates, Platon, Augustinus, Spinoza, Kant, Hegel, Marx, Kierkegaard, Nitzsche, Wittgenstein, Popper, Heidegger, Adorno, Anders und Arendt.)*

Russell, Bertrand: Denker des Abendlandes. Eine Geschichte der Philosophie. München (dtv) 2001. *(Die Philosophiegeschichte in der Darstellung eines politisch engagierten Vertreters der Analytischen Philosophie, die eine engagiert-zugespitzte Übersicht bietet.)*

Seiffert, Helmut: Einführung in die Wissenschaftstheorie. 3 Bde. München (Beck) 1983ff. *(Eine relativ neue allgemeine Einführung in die Wissenschaftstheorie, die ausführlicher ist als die hier vorliegende.)*

Störig, Hans Joachim: Weltgeschichte der Philosophie. Stuttgart (Kohlhammer) 1990. *(Ein etwas braves, aber bewährtes und umfassendes Werk aus dem Jahre 1950, das auch einen Überblick über außereuropäische Philosophie gibt.)*

Weischedel, Wilhelm: Die philosophische Hintertreppe. 34 große Philosophen in Alltag und Denken. München (dtv) 1975. *(Ein Einsteiger-Klassiker, der zu den großen Philosophen über die sogenannte Hintertreppe führt: Über ihre Persönlichkeit samt biografischen Anekdoten, von denen einige auch in den vorliegenden Band Eingang gefunden haben.)*

Weiterführende Literatur

Baraldi, Claudio u. a.: GLU. Glossar zu Niklas Luhmanns Theorie sozialer Systeme. Frankfurt am Main (Suhrkamp) 1997. *(Ein Glossar zu Luhmanns Systemtheorie, das den Überblick ungemein beschleunigt.)*

Claessens, Dieter: Das Konkrete und das Abstrakte. Soziologische Skizzen zur Anthropologie. Frankfurt am Main (Suhrkamp) 1993. *(Es schafft einen Vorteil, abstrahieren zu können; hier eine Geschichte, wie es dazu gekommen sein kann und wer davon besonders profitiert.)*

Dux, Günter: Die Logik der Weltbilder. Sinnstrukturen im Wandel der Geschichte. Frankfurt am Main (Suhrkamp) 1990.

Dux, Günter: Historisch-genetische Theorie der Kultur. Instabile Welten. Zur prozessualen Logik im kulturellen Wandel. Weilerswist (Velbrück) 2000. – *(Dux schreibt seine kritische Geschichte der Logik – von der Ursprungs- zur Prozesslogik – aus der historisch-genetischen Perspektive des konstruktiven Realismus.)*

Foucault, Michel: Die Ordnung des Diskurses. Üs. von Walter Seitter. Frankfurt am Main (Fischer) 1994. [L'ordre du discours. Paris 1971.] *(Ein relativ schwieriger Text, der ausführt, was Adorno und Horkheimer auf andere Art zeigten: dass im Machtgefüge der Gesellschaft eine dominante Sprach-/Denkstruktur entsteht, unter der einzelne leiden.)*

Günther, Gotthard: Das Bewußtsein der Maschinen. Eine Metaphysik der Kybernetik. Krefeld u. a. (AGIS-Verlag) 1963. *(Im Anschluss an Hegel bildet Günther eine geschichtliche Theorie der Reflexion, die der Tatsache Rechnung trägt, dass bestimmte intellektuelle Leistungen von Computern (besser) erbracht werden, und eine dies berücksichtigende „transklassische Logik" entwickelt.)*

Kutschera, Franz v.: Wissenschaftstheorie. Grundzüge der allgemeinen Methodologie der empirischen Wissenschaften, Bd. I und II, München 1973. *(Eine genaue Darstellung der Lo-*

gik des Empirismus. Die Lektüre setzt hinreichende Kenntnis der formalen Logik voraus.)

McLuhan, Marshall: Die magischen Kanäle. Understanding Media. Üs. v. Meinrad Amann. Dresden u. Basel (Verlag d. Kunst) 1994. *(Ein Klassiker der Medientheorie. Alles, was der nackte Mensch sich erfunden hat, dient ihm als Werkzeug, um die Natur oder den anderen zu beeinflussen.)*

Nietzsche, Friedrich: Über Wahrheit und Lüge im außermoralischen Sinne. In: Nietzsche. Werke. Krit. Gesamtausg. Hg. v. Giorgio Colli u. Mazzino Montinari. Dritte Abteilung. 2. Bd. nachgelassene Schriften 1870–1873. Berlin u. New York (deGruyter) 1973. *(Ein Grundlagentext zu einem grundlegenden Problem: Jede Theorie besteht aus Metaphern, bunten Bildern, und nicht aus Wahrheiten. Fundamental-Kritik an jeder Art von Wissenschaft.)*

Reitze, Simon: Das Eigentätige. Bildung eines philosophischen Begriffs und seine Anwendung auf die Literaturwissenschaft in transversaler Absicht. Diss. Univ. Wien 2001. *(Immer steht das „Eigentätige" im Fokus des Denkens – sei es in Form des Helden oder im Begriff des Systems. Es ist Effekt des subjektivischen Schemas oder der Autopoiese und lässt sich in Wissenschaft, Literatur, Film und Fernsehen vergleichend untersuchen.)*

Stegmüller, Wolfgang: Probleme und Resultate der Wissenschaftstheorie und Analytischen Philosophie. 4 Bde. Heidelberg (Springer) 1974ff. *(Stegmüllers enzyklopädisches Werk diskutiert viele Themen ausführlich und differenziert.)*

Vollmer, Gerhard: Evolutionäre Erkenntnistheorie. Stuttgart (Hirzel) 1975. *(Zusammenfassende Darstellung der Grundlagen und Befunde dieser Forschungsrichtung.)*

Welsch, Wolfgang: Vernunft. Die zeitgenössische Vernunftkritik und das Konzept der transversalen Vernunft. Frankfurt am Main (Suhrkamp) 1995. *(Wer sich für die Möglichkeiten und Ziele der menschlichen Vernunft aus philosophischer Sicht interessiert und einen guten und ausführlichen Überblick über Vernunftkonzepte auch aus der neueren französischen Philosophie haben möchte, wird hier umfassend bedient.)*

Personenregister